大阪古地図パラダイス

本渡章

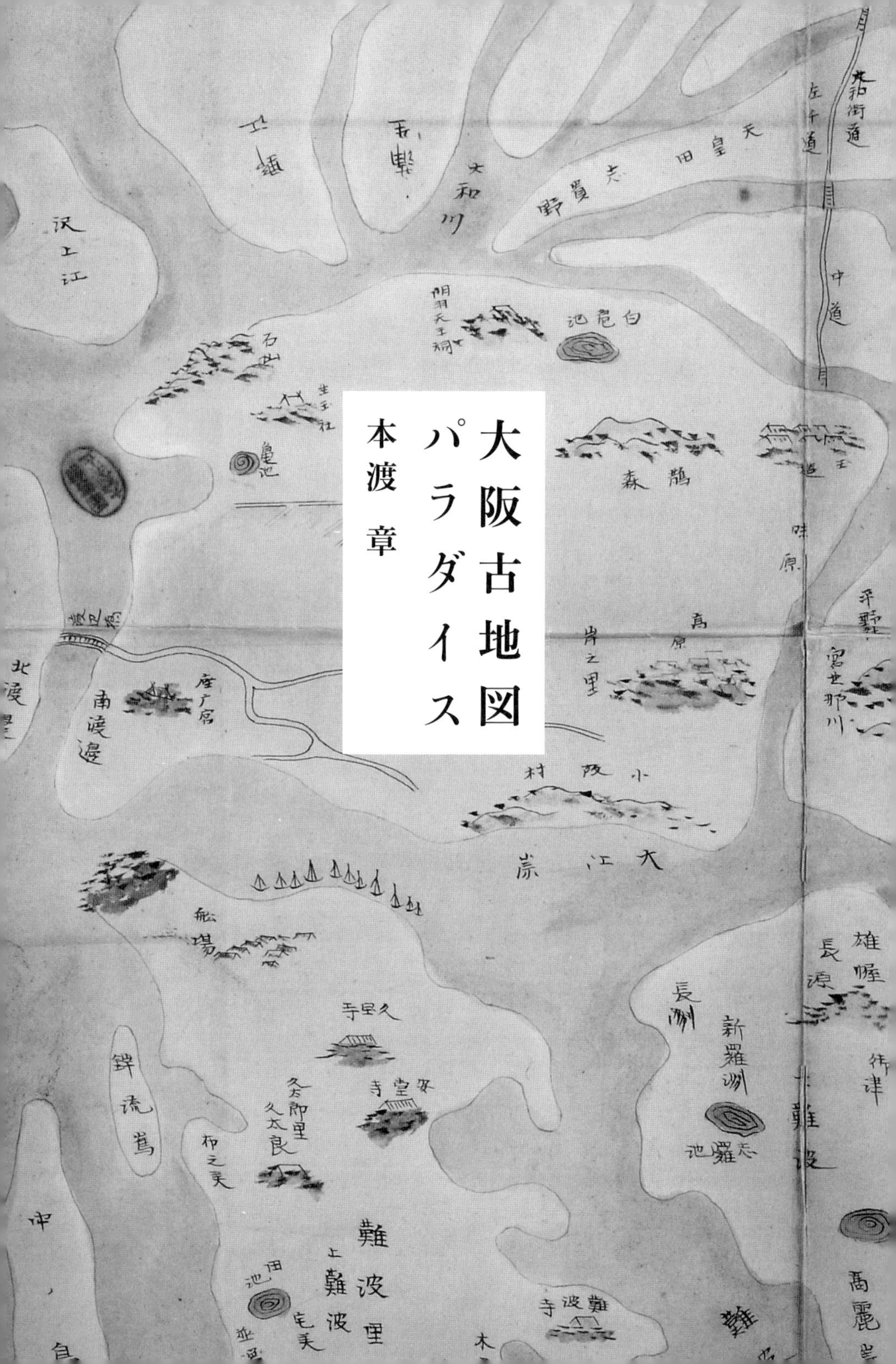

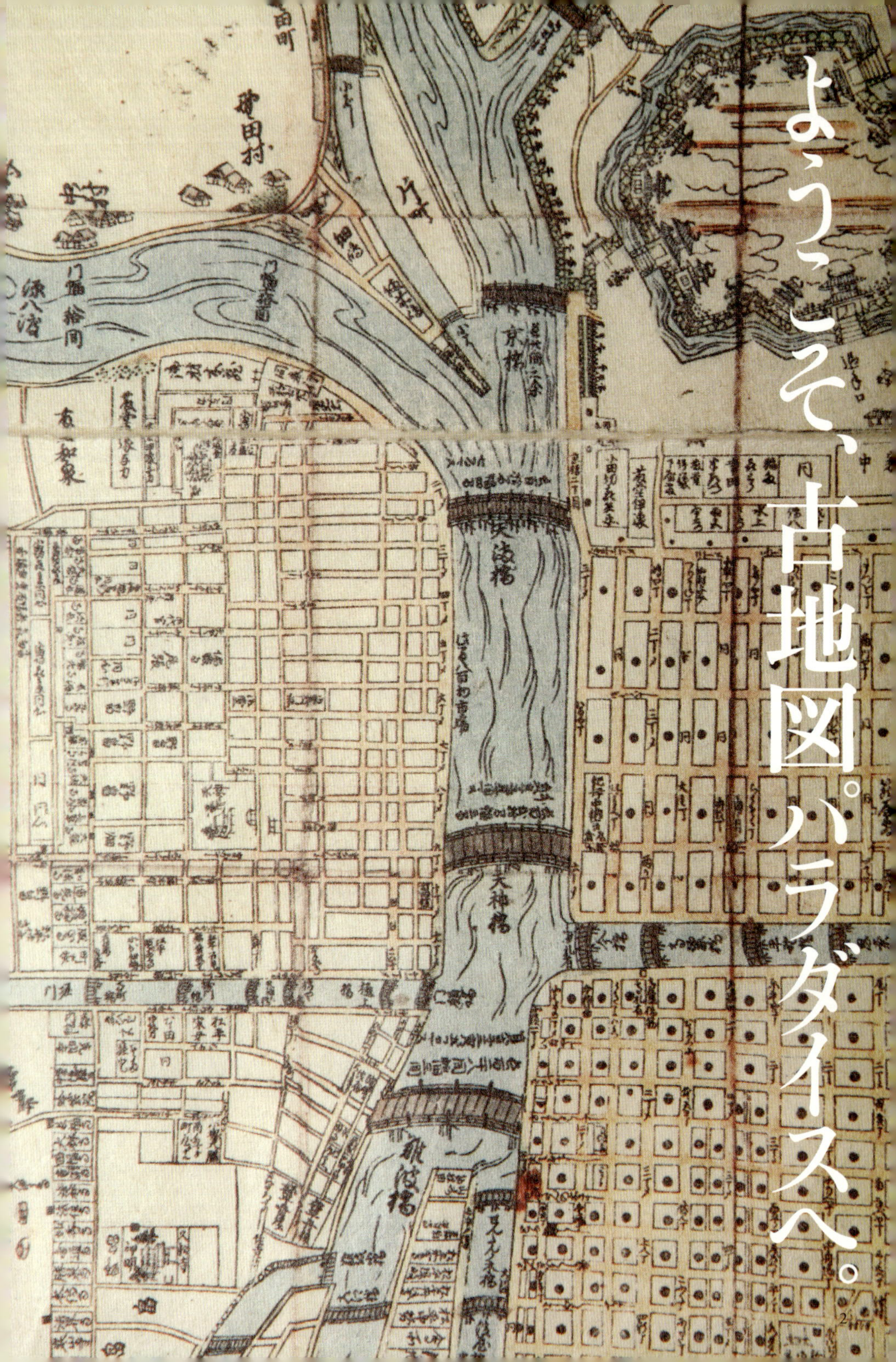

ようこそ、古地図パラダイスへ。

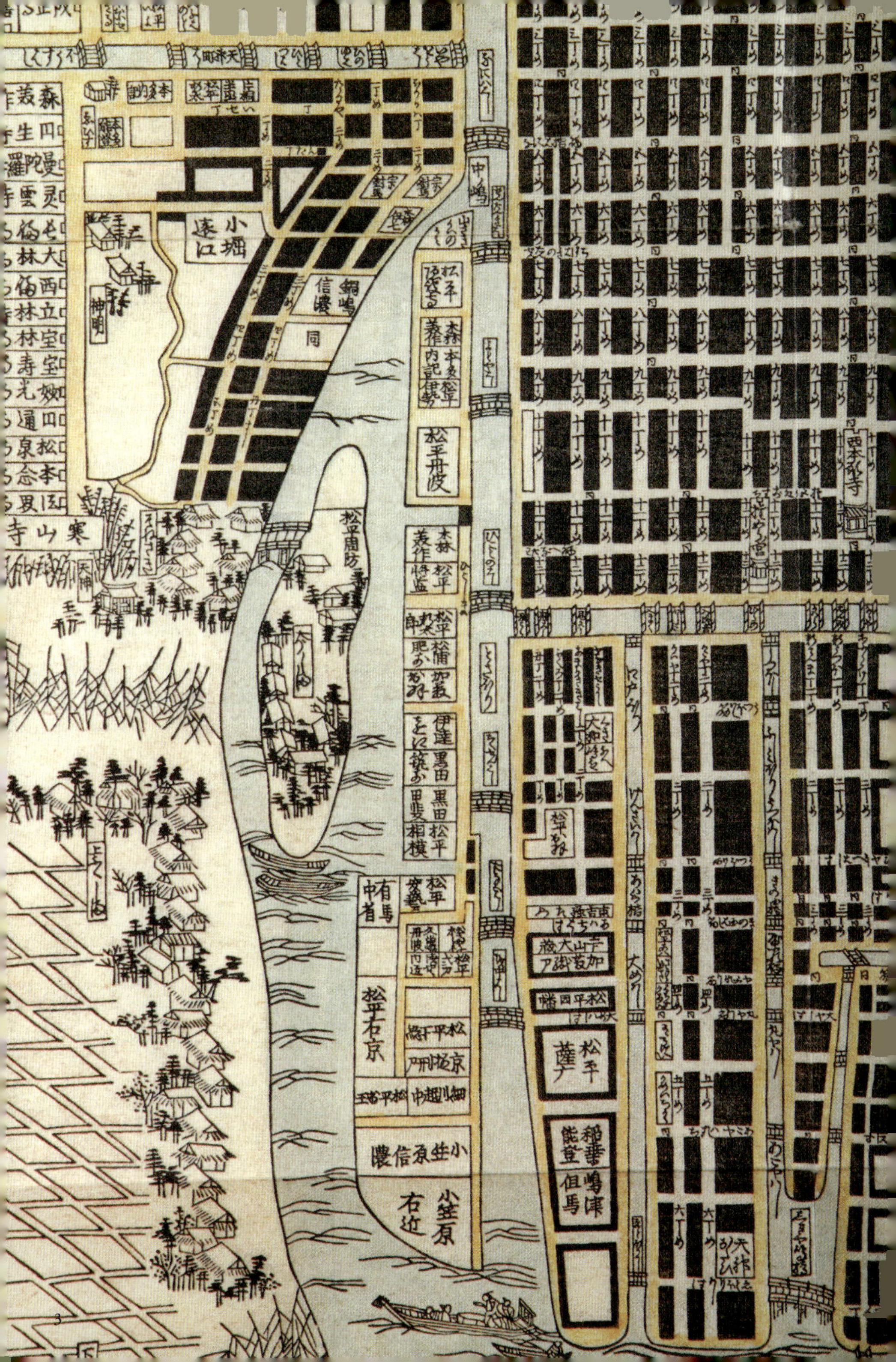

寒山寺
神明
天神
小堀遠江
中嶋
松平丹波
松平周防
西本願寺
伊達
黒田
松平相模
有馬中務
松平右京
松平薩摩
小笠原信濃
小笠原右近

カバーにも使っている「大大阪観光地図」。昭和初期の大阪の名所が立体的なアイコンになって描かれている。

プロローグ

古地図パラダイスへ、ようこそ。

古地図パラダイス？

おかしな題名だと思いつつ本をひらいたみなさま、これからはじまるパラダイス・ツアー、さっそくですが、ウォーミングアップをどうぞ。

次の六つの地図をご覧ください。どこかで聞いたような名前が並んでいます。

まず、図1。これはムーミンランドの地図。おさびし山、おさびし島が載っています。テレビの人気アニメでした。ムーミンのテーマソングが聞こえてきたでしょうか。フィンランド湾が見えていますから、ムーミンの家はフィンランドにあったんですね。

図2も有名なお話です。『不思議の国のアリス』でアリスが迷い込んだ地面の下のワンダーランドの地図。トランプの女王のバラ園、チェシャー猫の木などが記してあります。おなじみの風景ですが、この国はテムズ川の流域に入口があったようですね。

図3はこれまた有名な『オズの魔法使い』に出てくる虹の国です。虹といえば「オーバー・ザ・レインボウ」、映画や舞台で流れたあのメロディが聞こえてきたでしょうか。主人公の

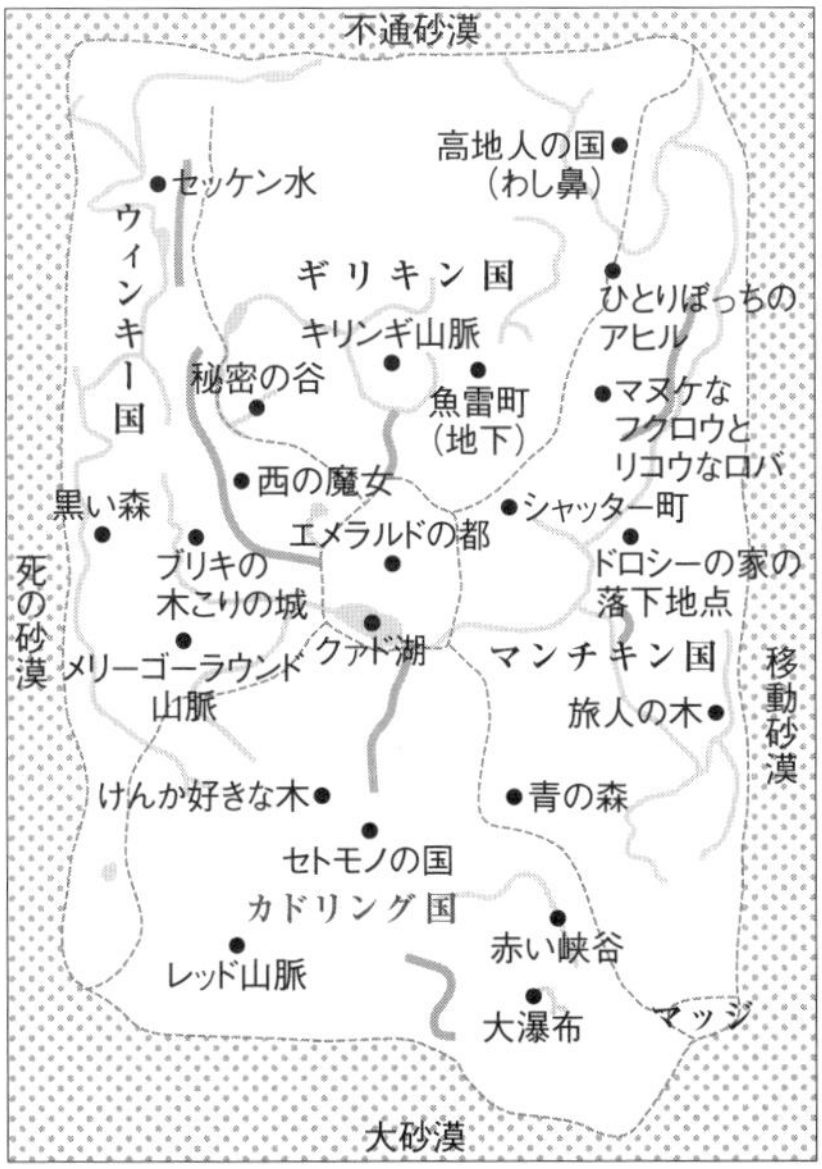

図3　オズの魔法使いの虹の国の地図

図1　ムーミンランドの地図

図4　宝島の地図

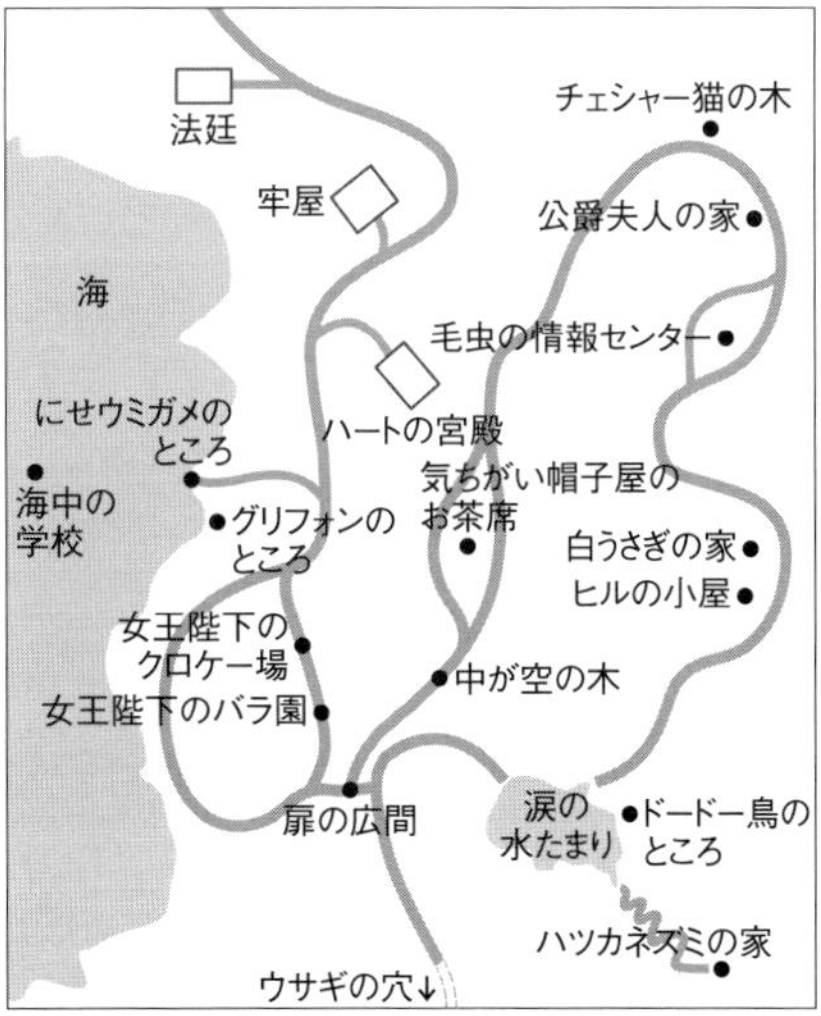

図2　アリスの不思議の国の地図

図1〜4は『世界文学にみる架空地名大事典』（講談社）所収の地図を元に作成

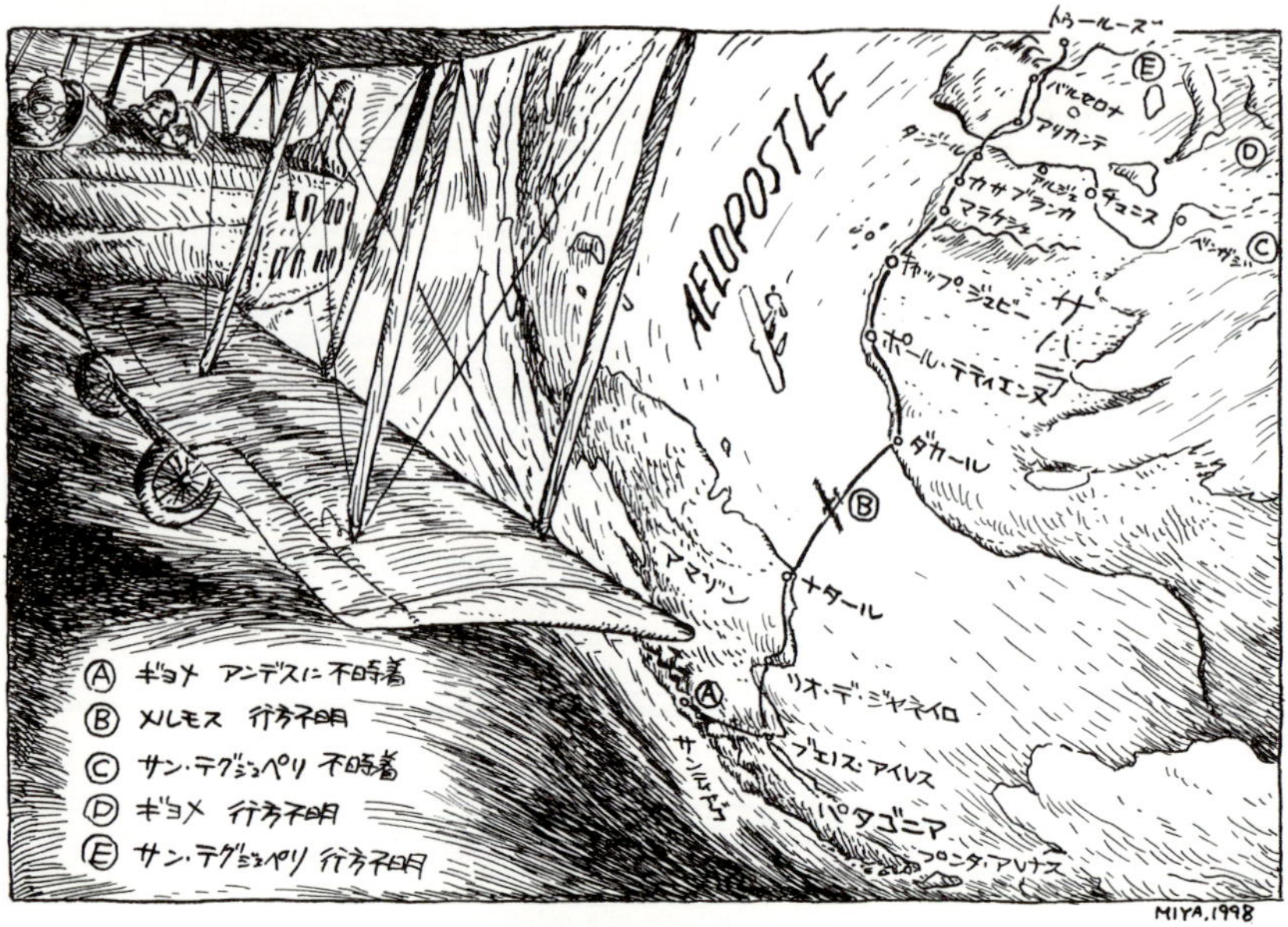

図5　サン=テグジュペリ『人間の土地』(新潮文庫) の解説「空のいけにえ」に宮崎駿が寄せた地図　©Nibariki

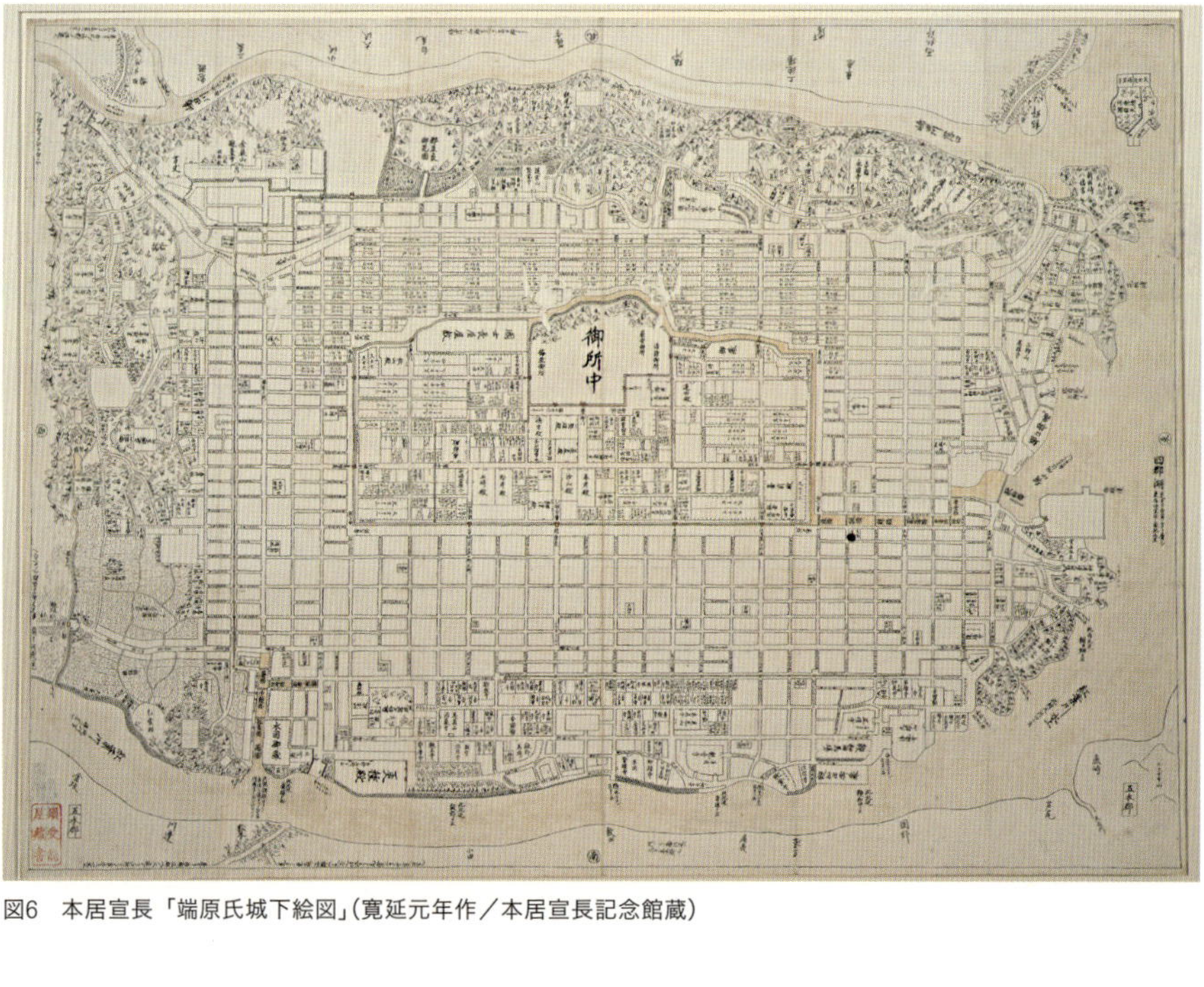

図6　本居宣長「端原氏城下絵図」(寛延元年作／本居宣長記念館蔵)

女の子、ドロシーはアメリカから竜巻でオズの虹の国に飛ばされてしまうわけですが、ということは虹の国はアメリカのお隣りくらいでしょうか。

図4もまた名高い冒険小説『宝島』より。物語に出てくる海賊が財宝を埋めて隠した島の地図ですね。この島はメキシコ湾の沖にあったといわれています。

図5はレトロな飛行機のイラスト入り。誰が描いたんでしょうか。これ、実はアニメーション映画監督の宮崎駿の作。ヨーロッパ、アフリカ、南アメリカの地名が、飛行機の航路でつながれています。童話の「星の王子さま」で知られるサン＝テグジュペリの『人間の土地』（新潮文庫）の解説のために描かれた図で、初期の飛行機乗りたちの冒険の記録でもあります。サン＝テグジュペリは飛行機で命を落とすんですね。

図6は「端原《はしはら》氏城下絵図」といって、江戸時代につくられた日本の城下町の絵図です。城のまわりを武家屋敷が囲んでいます。城下町の典型的な姿といっていいでしょう。

図1から図6までいろいろな地図を見てきました。

ここで質問。この六つの地図の中に、仲間はずれの地図があります。どれでしょう。ノーヒントでいきます。

……というわけで、宮崎駿が描いたサン＝テグジュペリの地図をもう一度見てください。これだけが、実在の場所をもとにしている。答えは図5です。ずいぶん簡略された地図ですが、バルセロナ、マラケシュ、ダカール、リオ・デ・ジャネイロ、ブエノスアイレスなど載っている地名はすべて実在し、飛行機の航路も事実に基づいている。

ほかはみんな架空の地図です。図1〜4はお話の世界のものですね。意外かもしれませんが、図6「端原氏城下絵図」もそうです。ここに描かれているのは、日本のどこにも存在しない空想の城下町。典型的な城下町の姿を描いていますが、中身はイマジネーションの世界です。作成者は本居宣長（第一章で再登場します）。端原氏という人物も架空の存在です。

どうしてこんな想像の地図があるんでしょうか。

そもそも〝フィクション〟なのだから。

地図は、単に現実の世界を紙の上に写しとったものではないのです。そもそも現実を、そのまま写しとるのは不可能。本当にやろうとすれば、実物大の立体地図を作らなければならない。つまり、この世界と同じ世界をもうひとつ作ることになりますが、それは無理。ようするに、現実を紙の上にあらわす地図作成という行為そのものが、人間の想像力の助けなしではできない。そこには多かれ少なかれ、フィクションの部分がある。

そういう目で、たとえば宮崎駿の描いた地図をもう一度見ると、実在の地名ばかりのこの地図も、現実そのものではない。いらない地名をすべて消去することで、飛行機乗りの物語を目に見えるものにした。つまりは、想像力の産物。さきほどは仲間はずれと言いましたが、物語を宿しているという目で見れば、6枚の地図はみんな同類です。あえて仲間はずれを探していただいたのは、地図を見ながらあれこれ想像してもらいたかったからです。

一にも二にも想像すること。実は、そこに人が地図にひかれる理由が隠れている。想像を楽しみ、物語に心躍る。そうして、地図を旅したくなる。

今、地図は、便利で、正確で、役に立つものとして使われます。それが当たり前。もちろん日々の生活には、そういう地図が必要です。もし不便で、不正確で、役立たずの地図があったとしたら、そんなものには誰も目もくれないでしょう。架空の地図、物語を宿した地図はその点、実用性に乏しい。

にもかかわらず、架空の地図が存在する。物語を託された地図があり、それを求める人がいる。

古地図には、そんないわば無用の地図が少なくない。

時を経て、なんでもない地図が物語を宿す。

読み解きの鍵は、想像力。そこが、古地図の魅力。ゆたかさの源泉。

いったい、人は地図に何を求めてきたのか。

古地図はなにゆえにパラダイスなのか。

どうして古地図は人をこんなにわくわくさせるのか。

以上、前置きはこのへんで。いよいよパラダイス・ツアーのはじまりはじまり……。

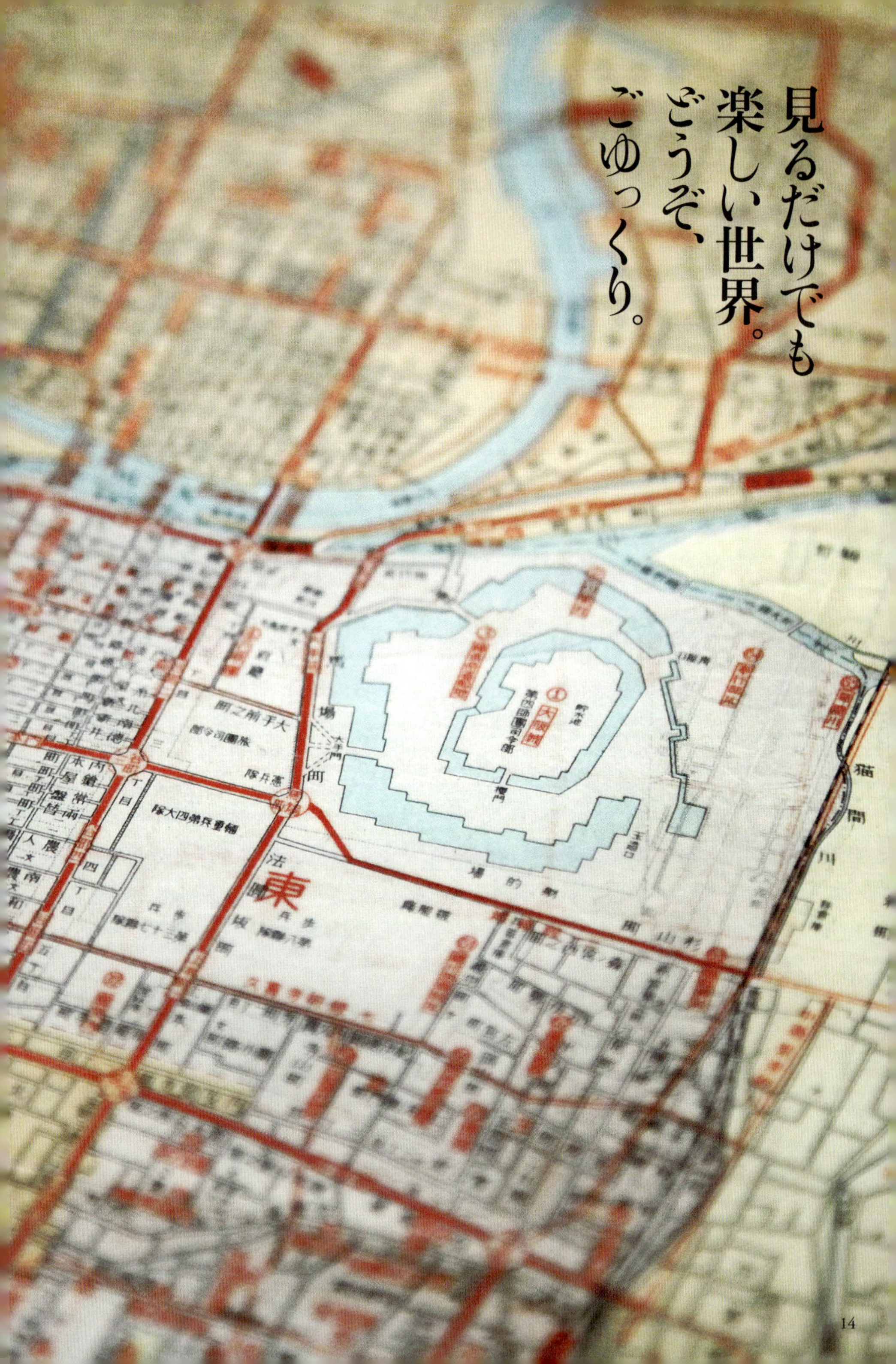

見るだけでも楽しい世界。どうぞ、ごゆっくり。

地図の発行年は、掲載図の版が、
発行・製作された年を記載しています。

第一章 往古図、三都の千年。

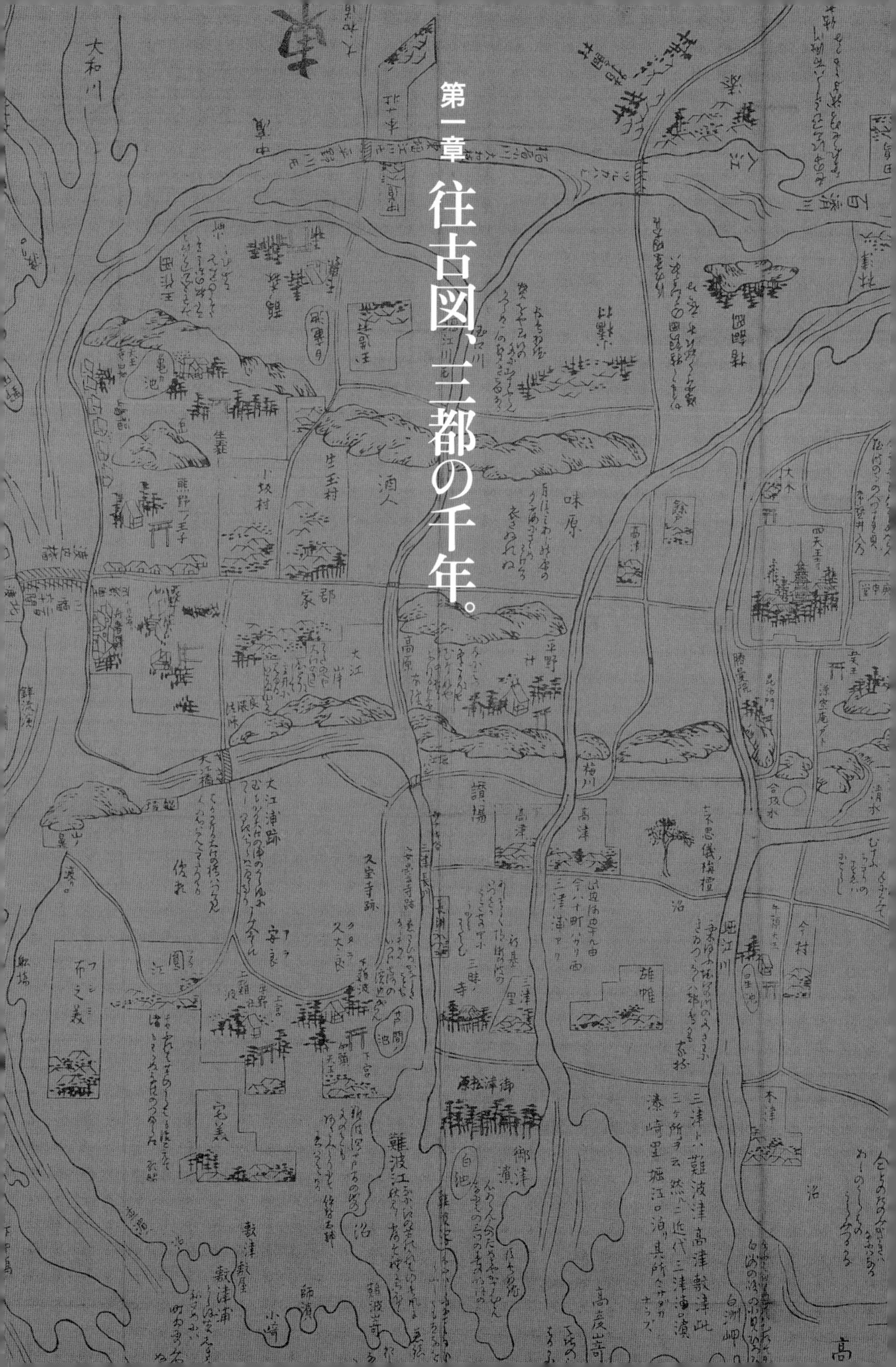

冷泉
年號安和
圓融
年號天禄
花山
年號寛和
右三帝之御庁
難波古繪圖
河内国
柏原社
田邊
堀江
住吉郡
百済郡
界
来津
北田邊
万代池
安部野
南田邊
浪速
遠里小野
和泉国
芦浦
芳渟浦

❶「冷泉・円融・花山　右三帝之御宇　難波古絵図」(発行年不明／大阪市立中央図書館蔵)

難波古絵図に見る裏千年史。

最初の古地図と3人の帝。

ここからがパラダイス・ツアーのメインコース。ようやく、最初の古地図が見えてきました。

おやおや、なんだか変わった地図ですね。これ、大阪の地図なのですが、大阪の街らしいものが載っていない。そうです、これは大阪の街ができるよりもはるか昔の地図。大阪湾や大阪平野も今とは違うかたちをしていた古い古い時代の姿を描いたものです。

右上に図の題名が記してあります。

「冷泉《れいぜい》・円融《えんゆう》・花山《かざん》　右三帝之御宇《みぎさんていのぎょう》　難波古絵図《なにわこえず》」❶

冷泉天皇、円融天皇、花山天皇、この3人の天皇が治めた時代の大阪を描いた絵図という意味ですね。

この図の作成者はわかりません。発行年は記されていませんが、江戸時代と思われます。発行年がわからないのに、どうして江戸時代のものと推定されるのかというと、その時代に同じ趣向の地図がたくさん作られ、これもその1枚と考えられるからです。「浪花往古《なにわおうこ》図《ず》」と題された一連の地図があり、「冷泉・円融・花山　右三帝之御宇　難波古絵図」は、それらとよく似ています。

　太い川筋が縦横に走り、湾が入り組み、まるで大小の島々が寄り集まったように見えます。「中ノ島」という地名が見えますでしょうか❷。今、私はナカノシマ大学という講演会でこの話をしていますが、「中ノ島」というのは私たちが居る中之島のこの場所（大阪市中央公会堂）です。隣に「福嶋（福島）」もありますね。これで見ると、中之島も福島も、まさに島だったとわかる。

　この図は、江戸時代より前の古い時代の大阪は、きっとこんな姿をしていたのだろうという想像図です。海の上にたくさんの島が集まっている。浪花往古図と総称して呼ばれる一連の地図は、おおむねこのような姿で古い大阪を描きました。時代でいうと、中世から古代にまでさかのぼる数百年の間のどこか。かなり大雑把ですが、往古図と呼ばれる地図が作られた目的は、江戸時代以前の歴史のイメージを思い描くことにあり、厳密な歴史の考証が目的ではなかった。

　大阪湾が複雑に入り組んだかたちは、かつての大阪のイメージとしては間違いではない。ただ、実際にはなかったと思われる川筋があったり、伝承の地名がいかにも実在していたように記されていたりするので、浪花往古図の系列に属する地図は、現代の歴史研究の史料としてはあまり重要視されていません。

　「冷泉・円融・花山　右三帝之御宇　難波古絵図」もその一例で、史料としては正確でないかもしれない。しかし、別の目で見るとなかなか面白い。いろんなことを想像させてく

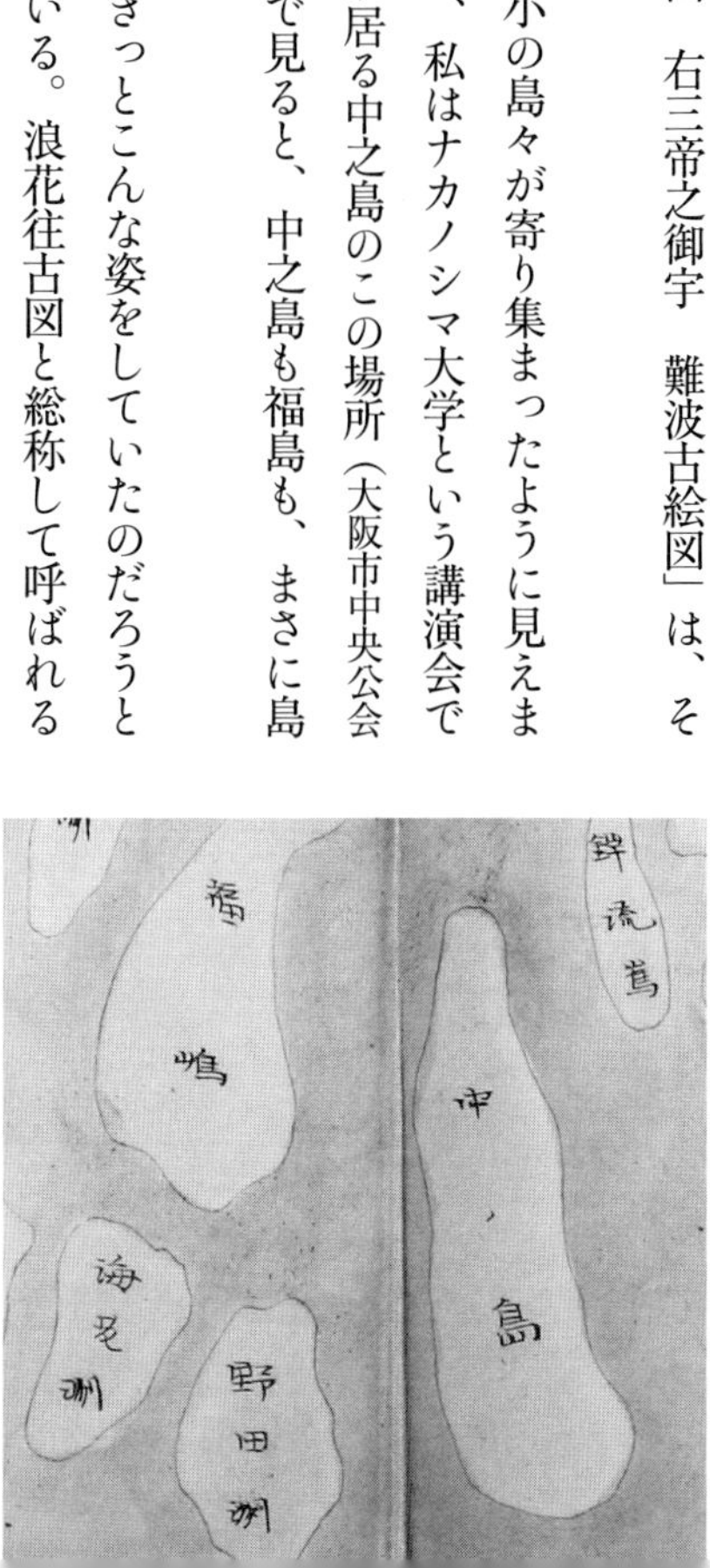

❷海原に浮かぶ島々。これが中之島一帯の原風景だった。

れる楽しい図です。

まず気になるのが題名。私は、この図を大阪市立中央図書館で見つけました。地図の目録をひらいて、題名が目にとまった。「冷泉・円融・花山」とある。平安時代の3人の天皇の名前です。浪花往古図の系列の地図は、さきほども言ったとおり、どの時代であるかがはっきりしないのが普通です。ところが、この図はこの3人の天皇の時代だと、はっきり記している。こういう例は、初めて見ました。

どうして、冷泉・円融・花山の3人の天皇の時代なのか。内容としては、他の浪花往古図と大きな違いはないように見える。それなのに、なぜ。

実は、こういう疑問が、古地図を楽しくしてくれる。わからないことが出てきたらチャンス。それについて調べても答が見つかるかどうかわからないという時が、特に楽しい。このへんが学者ではない素人の強みです。

最終的に答が見つからなくてもいいという気楽さが、答を求めてあれこれさまようプロセスをわくわく楽しいものにしてくれる。もちろん、答が見つかれば、なおけっこう。一つの疑問で二度楽しい、というわけです。

二つの時代のはざまで。

古地図はとてもたくさんの数があって、研究の対象になっているものも多いですが、手つかずのものはもっと多い。

たとえば大阪市立中央図書館、大阪府立中之島図書館の場合、地図だけの目録があり、見ると、江戸時代の古地図、明治以後の近代古地図が多数収蔵されているのがわかる。閲覧に制限がかけられているものもありますが、申請さえすれば見られるものがかなりある。その多くは、おそらくまだ内容をくわしく吟味されたことがないと思われます。面白そうな内容のものも少なくない。面白そうというのは、よくわからない地図という意味だとは、さきほど述べたとおりです。

「冷泉・円融・花山　右三帝之御宇　難波古絵図」は間違いなく、そういう面白い古地図の一つ。題名からして謎めいている。

謎を解く手がかりはあります。まず、3人の天皇の時代がいつ頃だったか。

古地図の謎解きはパラダイス・ツアーの大きな醍醐味。じっくり、ゆっくり、地図の中の風景が広がっていきます。

それぞれが天皇として在位した年を西暦で見ると、冷泉は967〜969年、円融は969〜984年、花山は984〜986年。合わせて19年間になる。平安時代の半ばの頃です。円融天皇は15年間、在位しましたが、冷泉天皇と花山天皇は2年ほどで退位しています。

冷泉天皇の前は、村上天皇の時代で、21年間続きました。内乱もなく穏やか、詩歌が盛んで文化的にも華やかだったといわれています。村上天皇は自ら政治をとりしきる天皇親政を行ったことでも知られ、のちに「聖帝」とも呼ばれました。天皇に力があった時代です。

このあと歴史は、藤原氏の時代に向かっていきます。摂政・関白の権勢が強まり、藤原氏がその地位を占めて、政治の実権を握るようになっていく。

天皇親政が終わり、藤原氏が主役の時代へ。冷泉・円融・花山の3人の天皇の時代が、ちょうどそのはざまにあたる。

3人の天皇の人物像を探る。

まず、冷泉天皇。村上天皇のあとを継ぎましたが、ちょっと変わったところのある方でした。狂気の天皇と呼ぶ歴史家もいます。突然歌をうたいだしたり、1日中鞠《まり》を蹴って足を傷めてもやめなかったり、宮中に伝わる名笛を刀で削ってしまったり、かなり危ないところがあった。ふだん宮中にいるときはまだしも、公式行事の時は大勢の人の目に触れるので、万一のことがあったら大変です。おかしな噂は、世が乱れるもと。冷泉天皇の在位中、安和《あんな》2年（969）に安和の変という政変も起きました。実力者だった源高明《たかあきら》が、藤原氏の策謀による密告で大宰府に左遷されて失脚、その後まもなく冷泉天皇も退位しています。冷泉天皇の時代は藤原実頼《さねより》が関白をつとめました。

次の円融天皇の時代は、藤原兼通《かねみち》、兼家《かねいえ》の兄弟による権力争いが激しく、天皇の影もずいぶん薄くなりました。在位していた15年間は、日本史をひもといても藤原氏の話題ばかりで、円融天皇自身については、あまりぱっとした話題がありません。摂政・関白の操り人形というわけではないが、これといった事跡も残していない。

3人目の花山天皇は2年間ほどの在位でしたが、政治能力があり、短い間に倹約令、武器携行禁止など次々と新しい政策を打ち出しました。しかし、この天皇には一つ困ったところがあった。女性関係にだらしがない。いろいろ浮名をながしたようですが、一人心から大切にした女性がいたようで、中宮《ちゅうぐう》忯氏《しし》といいます。その忯氏が身ごもったまま死んだ時には、ずいぶんと嘆きました。世の中がいやになった、出家しようかとまで言い出し、これを耳にした藤原氏の策略にのせられ、本当に出家するはめになります。藤原兼通の子の道兼《みちかね》という人物の口車に乗せられた。謀られたと気がついた時には、もうあと戻りできなくなっていた。

花山天皇のあとは一条天皇の時代になりますが、ここからはますます摂政・関白の力が強まり、藤原氏がのしあがる。流行病で藤原氏の有力者が次々亡くなるなどの事態を経て、最後に権力を独り占めしたのが藤原道長です。

この世をば わが世とぞ思う 望月の 欠けたる事も なしと思えば

という道長の有名な歌がありますね。寛仁2年（1018）の宴で詠んだといわれています。この世はみんな自分のもの、あの満月のように欠けたところは何もないというのですが、日本史に残っている歌の中でも、これは大変下手くそな歌と思われます。というか、歌の精神に反している。こんなに露骨にわが世の春を歌いあげるものではありません。もののあわれのかけらもない。こんな歌を詠んでも、宴の席では誰もが素晴らしいと褒める。その頃には道長に、思ったことを言える人物は一人もいなくなっていた。藤原氏でなければ人でない、という時代になってしまった。

つまり、冷泉・円融・花山の三天皇の時代とは、藤原氏全盛の時代が幕を開ける直前の時代でした。天皇親政を行った村上天皇の頃のようにはいかないが、天皇の存在感が失われたわけではない。名残の時代とでもいうのでしょうか。

この図の題名を「冷泉・円融・花山　右三帝之御宇　難波古絵図」とした作者の心が、少し見えてきました。作者は摂関政治に牛耳られる前の天皇の時代を偲んでいる。朝廷への敬愛と尊崇を示そうとしている。そう見えます。

その目で難波古絵図を見渡すと、目にとまるものがあります。図のちょうどまん中あたりに「仁徳天皇　大宮跡」と記してある❸。仁徳天皇は浪花に都をおきました。5世紀頃の話です。高津宮といって、場所は上町台地の北端ともいわれていますが、まだ発掘はされていません。浪花往古図と呼ばれる一連の図の中で、仁徳天皇の都の跡を記したものは初めて見ました。場所が上町台地でないのは、この図の作者はそう考えていたということです。

浪花に都をおいたということで、大阪で仁徳天皇は昔からとても人気がありました。民の暮らしのために税を3年間無くした逸話でも知られています。

さらにその左斜め上の方に目をやると「天皇田」とあるのが見えます。名前のとおり、天皇の領有する田で、現在も城東区に天王田《てんのうでん》という地名が残っています。これも他の浪花往古図にはあまり見られないものです。どうも、この図の作者は天皇が好きなようです。

❸大阪で聖帝と言えば仁徳天皇のことだった。絵図の真ん中に、仁徳天皇の大宮（皇居）が。

ついでに図の中に「小阪村」とあるのを確認しておきます❹。「大阪」という地名の由来と考えられる上町台地の北にあった村の名前です。

その近くに船の絵がいくつも描かれています❹。すぐ横に「船場」という文字が見えますか。これも他の浪花往古図にないものです。

船場の語源にはいろいろ説がありますが、牧村史陽の『大阪ことば事典』には起源を大変古い時代にさかのぼる説が載っていて、それによると仁徳天皇が浪花に都をおいていた1600年ほど昔、海に浮かんでいた小島のひとつが着船場になり、いつしか船場の名になったという。この説をとるなら、図で仁徳天皇の大宮跡と船場が並んで載っているのは偶然ではないことになります。

昔の地図を作る意味。

ますます、図と天皇の関係が気になってきました。

図が作成されたのは江戸時代だと、前に述べました。同じ頃に浪花往古図と呼ばれる難波古絵図と似たような図が数多く作られたとも言いました。江戸時代にどうして、こんな図が次々とあらわれたのか。難波古絵図もそういう流れの中から出てきたようなのですが、そのへんところを理解するために、今度は江戸時代に目を向けてみます。

豊臣の時代が終わり、徳川幕府がひらかれた時、家康は徳川の天下支配を安定させるため、いろいろなことをやりました。

❹「船場」は仁徳天皇の都の着船場だった?

その一つが国絵図の作成です。諸国の大名にそれぞれの領国の地図を作らせ、幕府にさしださせた。これを国絵図といいますが、地図を作らせることに、いったいどんな意味があるのか。

地図を見ると、どこに何がある、道や川がどんなふうになっているのかが、わかります。これを幕府にさしだすということは、大名たちにとって国が裸にされ丸見えになってしまうということです。将軍のもとには諸国の地図が集められ、つなぎあわせると日本地図になる。日本を掌におさめたことになる。こんなことができるのは将軍だけ。国絵図は情報掌握の実利だけでなく、将軍が日本の支配者であると示す象徴的な意味があった。

家康が幕府をひらいた慶長年間に作成が命じられたものを慶長国絵図と呼びます。以後も幕府は正保、元禄、天保の三度にわたって国絵図を作らせました。

これに対し、民間で地図の出版が盛んになりだしたのは、江戸時代に入って世の中が安定し、経済も発展した貞享《じょうきょう》・元禄の頃です。京都、江戸、大阪などでは町絵図と呼ばれる地図が数多く作られました。木版による印刷技術が進んだのが大きい。町絵図は今でいう都市図ですね。町で生活し、商売を営む人々、町を訪れる旅行者や商人には町絵図が必要になる。わかりやすい理屈です。

一方で、いわゆる好事家の間で広まっていったのが浪花往古図です。こちらは手描きで筆写される場合が多かった。1枚1枚描き写すので手間もかかるし、数も多く出回らない。にもかかわらず、ちょっとずつ異なる形の往古図が現在も残っています。左に掲げたのは浪花往古図の1枚。江戸時代中期の作とされ、「**浪華往古図**」❺と言います。

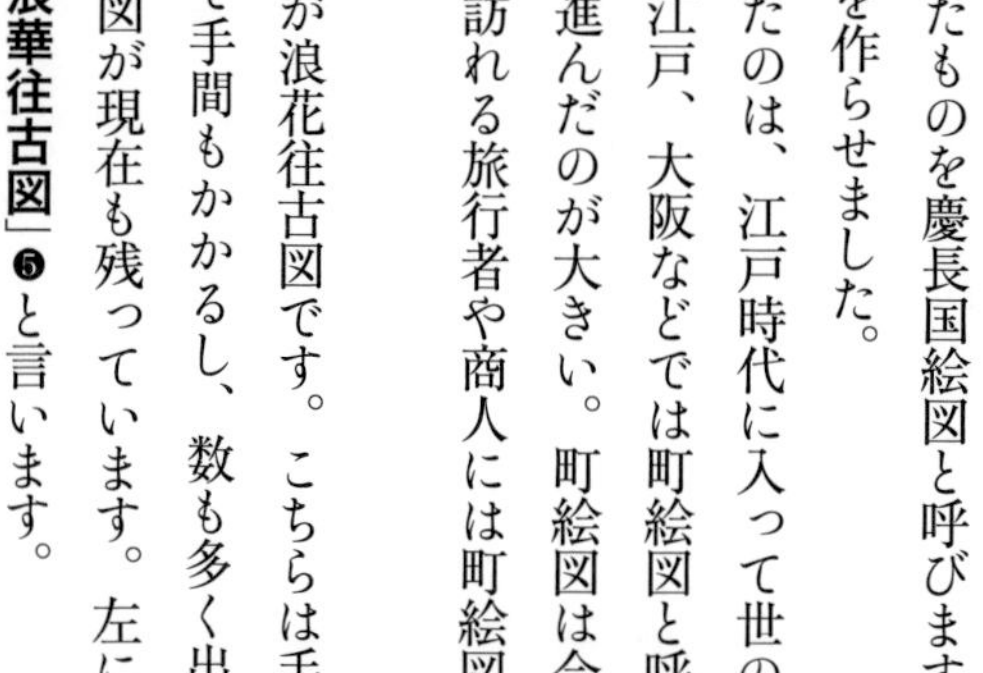

「浪華往古図」の袋の表（右）と裏（左）。

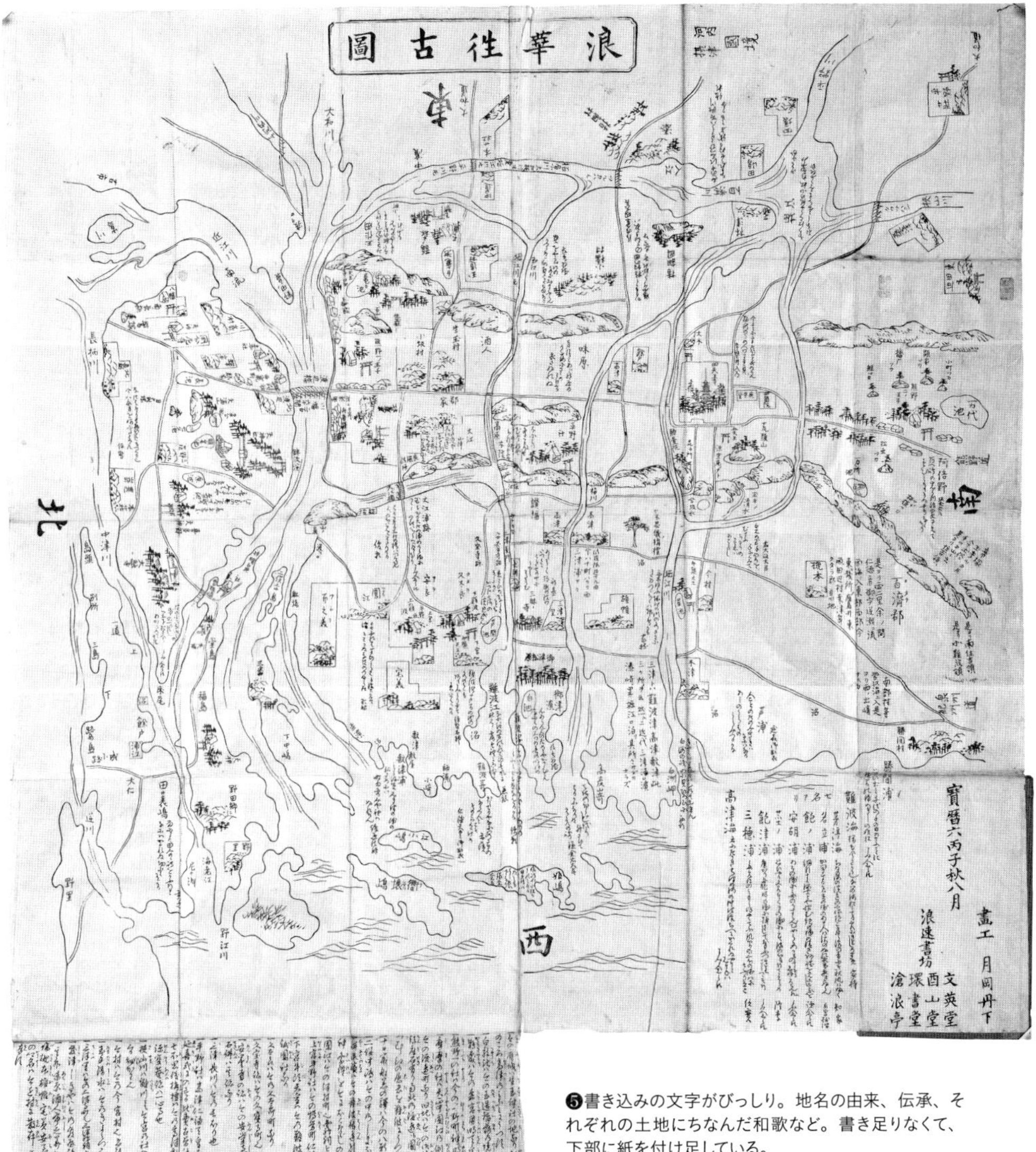

❺書き込みの文字がびっしり。地名の由来、伝承、それぞれの土地にちなんだ和歌など。書き足りなくて、下部に紙を付け足している。
「浪華往古図」(宝暦6年発行/神戸市立博物館蔵)

町絵図の話は次章以後にまわします。今日は浪花往古図の話。こんな地図がなぜ、この頃に作られ、広まったのか。江戸時代よりもはるか昔の浪花の想像図が、どうして筆写までして広まったのか。不思議です。何か、ひっかかるものがある。

話はこのあと、国絵図と往古図のうしろに流れる歴史の力に触れていきます。日本史の裏表も垣間見えてきそうです。

儒教と国学。

話がいろいろ入り組んできました。私のせいではありません。古地図は空間と時間の両方にまたがる情報のモザイクなので、解きほぐしはじめると次々と思いがけない話がとびだす。いりまじって、こんぐらがりそうにもなる。それをまた解きほぐす。繰り返しているうちに、ぱあっと光が射してくる。その瞬間が無上の楽しみ、パラダイスの恍惚。と、そういうわけなので、いま少しのおつきあいを。まわり道のようですが、いま一度話の時代背景を考えてみます。

江戸幕府が国絵図を作ったのは、日本の支配者としての戦略の一環だと先に述べました。これ以外にも幕府は、政権を安定させる方策をいくつも打ち出しました。その一つが儒教を幕府公認の唯一の学問と定めたことです。

どうして、儒教なのか。

理由の一つとしていわれているのは、豊臣が治めていた天下を臣下であった徳川が奪いとる結果になったことの正当化があります。放伐《ほうばつ》といって、君主が徳を失った時は、臣下が君主を討伐して放逐してもよいという考え方が儒教の中にある。豊臣秀吉が朝鮮征伐など誤った政策を行ったので、臣下の徳川がこれを倒してよかったのだという論理が、そこから導かれる。

儒学は江戸時代の身分制度を肯定し、恒久化するための思想的な背景にもなりました。身分制度の頂点にいるのは将軍ですね。儒教が唯一公認の学問として武家社会に浸透していくと、しだいにそれは町人社会にも広まっていきました。町人がひらいた学問所でも、教えていたのはたいてい儒学です。

世の中はこうして安定に向かってきましたが、一方でだんだんと生き方に縛りが増えてきて窮屈にもなってくる。

江戸時代には、もう一つ大きな思想の流れがありました。国学といいます。賀茂真淵、本居宣長など日本史の有名人がいます。

国学とは何か。

ひとことで言えば古道の復活。もう少し長く言うと、古代の文献の研究によって、儒教や仏教が渡来する以前の日本独自のものの考え方、感じ方を日本人が歩むべき本来の道としてとらえなおす学問ということです。

この本来の道を古道あるいは神《かむ》ながらの道という。完成者は本居宣長で、宣長が『源氏物語』の研究を通して「もののあわれ」こそ日本的感性の根本だと言ったのは、よく知られています。

その後の国学は平田篤胤《あつたね》によって神道と結びつけられ、幕末には尊皇攘夷思想へと展開されていきました。天皇を尊び、開国に反対する運動が起こり、諸外国と条約を結んだ幕府と対立した。

尊皇攘夷運動の初期の拠点となったのが水戸藩で、こうした動きがやがて江戸幕府を転覆するエネルギーになっていく。尊皇攘夷とは天皇を至上とするわけですから、将軍が頂点に立つ幕府の政治は否定された。

倒幕の背景に国学あり。

話が日本史のおさらいのようになってきました。ついでに国学と江戸幕府転覆にまつわる裏話を一つ。

木下長嘯子《きのしたちょうしょうし》という人物にまつわる逸話です。国学のルーツともいわれる人物ですね。豊臣秀吉の甥にあたります。秀吉の奥方、北政所《きたのまんどころ》の兄の息子で、もともとの名を勝俊といいました。

木下長嘯子は北政所に大変愛された人でもありました。関ケ原の合戦ではもちろん西軍にいて、敗れた後、どんな処置をされても仕方のないところを、北政所が命乞いをして、家康がそれを受け入れた。おかげで命びろいをしたんですが、その後は隠者のようになり、歌人として余生を過ごした。武将でいるより歌の方に才能があったようで、当時としてはとても斬新な歌を多く残した。歌の世界は、新古今和歌集で洗練の極みに達した後は目立った発展がみられず、しだいに伝統に縛られ、秘伝や口伝を重んじる形式主義的なものになってしまっていた。生命力をなくしつつあった歌の世界に木下長嘯子は革新をもたらしたんです。

木下長嘯子がまいた種は、その後、万葉への回帰というかたちになって引き継がれていきます。江戸時代は万葉集の歌の研究が盛んに行われた時代でした。下河辺《しもこうべ》長流《ちょうりゅう》という人物がいます。木下長嘯子に歌を学び、やがて徳川光圀の要請を受けて万葉集の注釈をまとめる仕事をはじめます。徳川光圀は水戸藩主、またの名を水戸黄門。テレビの長寿番組がありましたね。水戸黄門のテーマソングが聞こえてきたでしょうか。水戸藩が幕末に尊皇攘夷運動の拠点になったのは、さっきお話しました。話が網の目みたいにつながってきましたね。

下河辺長流の仕事は、親友の契沖《けいちゅう》が受け継ぎ、『万葉代匠記《だいしょうき》』という大著に仕上げました。元禄3年（１６９０）に49冊の精撰本として徳川光圀に呈されています。契沖は大阪の高津《こうづ》に住んでいました。万葉研究をしていた円珠庵《えんじゅあん》という庵は今でも史跡として残っています。

こうした流れが、国学の隆盛につながり、最後は尊皇攘夷思想に結びついて幕末に燃えあがり、江戸幕府を終わらせた。国学のルーツに、木下長嘯子という関ケ原合戦の生き残り、秀吉の甥にあたる人物がいた。因果はめぐって、時代を大きく動かしたわけです。

歌の革新や万葉の研究が、どうして尊皇攘夷思想になり、江戸幕府を転覆させるに至るのか、詳しいいきさつを語るのは控えますが、国学の根っこに、日本にもとからあった古いものへの回帰があること、幕府が唯一公認の学問とした儒教など外国の思想に対抗するものであったことがわかれば、見えてくるものがあるでしょう。

往古図を作った人物の願い。

話を地図にもどします。江戸時代になり、儒学に対して国学が興ってきた時、地図の世界にも、古いものへ回帰する動きが出てきました。それが浪花往古図です。かつての大阪はどんな姿をしていたのか知りたい。空間的に世界を把握する方法として地図はいちばん良い方法と言えるでしょう。かくして、数多くの浪花往古図と題された一連の地図が作られ、筆写され、人から人へ伝えられていった。本書でとりあげた「難波古絵図」もそうして生まれた。

ただ、江戸時代以前の大阪を地図のかたちで再現するのは簡単ではありません。わからないことが多すぎる。そのぶん浪花往古図の作成者たちは想像をたくましくしました。歴史研究の進んだ現在から見ると、それらの図には誤りが少なくないうえ、作成者の思い込みの反映で、史料としての信憑性のないものに見えます。

逆の見方をすると、作成者がどんな気持ちで作ったのか、何を願い、何を伝えようとしたのかは、よくわかる。古地図の中でもとりわけ人間臭い地図である。そこのところが、とてもとても面白い。物語がある。地図の中の虚像、架空の、想像の事柄の背後から湧きあがってくる物語。読み解いていくほどに面白い。やめられない。

難波古絵図を作ったのはどんな人物だったのか。いろいろな話をめぐりめぐって、また少し見えてきたでしょうか。

一連の浪花往古図と同じく、作られたのは江戸時代の中頃あるいはそれ以降だと思われますが、可能性としては中頃よりそれ以降の方が高いようです。国学の展開は江戸時代の後半に華々しくなりますから。

おそらくは、そういう時代の空気に触れた何者かが、浪花往古図に触発されてこの図を作った。

天皇への敬愛の念が題名をはじめ、図中の地名など随所に見られるのは、国学において古道と天皇が結びついていたのを考えると、不思議ではありません。あまり天皇、天皇というと、抵抗を感じる読者が少なくないと思いますが、江戸時代にはそのようなものの見方、感じ方が広まる土壌があった。今こうして見ている1枚の古い地図から、そんなかつての時代を生きた人々の声が聞こえてきそうな気がしてきます。その声に耳を傾けるのが、古地図とつきあういちばんの楽しみです。

上方町人の心のよりどころ。

「難波古絵図」には、仁徳天皇のひらいた都の跡が載っていると、先に書きました。その名は高津宮《たかつのみや》。日本書紀には、高津宮よりさらに古い応神天皇の大隅宮《おおすみのみや》が、やはり浪花の地にあったと記されている。いずれも発掘が行われていないので、どの場所にあったかは掘ってみないとわかりません。浪花にあった都としては、7世紀に孝徳天皇がひらいた前期難波宮、8世紀に聖武天皇がひらいた後期難波宮は発掘されて、今では一帯が広々とした史跡公園になっている。浪花は古代史の華やかな舞台でした。

歴史の片鱗が、「難波古絵図」には随所に見える。石山本願寺の発祥の地となる「石山」が記され❻、大阪（大坂）の名の由来になる「小阪（小坂）村」の名も見える❼。ほかにも江戸時代以前の浪花の歴史を物語る地名がいくつも載っている。

「難波古絵図」に限らず、浪花往古図と呼ばれる一連の大阪の古地図は、江戸時代の人々にとって、自分たちが住む大阪のルーツを感じとれる、誇りの源のようなものでした。

それらの地図は先述のとおり、京・大阪など上方が中心だったかつての時代を懐かしんでいる。そういう気分が浪花往古図の底にある。

浪花往古図には、筆写されて人の手から手へ広まっていく過程で、もとの図にはなかった書き込みがいっぱい記されているものがあります（P29の「浪華往古図」参照）。筆写した人たちが、「あの時代はこうだった」「この土地にまつわるこんな話がある」と、書き込んでいった跡です。いかにこの地図が愛好されて、いろんな人の手から手へと渡っていったのか、わかります。

古地図は現代の地図のように便利で、正確で、役に立つものではありませんが、その代わりに物語がある。古地図のゆたかさがそこから生まれてくる。古地図をひらいて、その物語を読み解いていくのは楽しい。1枚の地図は、1冊の本と同じように読み解かれるのを待っている。いちばんお伝えしたかったのは、そのことです。

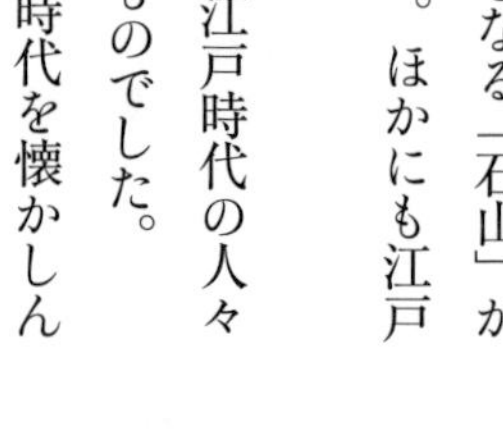

❻石山に建ったから石山本願寺と呼ばれたのは、江戸時代以後。本来は大坂御坊（ごぼう）あるいは大坂本願寺。

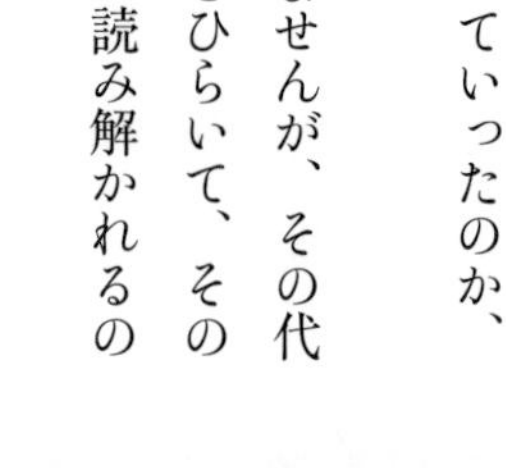

❼もとは小阪、小坂、尾坂といろいろに記された。「大坂」になったのは、本願寺の蓮如が歌で大坂と詠んだから?

すでにお話したとおり、「難波古絵図」は大阪市立中央図書館の所蔵品です。興味ある方はぜひ図書館で実物をご覧ください。

中央図書館には他にもたくさん古地図がありますので、目録や検索用端末で面白そうな古地図を探してみてください。

もっとも、すべての古地図が自由に閲覧できるわけではありません。特に江戸時代の地図に関しては、閲覧制限の指定があるものが多いです。ただし、閲覧がまったくできないかというとそうではなく、しかるべき調査・研究の目的を申請書に記入して提出すれば、基本的に閲覧は可能です。古地図は傷みやすいですから、興味本位の閲覧や杜撰な扱いは不可。閲覧を申請するときはマジメな顔をしてください。そしたらおそらく大丈夫。お試しを。

雄弁な往古図。京、江戸の場合。

京都人の誇りを守った図。

さて、ここでひとこと。

往古図は大阪だけのものではありません。

あちこちで同様の図、「○○往古図」などと題された地図が作られた。街のルーツをたどる、そこに住む人々の誇りの源を探る。そういう動きは、ほかの場所でも次々と起きていた。その中から京と江戸の例を、次に挙げます。

たとえば、この京都の「**花洛往古図**」❽。明治27年（1894）の発行ですが、実は復刻版。もともとの図は江戸時代の寛政2年（1790）に発行された『京の水』という京都名所の紹介本の付録でした。翌年に、地図だけ独立して出版し、売られるようになった。

「往古図」というネーミングは、要するに「古い時代をふりかえる図」という意味ですが、この「古い時代」というのが、どのくらいの古い時代を指すのかというと、街によってちがうわけです。ただ古ければいいのではなく、その街の誇りの源になるような時代でなければならない。街が最も輝いていた時代、その時代を思い出せば、街の人々が自信をとりも

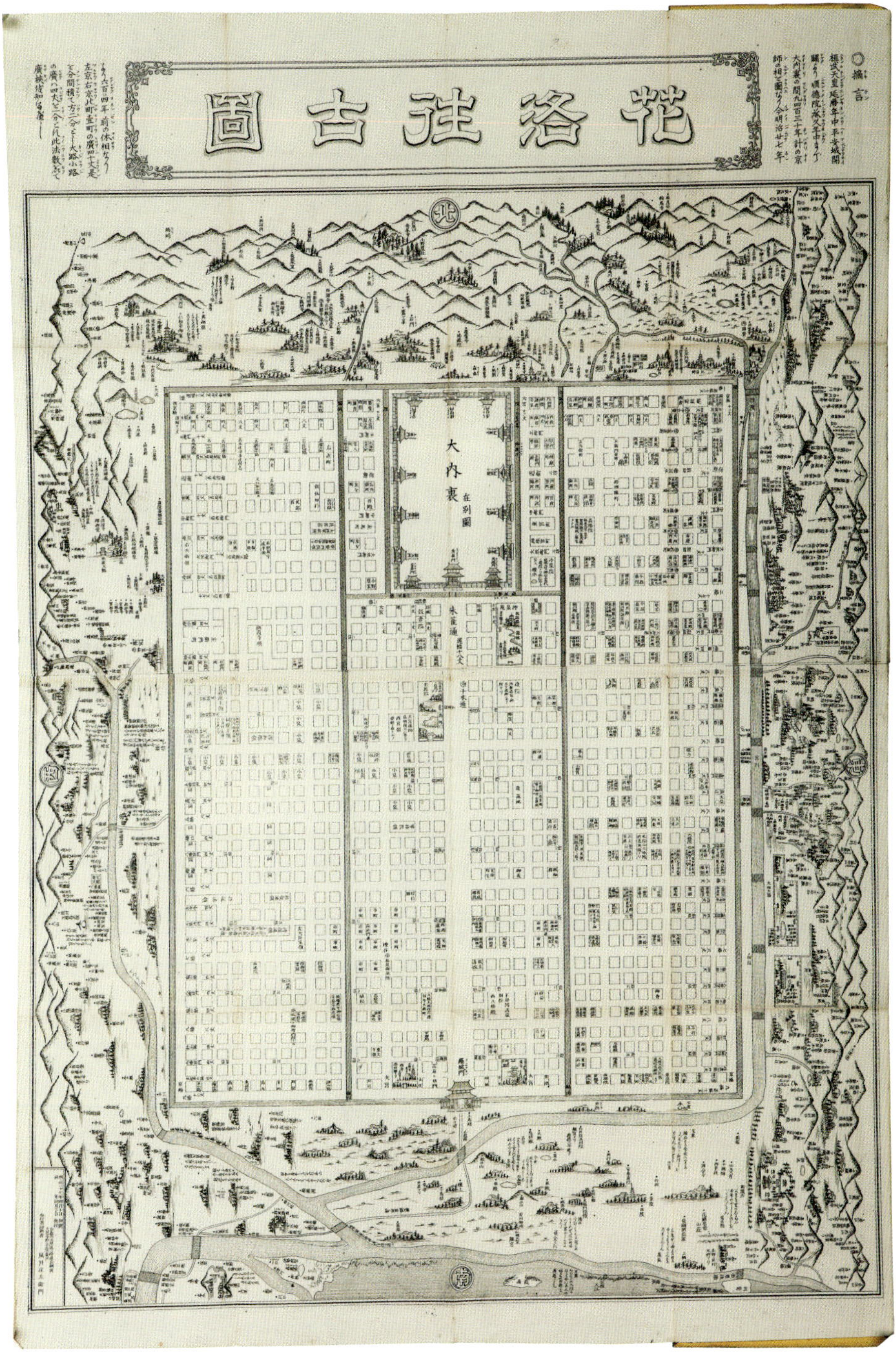

❽「花洛往古図」（明治27年復刻／神戸市立博物館蔵）

どせる、そんな時代。

京都の場合、その時代とは、やはり平安京誕生の頃です❾。歴代の都の中で最も永きにわたって繁栄し、文化の中心となった平安京。題名の「花洛」とは、花の都という意味です。「洛」は、洛陽という中国の都の名からとっています。洛陽は一つの王朝の都ではなくて、代々の王朝が引き継ぎ、都として栄えた場所。中国の歴史で都といえば洛陽というぐらい、都の代名詞的な存在になっている。

だから「花洛」とは、華やかなうえにも華やかな都の中の都というような意味になる。

その「花洛」であるところの京の都の往時をしのぶ「往古図」という題名の成り立ちに、京都人の誇りが充満している。面白いことに、碁盤の目の市街の外は江戸時代の内容で、市街は平安時代の平安京になっている。洛中、洛外という言葉がありますが、洛中とは都の中、洛外とは都の外。外と中を抱えながら、日本史の舞台を千変万化に彩ってきたのが京都という街の姿。京都人が、その誇りの源をたどっていくと、たとえばこういう形になる。

この図が、明治に入って復刻されたというのが、また面白い。明治には、東京に遷都が行われて、京都人はとても悲しんだ。東の京である東京に対して、西京といわれるようになったのも、うら哀しい。そもそも「京」というのは都という意味で、京都だけが京だったはず。京都という名称は今でこそなんの違和感も感じないが、京がすでに都をさすのだから、京都とはミヤコミヤコでダブっている。それでも京都と名乗ったのは、千年の都の意地でしょうか。

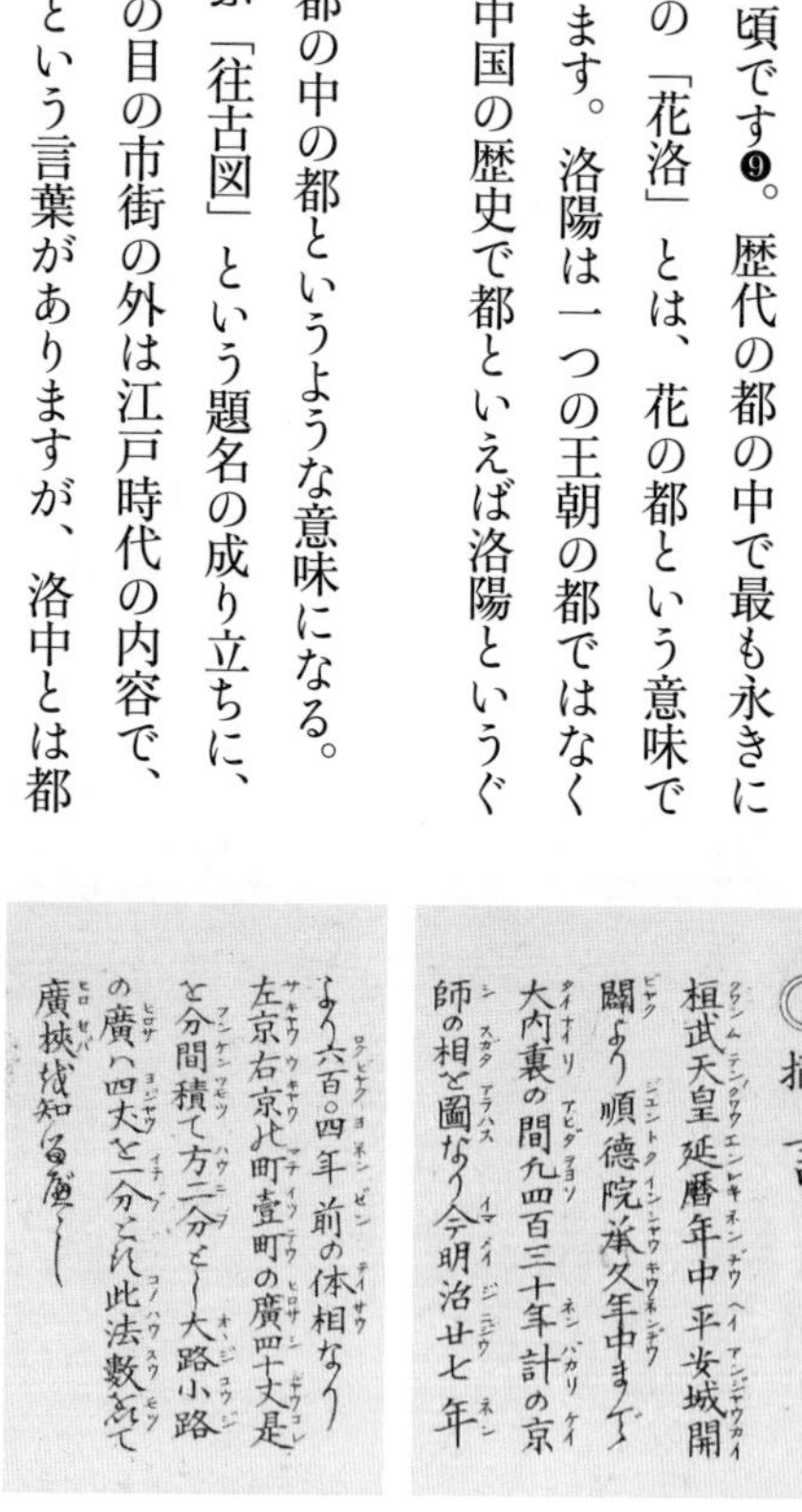

❾題名の左右に記された文言は、桓武天皇がひらいた平安京が、この図に表されていると誇らしげだ。

だいたい、明治維新のあと天皇が東京に行幸したのはいいとしても、そのまま帰ってこなくなるとは、京都人は思っていなかった。しかも、遷都まで決めてしまったので大ショック。なんとか京都御所は存続するなど、都の名残は残りましたが、まだ気がおさまらない。京都人の誇りを守らなくちゃというので、よみがえったのが、この「花洛往古図」です。復刻された明治27年は東京遷都からかなり経っていますけども、京都人の間には誇りのよりどころとして、こういう地図を求める心情がまだまだあったのでしょう。

この図は銅版画です。エッチングならではの繊細なタッチが近代風、内容は江戸時代の往古図という、古いような新しいような図になっています⑩。いろいろな意味で大変興味深い図です。

江戸人の郷愁誘う図。

次にとりあげるのは江戸の図。「**長禄年中御江戸古絵図**《ちょうろくねんちゅうおえど》」といいます⑪。

地図に「往古図」ないしは「古絵図」というタイトルが付くものがあれば、発行された時代から見て古い時代を描いたものと考えていい。いわゆる歴史地図ですね。古地図はだいたいそれ自体が古いんですが、中身がさらにまた古い。「往古図」「古絵図」を見る時は、こういう二重になった歴史を解きほぐしていかないといけない。

さて、図の題名に「長禄」という年号があります。長禄元年は西暦１４５７年ですが、この年に何があったか。

⑩市街の外が江戸時代になっているのは、もともと江戸時代に刊行された地図を流用して作成したから。

江戸城ができた年ですね。地図の中心に江戸城とおぼしき城のしるしがありますが、江戸城とは書いていません。単に「御城」とだけ記されている。まわりは町らしきものは見えません。江戸はまだまったくひらけていません。

この地に最初の城をつくったのは、太田道灌《どうかん》という武将です。室町時代に扇谷《おうぎがやつ》上杉家という関東の名門があり、その筆頭の家臣であった太田道灌が、この地方を治める役目を担ってやって来た。武蔵国、今で言うと東京都と埼玉県、神奈川県にまたがる広大な土地です。当時は荒野でしたが、そこに江戸城を築いた。海に近く、まわりが川と入江と山に囲まれた天然の要害。築城に絶好の土地を選んだのです。

当時は内戦があちこちで起こっていました。応仁の乱が起こるのは１４６７年で、図の作成から10年後ですが、すでに室町幕府は衰退し、各地で有力な武将が領地を争っていた。江戸城は、戦略上の要地でした。

太田道灌はなかなかの切れ者で、江戸を拠点に関東に支配を広めました。主君の上杉家はその力が強大になるのをおそれ、道灌を暗殺します。風呂に入っているところを襲撃されるのですが、殺される時、道灌は叫びます。「上杉

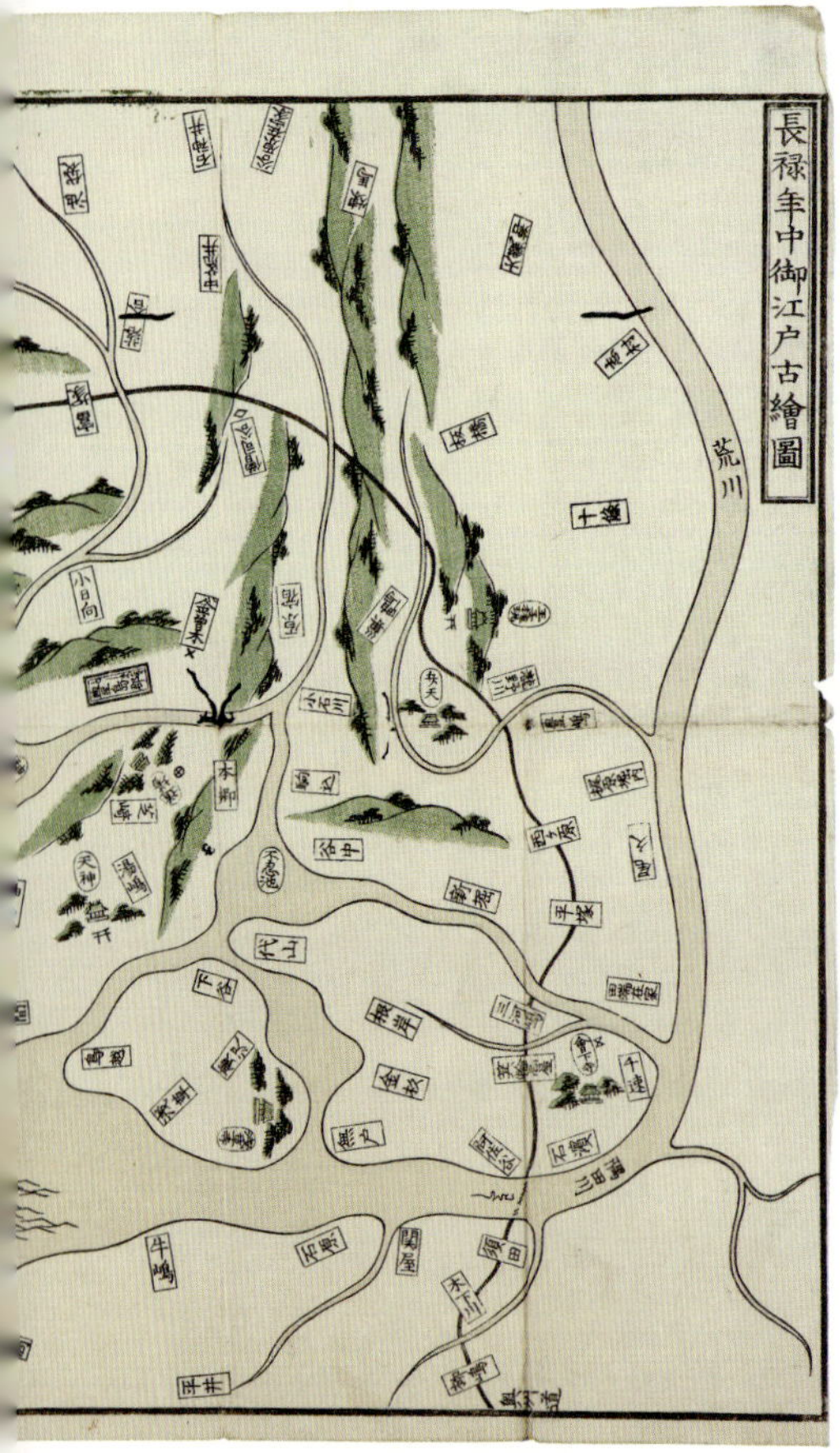

⓫「長禄年中御江戸古絵図」
（文化13年発行／神戸市立博物館蔵）

家もこれで終わりだ」と。その言葉どおり、応仁の乱のあと、上杉家は没落。代わって江戸城を手に入れたのが、小田原の北条氏でした。北条氏は秀吉の天下統一に最後まで抵抗しましたが、敗れます。そのあとに江戸城に入ったのが、徳川家康でした。のちに家康はここで、鎌倉、室町に続いて江戸幕府をひらく。

図の左上から道をあらわす黒い線が伸びているのが見えます。鎌倉道といって、鎌倉に通じる重要な道です。交通の要路という意味ももちろんありますが、「鎌倉」という地名がまず重要です。武士が日本を支配するようになると、幕府が政権の中枢になりましたが、最初の幕府は鎌倉にひらかれました。江戸から見て、鎌倉は武家政権の発祥の地。江戸の往古図には当然、鎌倉道が記されます。図の中で、江戸城とその周囲は、江戸時代の立派な城下町とは比べようもなく殺風景。しかし、鎌倉以来の武家政権の誇りに支えられている。

図中の地名も、阿佐布（麻布）、本郷、神田、市谷、原宿、駒込など、のちの江戸あるいは東京の繁栄を連想させる名前がいくつも見える。

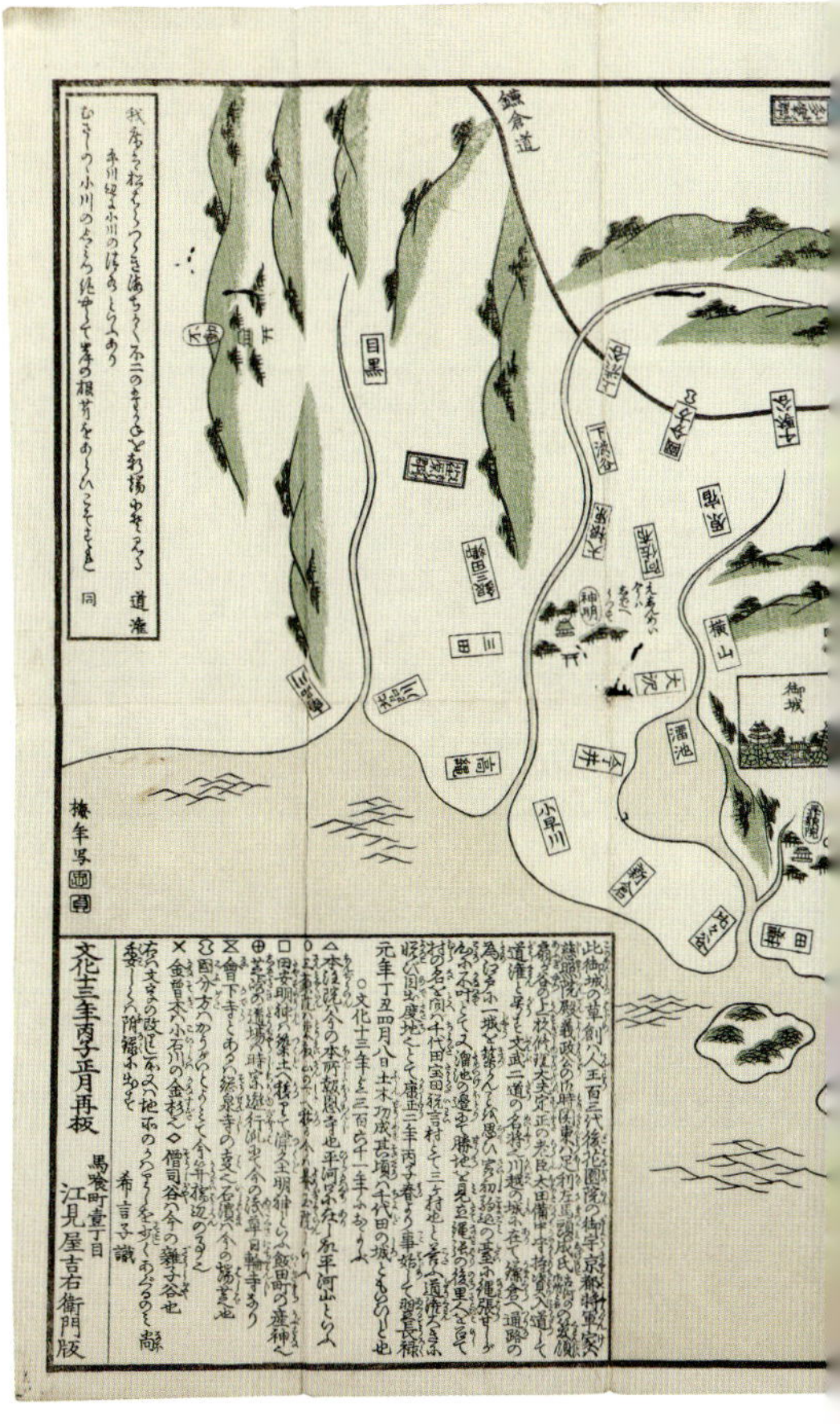

かくして、この図はこよなく江戸の人々の郷愁を誘う。江戸に城ができた長禄元年（1457）というのが、江戸人のノスタルジーの原点なわけです。この図の発行は文化13年（1816）です。江戸時代も後期になっていますが、およそ350年も前の風景を繰り返し人々は味わってきた。往古図は根強い人気がありました。

諸国それぞれの往古図。

ご覧のように、ひとことで往古図といっても大阪風・京都風・江戸風、ちょっとずつ違う。それぞれの街にそれぞれの誇りの源があり、往古図にも街の柄《がら》が出る。

ひとつだけ見ているとわかりませんが、見くらべていくと、違うということじたいが、また面白い。学校で習った日本史は全国一律同じようなものだったかもしれないけれど、街の目線になると、日本史のある一点が大きく見えたり、小さく見えたりする。歴史の流れ方は同じではない、違うのだ、というようなことがひとつひとつわかってくるのが、またまた面白い。

尾張や越後などほかの場所でも、往古図は作られていました。くらべてみると、お国柄も見えてくる。大阪らしさとは何なのかを考えるヒントにもなりそうです。

古地図の中の古地図。

最古の日本図、筆写の秘儀。

前にも述べたように、地図出版が盛んになったのは元禄時代からです。木版という印刷技術を使い、何枚も何枚も同じ地図が刷り上がって、世の中に商品として流通するようになった。

では、その前の地図はどうなっていたのか。存在しなかったのかというと、もちろんそんなことはない。木版が広まる前の地図は、手書きでした。もう1枚欲しいという時は、元の図をそっくりそのまま筆で描き写す。数が少ないから、地図はおおむね大変貴重で、限られた人の目にしか触れない。そういうものだった。

現存している最古の日本地図は、仁和寺《にんなじ》に所蔵されている「**嘉元《かげん》三年日本図**」です。嘉元3年は西暦1305年、鎌倉時代。地図の隅に仁和寺の印章が押してある。

仁和寺は京都の御室《おむろ》にあるたいへん有名な寺です。宇多天皇が「御室御所」と名づけて仁和4年（888）に建てました。宇多天皇がこの寺をしばらく住居代わりにしたので、別名は御室御所。以後も皇族が住する門跡寺院として格の高さを誇りました。そこにあった「嘉元三年日本図」を、江戸時代になって筆写したのが、ここに掲載した図です⓬。

図の左側は陸奥の国。陸奥は、今の青森県を含む東北の旧国名。つまり、この図は南北が逆。古地図は、方角が今の地図とは異なるものが多い。

この図は「行基菩薩御作」と記されています。行基菩薩がお作りになられたという意味です。奈良時代の僧、行基は社会事業に力を尽くし菩薩と呼ばれた名僧。古代の地図も行基が残したとされ、中世以後の図も含めて、多くが「行基図」と総称されています。そのすべてを行基が作成したわけではありませんが、それほどに行基の存在が大きかった。別の見方をすれば、地図とはただの情報ツールではなく、宗教的な崇敬、畏怖への通路のような役目も果たしていたともいえる。

「五畿」という文字も図に見えます。五畿とは、かつて都が置かれたことのある大和、山城、摂津、河内、和泉の五つの国をさします。東海道、東山道、北陸道、山陽道、山陰道、南海道、西海道の名も見え、七道合わせて68カ国あると記されています。これらの諸国が載っている日本図な

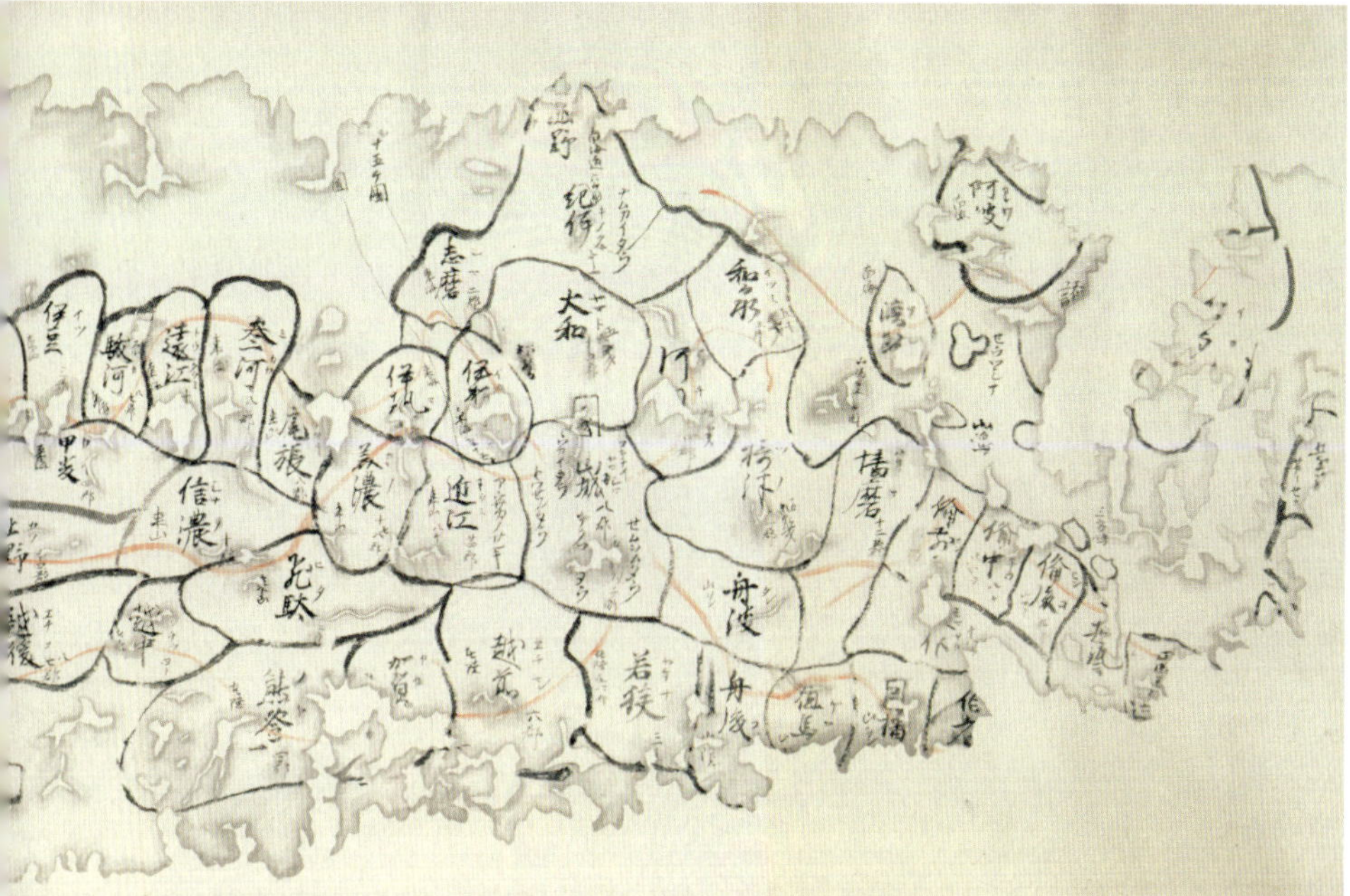

⓬「仁和寺蔵嘉元三年日本図写（仮）」（神戸市立博物館蔵）

のですが、残念ながら、大阪から向こうの西日本を描いた部分は欠けています。それでも赤線で示された道が、京の都がある山城にみんな集まっているのがわかります。

交通機関や測量技術が未発達の時代に、日本全体を地図にするのは、難事業でした。地図はたいへん貴重なものでした。単に大事なものだったというのとは、ちょっと違う。宗教的な感情にも通じていると、さきほど述べましたが、かつての人々がどんなふうに、この日本図を見ていたかを想像させるエピソードがあります。

この図は、鎌倉時代の原図を江戸時代に筆写したものですが、日本を囲むようにしてギザギザの模様が見えますね。シミだろうか、誰かお茶でもこぼしたんでしょうか。実はこれ、原図の紙がボロボロになった部分です。それを忠実に書き写している。いったい、そんなことをして何になるのか、まったくの無駄じゃないか。現代人はそう思うでしょう。

しかし、この時代の人たちにとっては、元の地図のちぎれたり、破れたりしたところまで、そっくりそのまま書き写すのが大事。まったく同じであることに、深い意味があ

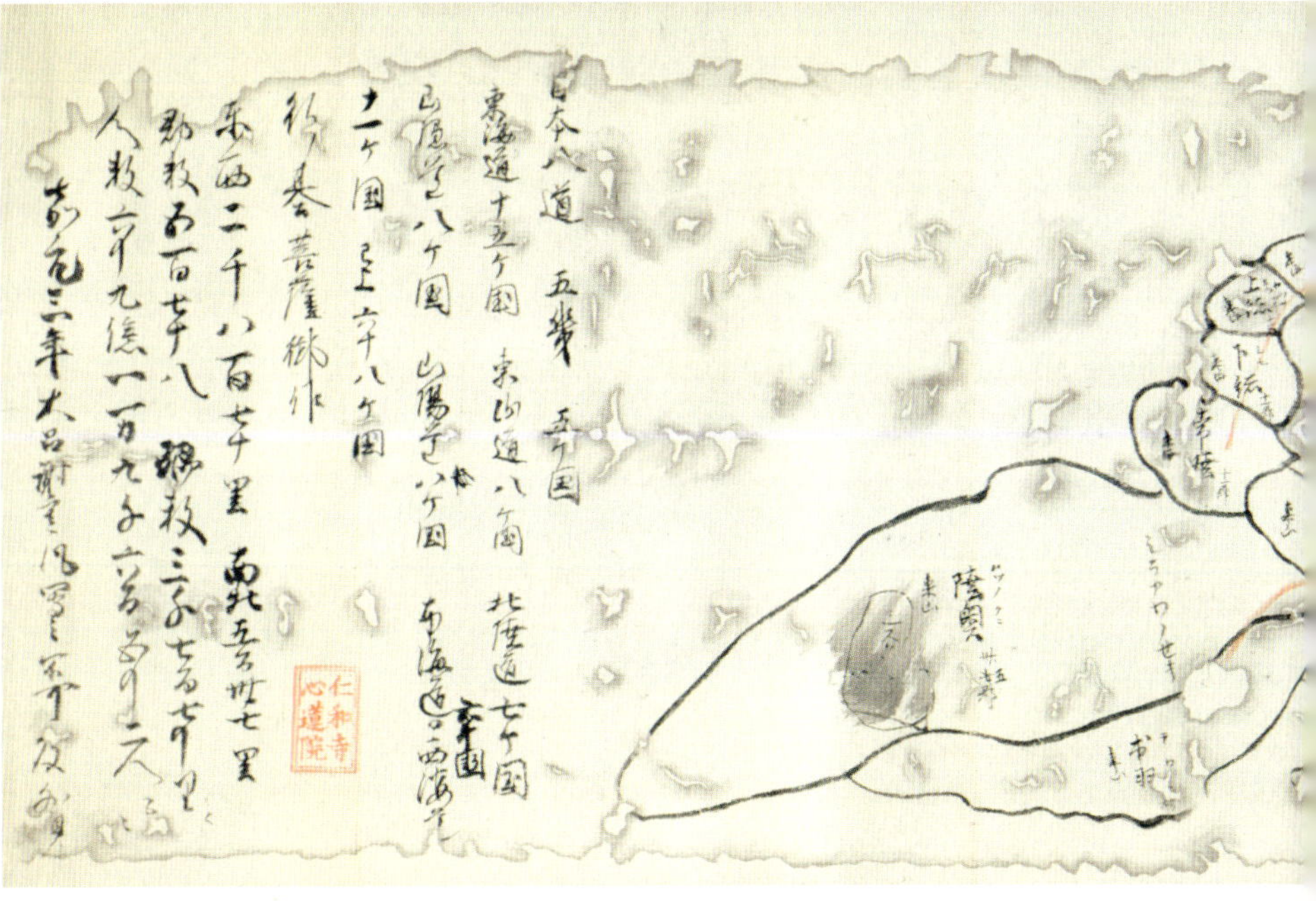

る。地図を新たにもう1枚、世に生み出すのは、秘儀に近い行為だったと考えると、ギザギザ模様の意味も腑に落ちます。

今、日本地図は書店に手頃な値段のものが何種類も出ています。誰でも気軽に、手に入る。インターネットなら無料です。しかし、かつて地図を見るというのは限られた人々の限られた体験だった。地図を広げて日本という国の姿を見るのは、現代におきかえると、人工衛星から撮った地球の映像を初めて見たのと同じくらい、強烈なインパクトのある体験だったのではないか。そうでないと、わざわざ手間ひまかけてギザギザ模様まで筆写する気にはならない。私はそんなふうに想像します。

絵のような地図のような。

もう一つ、とても古い地図を見てみましょう。「**日根荘日根野村絵図**」⓭といいます。日本の地図の歴史について語る時、しばしばひきあいにされる有名な地図で、鎌倉時代に作られました。「嘉元三年日本図」より、少し年代はあとになります。

題名の中の「日根野《ひねの》」は、大阪府泉佐野市にある地名で、現在はJR阪和線の駅の名にもなっています。図の裏書に正和《しょうわ》5年（1316）6月7日と日付が明記され、この頃の作成とわかります。地図史での分類で荘園図と呼ばれるとおり、荘園の領域を示した地図です。

誰がこのような地図を必要とし、作らせたのかというと、荘園の領主ですね。ここは当家が領有する村である、この土地にはこれだけの田畑があり、山林、池などがあって、こ

⑬「日根荘日根野村絵図」(『九条家文書』／正和5年発行／宮内庁書陵部蔵)

の寺と神社に管理を任せている、というような事柄が、一目でわかる。ほかの荘園領主と、土地の境界線などで揉め事が起きた時には、権利を主張する証拠に使えた。

古い時代にさかのぼるほど、地図は特別な人々が特別な目的で作らせるものという性格を帯びる。権力と結びつく。

「日根荘日根野村絵図」を作らせたのは、日根野村の領主だった九条家でした。九条家は、摂政・関白になれるいわゆる五摂関家に数えられた名門中の名門。諸国に持っていた領地の数だけ、このような地図を所有したでしょう。この頃の地図は、記号的な表現と絵画的なタッチがいりまじり、絵のような地図のような、独特の趣があります。

村を囲む山々は風景画的ですが、水田は半ば記号化されて見え、鳥居と本殿が組み合わされた神社も記号化一歩手前。「荒野」と記されたのは、手つかずの土地。これから開墾していろんな作物がとれる可能性があるということでしょう。

子どもが描いたみたいな幼い表現にも見えますが、素朴な味わいがあるともいえる。地図がどういう風に発展して、今のような図になっていったか、その途中経過を教えてくれる図でもあります。

江戸時代になると、木版印刷の技術が向上し、精巧な地図ができあがってきます。古地図にもゆたかな彩りが加わって、パラダイスの旅もますます面白くなっていきます。

第二章 古地図で遊ぶ、未来考古学。

キタはいくつある。

地図も小説もインクのシミ。

第二章では、江戸時代の古地図の話をしますが、その前に、こんな話題はいかがでしょうか。

用意したのは新聞の書評です。日本経済新聞（2012年4月15日付朝刊）に載ったものです。『地図集』と書いてあるので、何だろうと思って読んでみましたら小説の題名でした。董《トン・》啓章《カイチョン》という香港の小説家の作品で、書評を書いたのは芥川賞作家の円城塔《えんじょうとう》。一節を引用します。

地図と小説の共通点は、どちらも紙の上に書かれたインクのシミであるというところだ。シミなのだから、それ自体に意味はない。読み手が勝手に意味を見出しているだけである。「地図集」はそんなシミを積極的に誤読して、架空の香港を作り出していく話である。

地図も小説もインクのシミだ、意味はないなんて、知的諧謔が得意の円城塔らしくて楽しくなりますが、これはなかなか重要なことを言ってます。ふだん私たちは、言葉には意味があると思っている。実をいうと、それは錯覚。なにしろ、ただのシミなんだから。「この言葉にはこういう意味がある、としておこう」との約束事があるので、なんとなく言葉にそのような意味が備わっている気がしているが、本当はそうではない。意味はその時々に言葉から勝手に人間が見出しているのである。

話が理屈っぽくなってきました。こういう話に、いったい何の意味があるのかと思われるかもしれませんが、あとでぐるっと回って話がつながります。少しだけ、おつきあいください。

さて、もし言葉の側に意味があるのなら、意味は私たちの外にあるわけですから、言葉さえ拾い集めれば意味は手に入ることになる。物を集めるのと同じです。実際そのようにして、私たちは知識や情報を毎日仕入れていますが、それは新たな意味の発見ではなく、既存の意味の消費である。そうして成り立っているのが、私たちの日常。もし、言葉にいちいち意味を再発見して驚いたり、感動したりしていると、日常生活はちょっと困ったことになる。お約束どおりの意味を拾い集め、消費してやりすごしていく方が効率がいいし、楽です。社会はそのようにして安定を保っている。ところが、人間はそれだけではどうも飽きたらなくて、非日常の魅力にもひかれている。目の前にあるものの別の意味に気がついて、はっとする時がある。

人間は眠っている意味を言葉を通して呼び出す能力がある。そういう行為の中でしか、新たな意味は生まれてこない。その時、人間は想像力が生き生きと働く。とても楽しい時間を過ごしている。私たちの人生は、日常の生活があって、一方でそういう時間がはさまれて、両者のバランスで成り立っているんじゃないか。そんなことを思うわけです。

もっとも、今言ったことは、円城塔の書評の文章つまり新聞紙のインクのシミを見て、私が勝手に読み出した意味です。だから、円城塔本人の頭の中にあった事柄とはたぶんずれがあるようにも思うのですが、それでいい。

「そんなシミを積極的に誤読して、架空の香港を作り出していく」とあるとおり、円城さんは誤読という言葉の意味を肯定的にとらえなおしている。そこに私は共感しますし、古地図の楽しみとも通じる話だと思うのです。

誤読とは誤った読みだからいけないのではないかと思われるかもしれませんが、正解とは別に選べる道があるかもしれないというような意味合いでとらえなおしてみれば、この言葉に一歩近づける気がします。つまり、古地図には誤読する楽しみがある。

自分の物語を読み出す。

次は書評の後半部分です。

われわれは過去を知るために、何かの記録を利用している。記録とはつまりシミである。

だから董啓章が組み立てるのは、架空の香港であると同時に、彼自身の香港ともなる。記録を丹念に読み込むほどに、幻の香港が存在感を増して現れてくる。多くの人が記したシミ、手紙や地図や歌や小説を董啓章は丁寧に重ね書いていく。そこにあふれるのは多くの声だ。単なるホラ話として楽しむもよし、ちりばめられた豊富な知識を読み出すもよし。しかしここには、一人の人間が読み出した真正の歴史が記されている。次はあなた自身の歴史を読み出す番だ。

「架空の香港であると同時に、彼自身の香港ともなる」という箇所がいいですね。言葉から知識や情報を拾い出しただけでは、こうはいきません。意味を自分自身のものとして、もう一度発見するところに味わいというものがあると、思いたい。

「そこにあふれるのは多くの声だ」という箇所もぐっときます。手紙や地図や小説はシミですが、読み出せば肉声が聞こえるシミでもある。

もちろん聞こえるようになるには、聞く耳を持たないといけない。読み出す目、聞き出す耳、どちらも人間の側にあるんです。「真正の歴史」は読み出し、聞き出してはじめて現れるものであって、人間の外に独立して存在しているわけではない。

「次はあなた自身の歴史を読み出す番だ」とはまた素敵な挑発です。本書のために置き換えて言えば、古地図は読み出されるのを待っている。次はあなたが自分の物語を読み出す番です。古地図にはよくできた小説に負けない魅力が、きっとある。

北は二つ、キタは一つ。

董啓章『地図集』は、香港の古い地図を素材に、地図のさまざまな見方を、お話の形でたくさん集めた小説です。一話一話にタイトルがついています。

たとえば、「共同地」。同じ名前の土地が、地図の中のあちこちに出てくるという話です。「共同地」に類する場所は、日本の地図でもしばしば見られますが、ただの偶然と思って、たいていそれ以上追究はされない。

面白いことに『地図集』は、そういう皆がすっと通り過ぎてしまいそうな地図の中の現象に、いちいち名前をつけている。すると、新たなイメージが湧いてくる。

ほかにも、「非場《ひば》」というのがある。何かというと、「名前だけがあって、場所がない」。あるいは、逆に「名前がないのに、場所だけがある」。古い地図では、こういう空間が決して珍しくないのですが、見つけたとしても、なんだかよくわからないまま見過ごして、記憶から消えてしまう（「非場」の実例は後述）。この小説は、それをわざわざ「非場」、場所ではない場所という名前を付けて、それはどういうことなのか書いてくれている。地図にはこんな遊び方もあるわけです。

次に挙げるのは「北進偏差」という話の一節。

> 地図の記号構成は観察と現実描写の結果というよりも、あるグループの集団的無意識の投影と言うべきである。

なんのことかと思いますが、要するに、地図を作った人たち、あるいは街、国、民族といった人間集団の無意識が、たとえば地図の東西南北を表す方位記号に出てくるというのです。

この話では、イギリス政府が作った「外部より香港に進入するための水道経路図」という古地図を題材に、「北」には二つあるという説が登場し、一方は地球の回転する方向に垂直に取った北、もう一方は方位磁針が示す北だと論じられる。地軸の南北と磁場の南北は、香港では西へ2度05分ずれている。これが題名の「北進偏差」の由来で、古地図の中の二つの北をめぐって、後世の人たちがどんなイメージを抱き、どんな疑問を抱いて、どんなことで喧々諤々《けんけんがくがく》の議論をしたか、と話は次々展開していく。

『地図集』を読んで未来考古学という言葉を思いつきました。未来から見れば、現在も考古学の対象になる。その目で過去を見なおすと、過去を振り返る意味も少し違ってくる。未来考古学は、過去・現在・未来をつなぐ、もうひとつの視線です。

100年前、200年前の古地図をテーマに私のやっていることも、未来考古学的に見なおすと、考えさせられることがある。

古地図って、最初は見てもよくわからないですよね。当時の人々が、どんな記号を使い、どんな表現をしたかは、当時なら何の説明もなくわかったはずだけれども、百年後の私にとっては、わけのわからないものになっている。そういうことは、よくある。『地図集』では、それがしばしば滑稽な議論に発展しますが、もしかしたら私も似たようなことをやっているのではないかと、はっとする。誤解をおそれずに言えば、人間が作ったものを人間が読み解くのだから、どこかに不正確さがまぎれこむし、むしろ不正確さの中にこそ人間の営みの姿がある。そういうことを思いながら、古地図に接しているわけです。

未来考古学で遊ぶ「キタ」。

さて、ここに平成の**大阪市街図❶**があります。市の中心地の拡大図なのですが、未来考古学的に考えて、今から100年後の人たちがこの地図を見た時、かなり悩むと思います。たとえば、太い線で四角く囲んで「キタ」と記された、この場所はいったい何なのか。大阪の人なら誰でも、ここが「キタ」と呼ばれる繁華街であると、よく知っている「キタ」。個人差はあるでしょうけれど、だいたいこの範囲かな、と皆が把握している。その「キタ」を百年後の人が見ると、きっと首をひねるでしょう。

昔は、こんな線が地面に描いてあったのだろうか？　たぶん何かのエリアを示した記号なのだろうけれど、この真四角の場所がどうして「キタ」というのか。

はて、キタが東西南北の北であるとしたならば、ますますわからない。北区という地名はこちらに記されているが、北区のことではなさそうだ。いったい、どこから見て北なのか。大阪の中心あたり、たとえば本町から見て「キタ」なのかな。しかし、本町から「キタ」の赤枠の方角を見ると、少し西へずれているではないか。真北と磁石の北がずれている、という「北進偏差」の話はこれだったのか、というようにますます疑問が深まっていくかもしれない。

「ミナミ」に至っては、枠が2カ所に分かれています。なんばのあたりと心斎橋のあたりです。南という方角にも二つあるのか。こちらもかなり揉めそうです。

未来の人たちが悩ましく頭をかかえているところを想像すると、楽しいですよね。

こういう市街図は何年か経って、新しい内容のものを買った時に、たいてい捨てられてしまうものです。できれば、50年ほど手元に置いてください。古地図と呼ばれて、古書店で売れます（たぶん）。１００年後には、けっこうな値段がつくかもしれません（これもたぶん）。

古地図というものは、浮かんだ疑問が多いほど遊べます。遊ぶのは面白い。これぞ古地図パラダイス、です。

❶見慣れた大阪市街図も、時代の無意識の反映。当たり前の地図のルールが、100年後の人々にはわけのわからないものに。

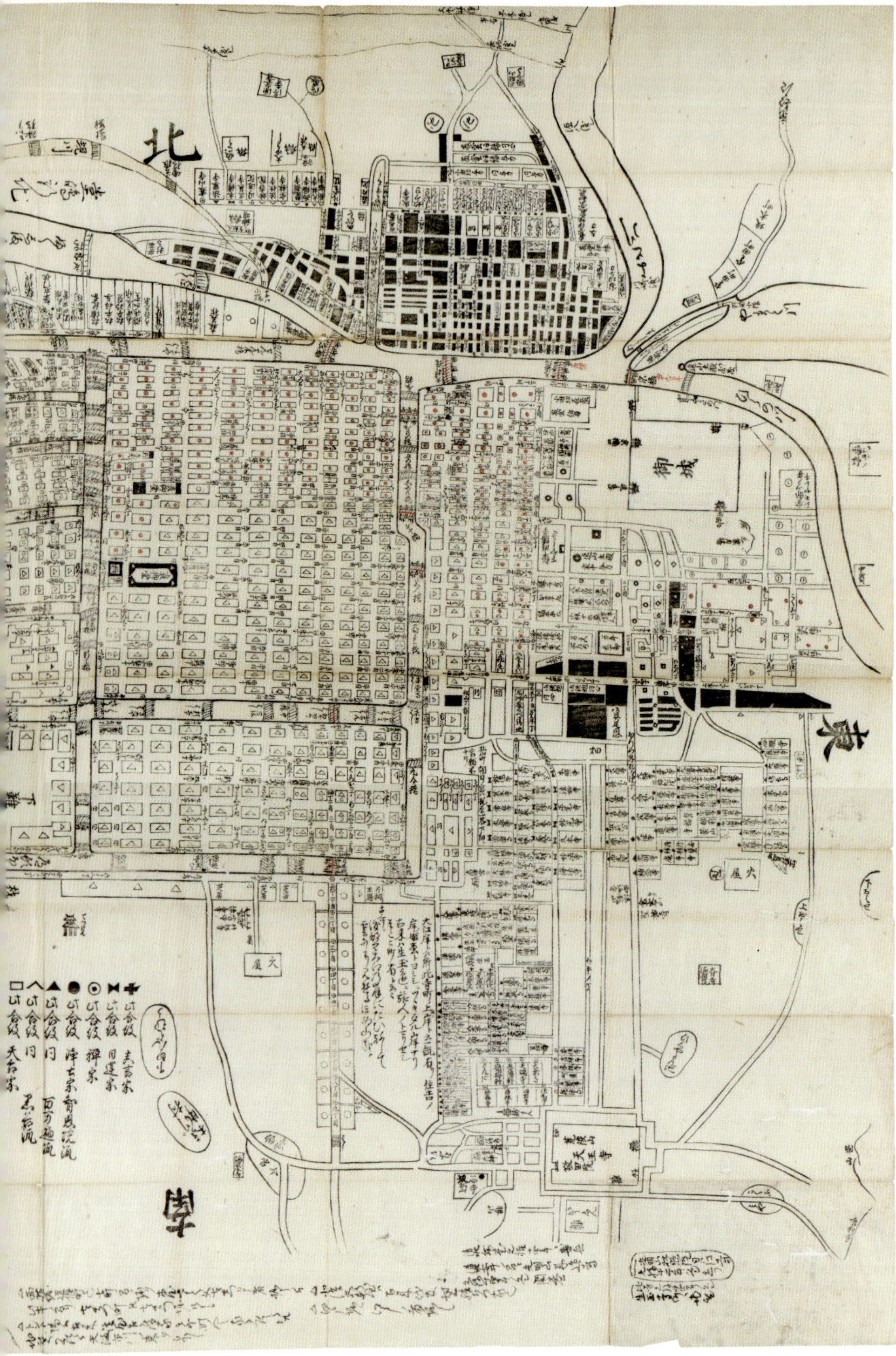
北
御城
東
火屋
火屋

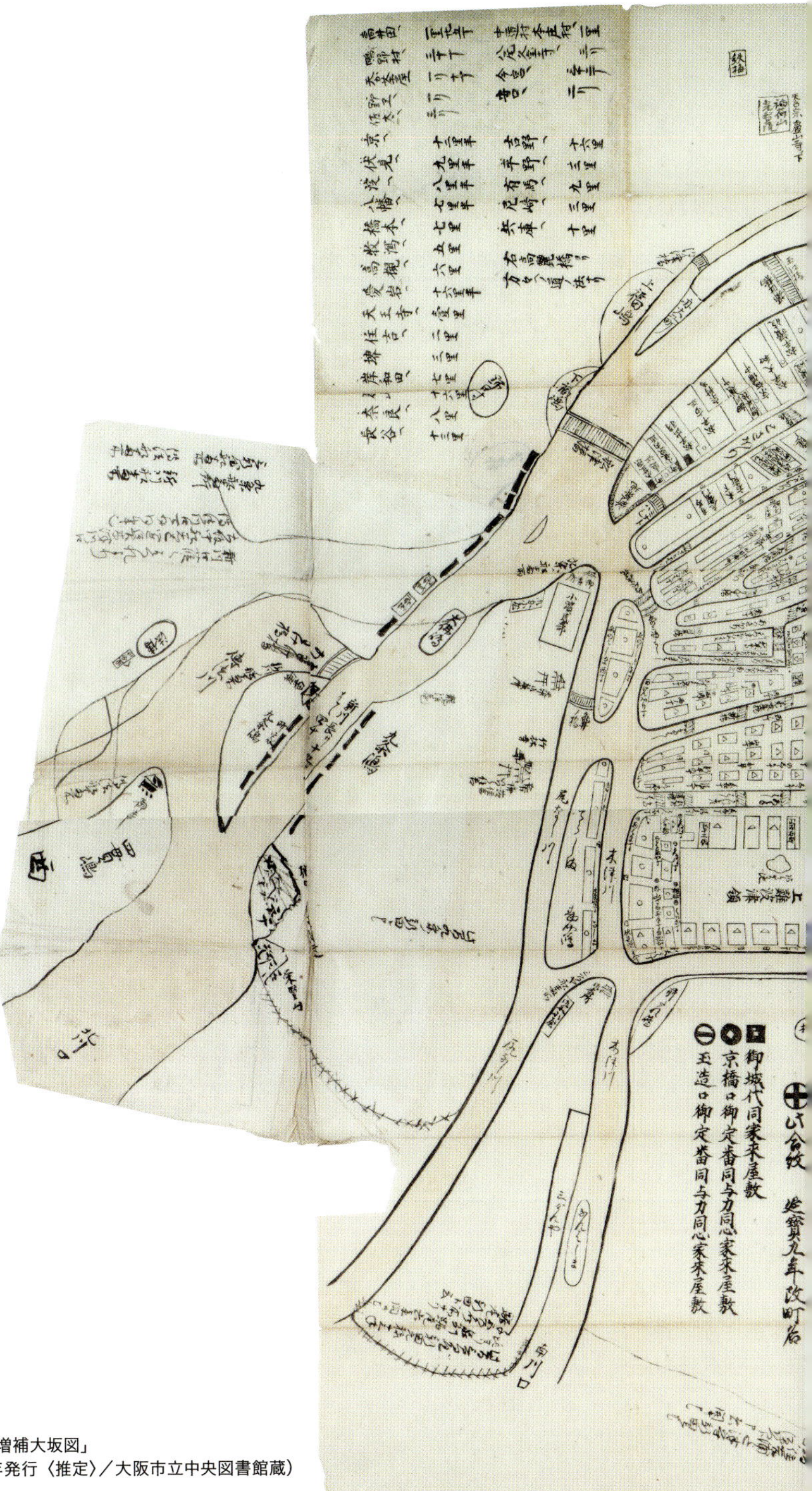

❷「辰歳増補大坂図」
（元禄元年発行〈推定〉／大阪市立中央図書館蔵）

いつ、誰が、何のために。

発行年を推定する。

江戸時代の元禄年間は、日本の地図出版における草分けに当たります。平和が続いて経済も発展し、出版技術も高度になり、地図を買い求める購買層もいる。さまざまな条件が整ってきた。この時期の注目すべき古地図として紹介したいのが、第二章の主役「**辰歳増補大坂図**」❷です。大阪の街の姿を描いた、いわゆる町絵図と呼ばれるものです。町絵図は発行点数が多く、古地図の中でも人気があります。

地図の出版は京都でまず盛んになりました。京都はもともと寺院が多く、仏教書の需要に応えて出版が早くから発達していたためです。次いで江戸でも地図出版がはじまり、やや遅れて大阪で広まりました。「辰歳増補大坂図」は、地元の版元が作成した最初期の大阪町絵図とされています。

さて、この図はいろいろ目につくことがあります。後の時代の古地図にはあるものが、この図にはない。ひとつひとつ見ていくと、地図（この場合は町絵図）というものの形が完成されていく過程までが想像されます。

まず、図中に地図の題名がありません。地図を納める和装の装丁の表紙に「辰歳増補大坂図」と記されているので、それが題名とわかります。図に題名の記載がないと、他の図と区別しにくく困るように思われますが、地図出版の初期の頃で地図じたいが少なかったとすると、これでも問題なかったのでしょう。

発行年・発行者・凡例などを記した奥付にあたる欄もありません。誰がいつ作ったのか、記載がないのでわかりません。題名に「辰歳」とあるので、辰の歳に作られたと思われますが、確かな年代は不明。

それなのに、なぜ元禄の頃の地図とわかるのでしょうか。いや、そもそもこれが江戸時代の地図だと言えるのは、なぜなのか。

地図の中身を見てみます。

市街に●と△の印があります❸。●は北組、△は南組。江戸時代の大阪は、北組・南組・天満組の三つの地域を合わせて成り立ち、大坂三郷と呼ばれていました。天満組に印がないのは、北組とは川を隔てているので、無印でも境界はわかる。大坂三郷をあらわす●と△の印がついているので、「辰歳増補大坂図」は江戸時代の作成ということになります。辰歳は12年に1回めぐってきます。江戸時代はおよそ250年あるので、辰歳は20回ほどまわってくる。けれど、どの辰年かはわかりません。

このように、発行年代のわからない江戸時代の地図は、しばしばあります。しかし、ありがたいことに、ここを見れば年代がわかるという箇所が、大阪の古地図にはある。

大阪城を見てください。そのまわりを囲むように、武家屋敷が並んでいます。城の西側

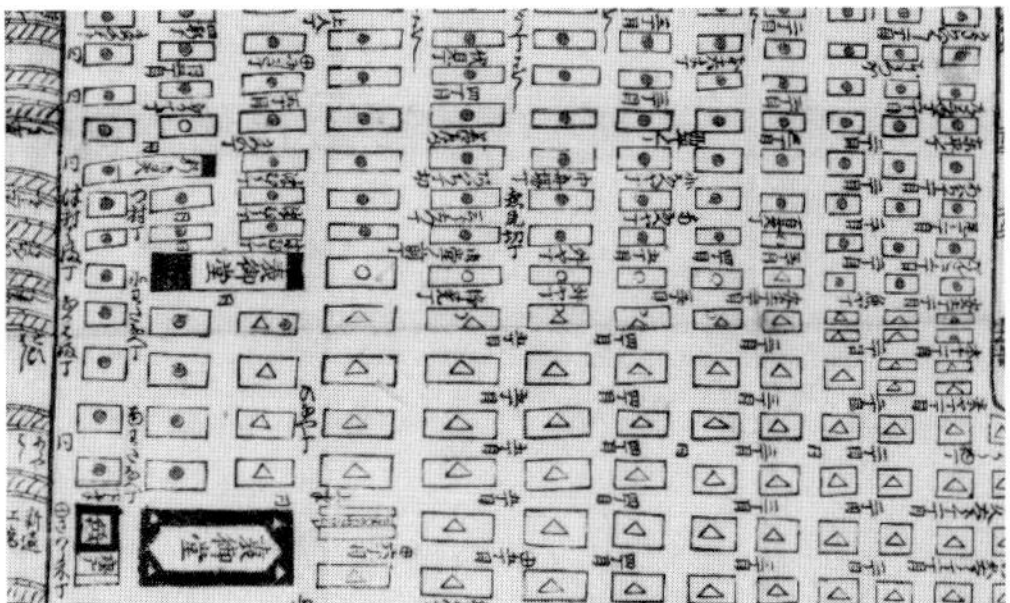

❸図で●北組、△南組の境界にある通りは、実は南組に所属。江戸時代、通りで向かい合う家々は同じ町内に属すのが常だった。

に東町奉行所、西町奉行所があります❹。東町奉行の小田切土佐守《とさのかみ》、西町奉行の藤堂伊予守《いよのかみ》の名前が記されている。もう一つ重要な目印は、大阪城代の下屋敷です。図中の左下の下屋敷には、城代の松平因幡守《いなばのかみ》の名前が見える❹。城代は将軍の命をうけて、大阪城の主としてここに居座る。ここを根城にして西日本一帯を管轄する。非常に大きな権限があった。

城代はだいたい数年で交代します。奉行もおおむね数年で代わっていく。大阪城代、東町奉行、西町奉行はいずれも、誰がいつからいつまで務めたか、記録に残っています。そして、さきに挙げた名前を記録と照らしあわせ、三人がそろって城代と奉行であった年を調べると、貞享4年（1687）と元禄元年（1688）の2年間しかありません。そのうちの、元禄元年は辰歳です。つまり、この3人がそろって「辰歳増補大坂図」に登場する可能性があるのは、元禄元年しかありません。

よって、この地図の内容は、元禄元年のものである。おそらく発行されたのもその年であろうという推測が成り立ちます。「辰歳増補大坂図」の発行年推定については、玉置豊次郎『大阪建設史夜話』に先例があり、本書のオリジナルではありませんが、おそらく歴史好きの方であれば同様の手順をふんで同じ結論に至ることでしょう。古地図の疑問への回答の多くは、古地図の中にある。これもその一例といえます。

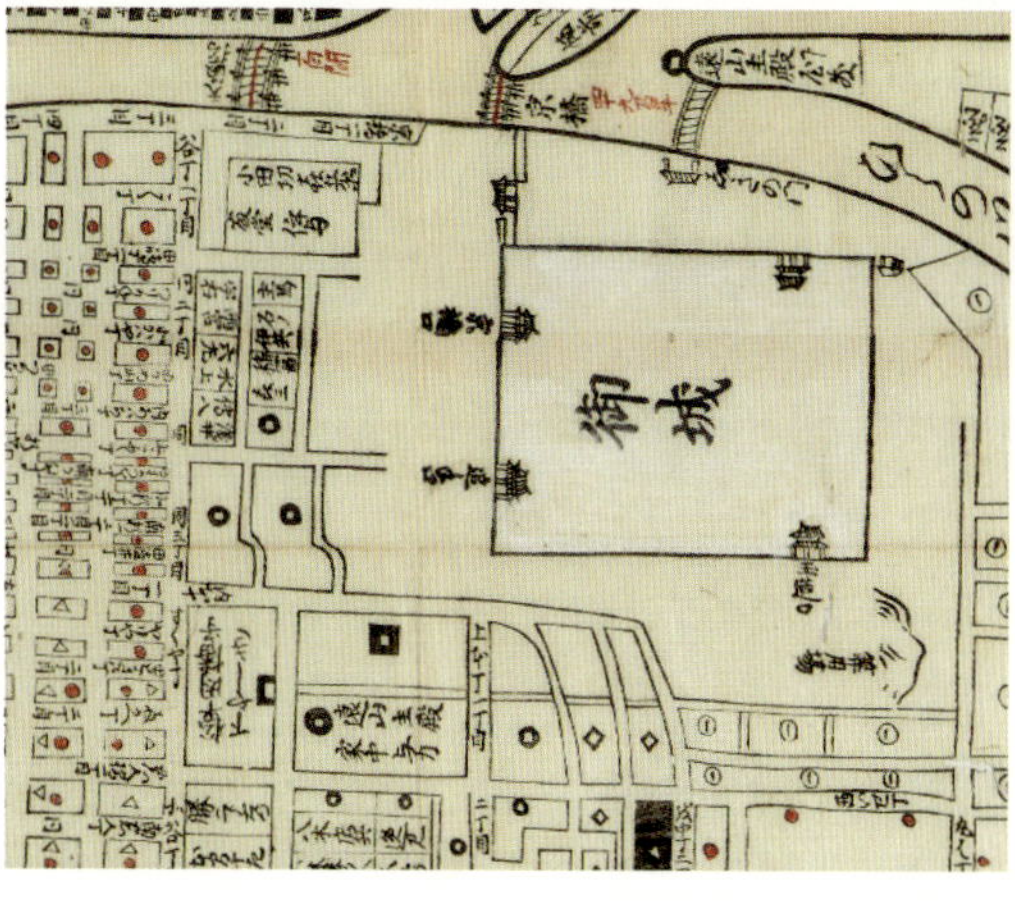

❹大坂城代、東町奉行、西町奉行を誰がいつ務めたかは、『新修大阪市史』をはじめとする資料で確かめられる。

「非場」のある元禄古地図。

江戸時代の堂島は、堂島米市場があった場所として有名です。諸国の米が集まり、米相場を動かした堂島米市場は、天下の台所と呼ばれた商都大坂の象徴でした。

ところが、元禄元年（1688）の『辰歳増補大坂図』に見る堂島は、董啓章の小説『地図集』に出てくる「非場」です。下の図でご覧のとおり、堂島新地という地名は記されているけれど、それだけで実体がない❺。米市場はおろか、集落も寺社も屋敷も、それらしいものは何も記載がない。なのに、図中の堂島新地という文字の大きさは、目を見張るばかり。何もない場所が、なにゆえにこれほどクローズアップされるのか。

図が作られた元禄元年という年に何があったか。実はこの年から、堂島新地の開発が始まった。

だから、この図は「ここに堂島新地ができますよ」という告知を示しただけであって、中身はまだ何もない。区割りもされていない手つかずの状態に見えます。最終的に開発が終わるのは元禄12年（1699）頃ですので、開発に10年ちょっとかかったわけです。この時点では非場、場所ではない場所として名前だけが載った。

堂島に沿って流れる川は、福島川と記されています。この川が堂島川と呼ばれるようになるのも、もう少し先の話。堂島の北側で曽根崎新地の開発がはじまるのは、堂島新地ができたあと。図で曽根崎のあたりには、曽根崎村があり、そのまわりは砂礫《されき》だけの寂しい場所だったようです。堂島は現在、都心のビル街。曽根崎は、北新地の名で全国的に知ら

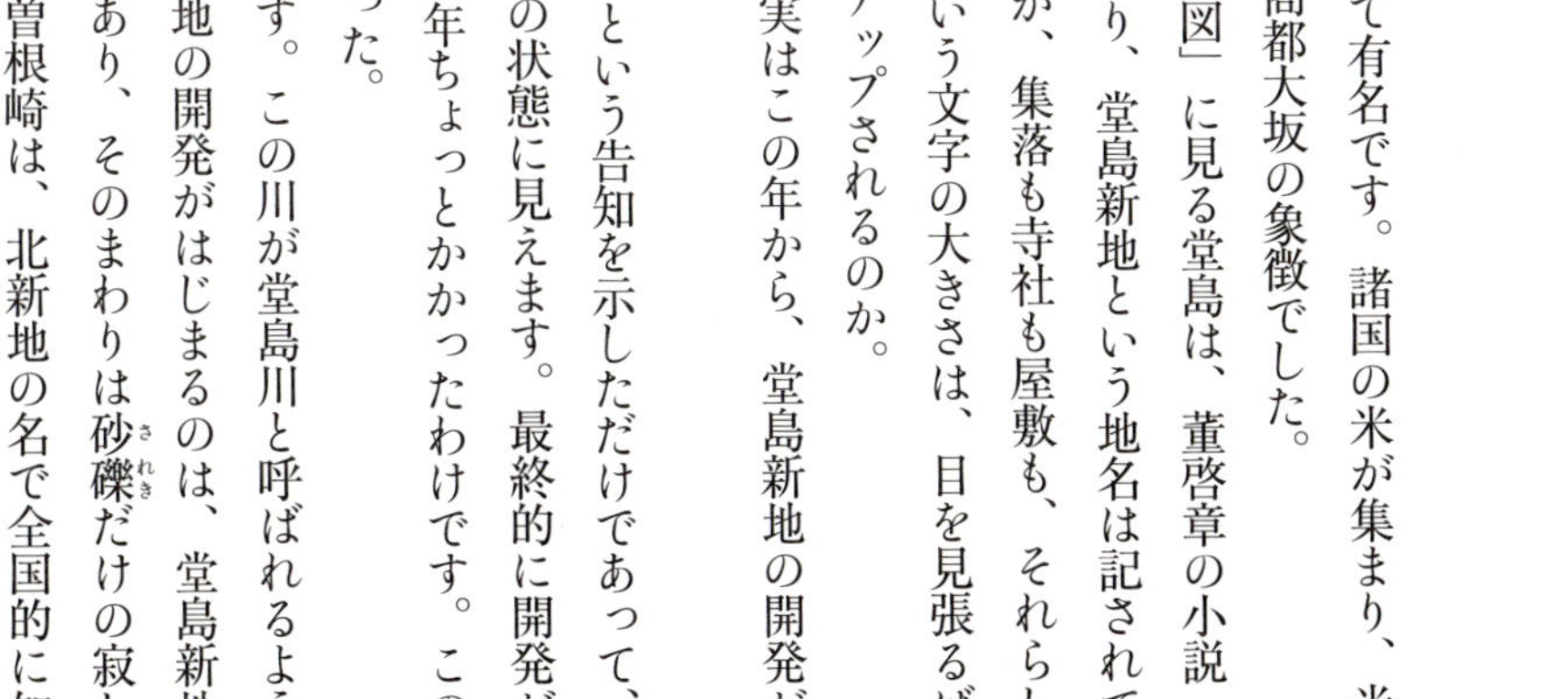

❺

れる大人の社交場。江戸時代の大阪は、新地開発で街が周辺に膨張していきます。

河口に近づくと、九条島があります❻。九条は現在、繁華な商店街がありますが、この頃は湾岸に横たわる文字通りの島でした。九条島と呼ばれるようになったのは、京都の九条家との関わりです（第一章の最後に出てきた日根荘日根野村絵図の九条家です）。ある時、洪水が起きて、島に木笏《もくしゃく》が流れ着いた。木笏は儀式で威儀を整えるために手に持った板ですが、九条の名が記されており、九条家のものとわかった。それで、この島を九条島というようになった。九条島は元禄11年（1698）に河村瑞賢が安治川を開削しますが、この図の時点ではまだ島を貫く川はありません。湾岸を中心に街の西側の開発も進んでいきました。

街の姿が変わっていくので、地図も新しい内容のものが次々と作られていくようになります。

謎の赤いラインと寺の記号。

さて、地図のところどころに赤いラインが引いてあります❼。見ると、すべて橋の架かっている場所です。全部の橋に引いてはいない。特定の橋を選んで赤ラインで印をつけ

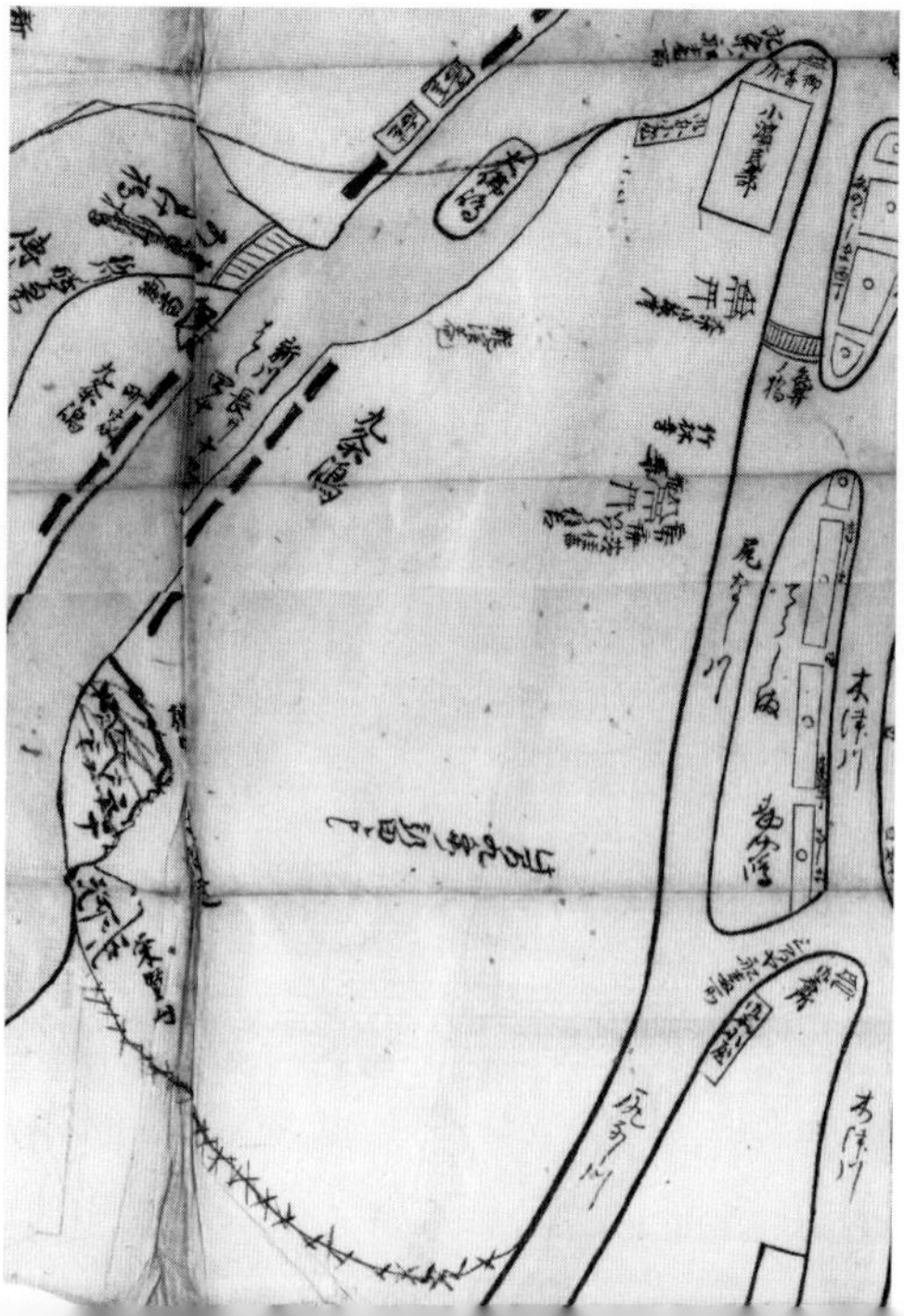

❻大阪湾に浮かぶ島々で最も大きかった九条島。市中を目指す船は九条島を迂回して通った。開発の波が、島を貫く安治川を生んだ。

ている。

いったい何の意味があるのだろうと思いますが、実は印をつけられた橋は公儀橋《こうぎばし》といって、幕府直轄の橋です。

江戸時代の大阪は八百八橋といわれるくらい橋の多い街でした（実数は元禄4年で１１１）。ほとんどの橋は民間の管理で、修復や架け替えは町人が行っていました。大阪城への要路にあたる12の橋のみ、幕府が直接管理した。城を守る意味ですね。

奇妙なのは、「辰歳増補大坂図」の復刻版を見ると、どの橋にも赤いラインは引かれていません。

ここに掲載したのは、大阪市立中央図書館が所蔵しているものですが、この1枚にだけ、赤いラインがある。図は、もともと墨一色で印刷されたもののようです。つまり、誰かができあがった地図の上から手書きで赤いラインを入れた。なぜ、そんなことをしたのか。

答えを考える前に、この地図の大きな特徴を見ておきます。

図の下に凡例にあたる記載があり、寺の宗派をあらわす記号が並んでいます❽。図中の寺町と呼ばれる地域は、文字どおり寺が密集した町で、そのひとつひとつに寺の名前が記され、宗派の記号がついている。数えてみると、真言宗11、日蓮宗31、禅宗20、天台宗1。浄土宗は知恩院流66、百万遍流17、大谷流12で、浄土宗だけで合計95あり、圧倒的に多い。総計１５８の寺が、この地図には載っている。こんなに寺町を詳しく、宗派まで分けて記録した地図は珍しい❾。

なぜ、こんなに寺を詳しく描いたのか。

これを作ったのは誰なのか。いったい、誰がこの地図を必要とした
のか。
公儀橋に引かれた赤いラインとあわせて、こういうことを大阪でしそうな人間は誰なのかを考えます。

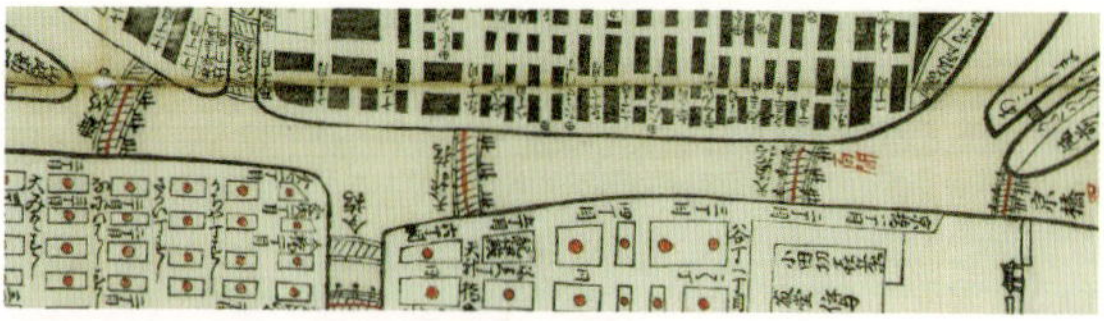
❼難波橋、天神橋、天満橋にも赤いラインが。

地図の作成者は誰なのか?

私が最初に思ったのは、おそらく町人ではなかろう、ということです。誰か、当時の大阪の街を管理する側の人間だろう。それも相当に重要なポストについている人間。

そこで思い出されるのが、寺社奉行の存在です。

寺社奉行は奉行所の役目のひとつで、寺と神社を管轄します。特に寺院勢力に対しては、戦国時代に強大だったこともあり、江戸幕府は統治に神経を使いました。大阪の寺町は、もともと秀吉が大阪城下に町をつくった時に、南側の防衛線にするため、散らばっていた諸寺院を1箇所に集めたのがはじまりです。幕府もそれを引き継ぎ、さらに諸国の全寺院を本山と末寺の網の目の組織に組み込み、支配をかためました。寺社奉行所は町方にあって、その支配の要の位置を占めた。

寺社奉行の職務には、「辰歳増補大坂図」のような地図は必携です。公儀橋に赤いラインを引いたのも、奉行所という町の治安・管理の一環と考えれば、ありえる話。

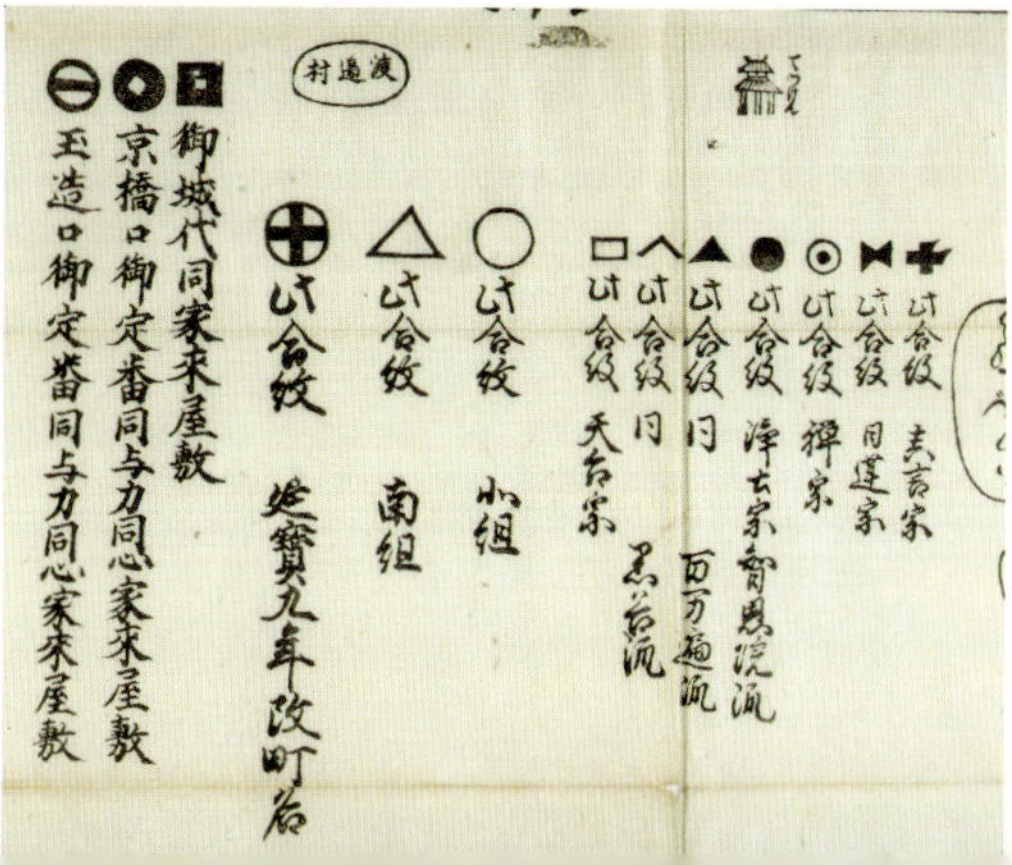

❽記号の意味を記した凡例。右側の七つは、寺の宗派（真言宗、日蓮宗、禅宗、浄土宗3流派、天台宗）をあらわす。

だから、この地図は寺社奉行が中心になって奉行所が作らせたのだろうと、最初は考えました。

その後、調べていくうちに、先述の玉置豊次郎『大阪建設史夜話』に、「辰歳増補大坂図」は何度か新版が出ており、元禄14年（1701）の版には「萬《よろず》屋《や》彦四郎・大坂」との記載があったのを知りました。同書では、図の作成者は萬屋を名乗る大阪の版元としていて、私は半分納得、半分釈然としないものが残りました。あとの版になって急に版元の名が載るようになったのは、どうしてなのかが、まずはっきりしない。

この疑問に対しては、元禄初めの頃は地図出版の初期段階で、版元を明記する慣習が根づいていなかったのではないかとの反論がありそうです。しかし、元禄以前に京都で発行された「新板大坂之図」では、発行年・発行元を記載する枠が定型化していて、後発となった大坂の地図出版になぜ記載がないのか、理由がよくわからない。民間の版元が商業目的で出版した地図なら、少なくとも版元の名前を載せるのが、版権などの問題を考えれば自然なやり方ではないか。

もし、図が奉行所の手になるものだとすると、商業目的ではなく、奉行所の中でだけ使われるので、奉行所が発行元であると記す必要はなくなります。

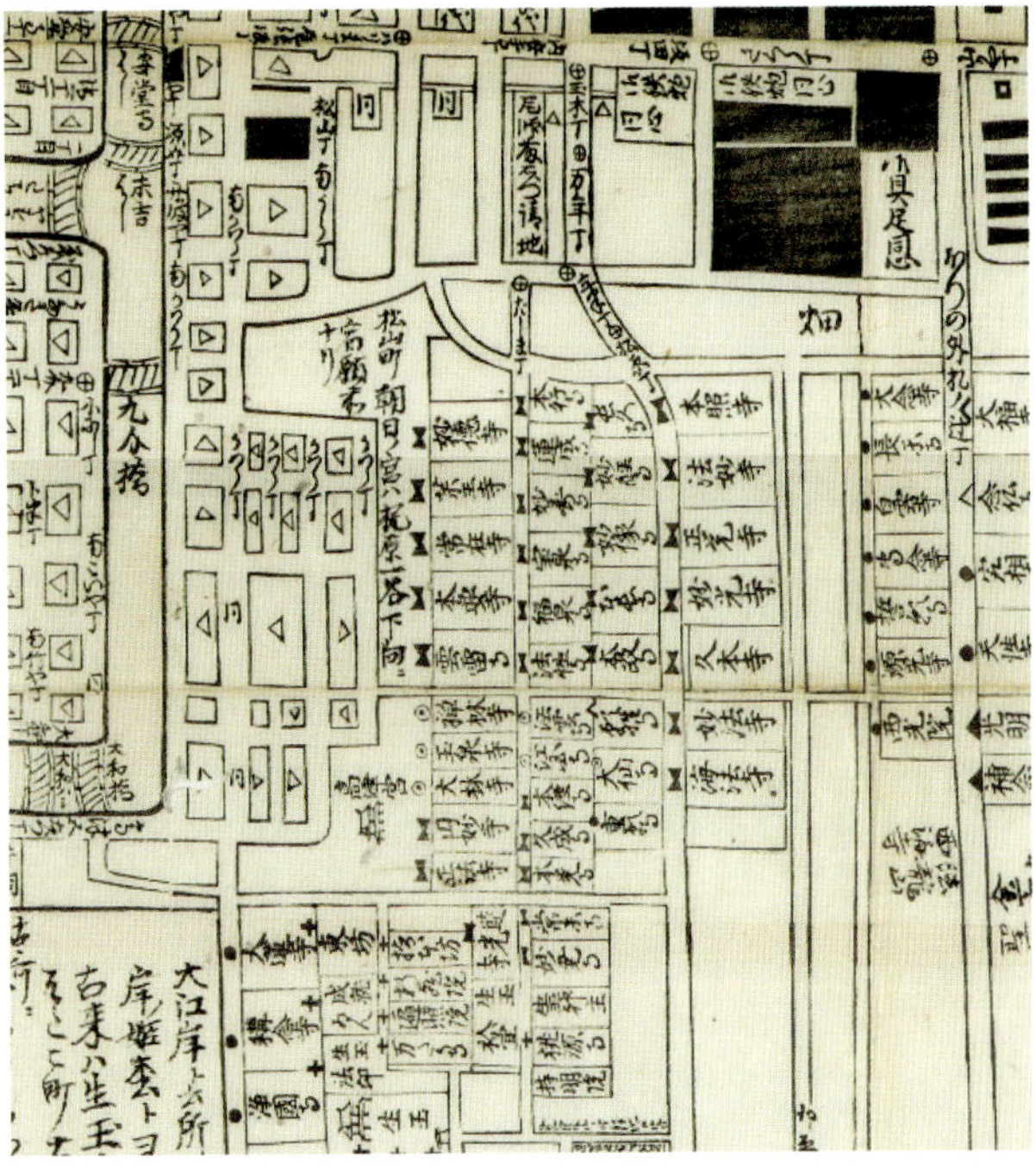

❾寺町を実際に歩いてみると、古地図に並ぶ寺の多くが今も残っているのに驚く。

では、後の版で萬屋の名が載ったのはなぜなのか。その経緯を、あれこれ想像してみると……。

さて、元禄も十数年経って、地図出版はいよいよ盛んになり、力を入れる版元が増えてきた。萬屋とは、奉行所の御用を勤める商人だったのであろうか。ある時、奉行所で使われている地図に寺町がとても詳しく載っているのを知り、これは商売になると膝を打った。さっそく、それ相応の金銀を包み、しかるべき筋に願い出ると、奉行所も元禄の繁栄にいささか浮かれ気味で金銀には目がない。というわけで、萬屋の願いは聞き入れられ、奉行所専用の地図の民間転用が内々に許された。萬屋は発行にあたって、自分の名を版元として図に印刷した。寺町に出入りの商人や檀家衆などに喜ばれ、図は飛ぶように売れた。萬屋は利益のいくらかを季節ごとの進物やら新地の接待などで奉行所に還元し、以後も何くれとなく便宜をはかってもらった。めでたしめでたし。

こんなことが実際にあったかどうかはわかりません。確かめようもない話ですが、古地図を見ながら、あれこれ想像をたくましくするのは楽しいひととき。パラダイスの夢、であります。

第三章 あまりに人間的な日本の古地図。

マクルーハン×浮世絵×古地図＝？

木版の謎、古地図の秘話。

古地図パラダイスで心ゆくまで遊ぶため、新たな話題を持ち込んでみます。題して「木版の謎、古地図の秘話」。さて、そのココロは。

古地図は、はじめ手書きで作られたという話を第一章でしました。その後は印刷によって作られるようになりますが、ここでいう印刷とは、木版刷りを指します。木の板に文字や図を彫り、色をのせて紙に転写するという方法です。書籍や地図など、木版でなんでも刷れます。日本で高度な発達をとげた木版技術は、錦絵と呼ばれる多色刷り浮世絵版画も産み出しました。明治以後もしばらくの間、木版文化は生き続けますが、やがて活字を用いた機械印刷に主役を譲ります。

といっても、活字印刷が明治以前、日本に入ってこなかったかというと、違います。

織豊期《しょくほうき》にキリスト教の宣教師によって持ち込まれた活字印刷の機械と、それに朝鮮から掠奪してきた活字印刷の機械とが、我が国の出版事情を大きく変えた。

（古市夏生「元禄の出版文化」　井上敏幸・上野洋三・西田耕三編『元禄文学を学ぶ人のために』所収）

織田信長と豊臣秀吉の時代を織豊期といいますが、この頃すでに宣教師あるいは朝鮮経由で、日本に活字印刷の機械が入ってきていました。一時は、活字印刷が盛んになりますが、ある時期を境に昔ながらの木版が復活し、主役に返り咲きます。いったい、なぜ。

理由はこのあと考えるとして、木版の復活は日本の文化にとって、深い意味がありま す。古地図というものの成り立ちとも関係のある話です。

この章では、古地図パラダイスの奥の間に分け入ります。遠近法やマクルーハンといった話題も出てくるはずなので、とまどわれるかもしれませんが、古地図の秘話を求めて、しばらくの寄り道、好奇心の誘うままにパラダイス・オプショナルツアーをお楽しみください。

木版文化の日本。

さて、織豊期に活字印刷の機械が入ってきたのをきっかけに、江戸時代初めには活字印刷が広まります。一つ一つの文字をバラバラにして活字と呼ばれる字型を作り、それを組版にして、インクをのせ、紙に印刷する仕組みです。

先述の「元禄の出版文化」の一節はこう続きます。

とくに朝鮮系のシステムに新たに作成した木活字を使用して、慶長十年（一六〇五）ごろ以後、元和、寛永一〇年（一六三三）前後にいたるまで約三〇年間は活字印刷が活発に行われた。ちなみに慶安年間（一六四八～五二）までに活字印刷で刊行された書物を古活字本と称する。ところが寛永一〇年前後になると整板の復権が本格化し、それにつれて活字印刷は衰退していった。

文中、「整板」は木版印刷で字や図を彫る木の板のこと。活字印刷が衰退し、木版との主役交替の節目になる寛永10年（1633）は、古地図出版が盛んになりはじめた元禄元年より55年前です。

それにしても、木版はなぜ再び脚光を浴びたのか。いったん隆盛した活字はなぜ廃れたのか。

一般には、日本語の文字の多さが原因といわれます。漢字の数が膨大なうえに、ひら仮名があって、カタ仮名もある。すべての印字を揃えるだけでも大事業で、さらにその中からひとつずつ文字を選んで版に組むのがまた大変な作業です。それで結局は使い慣れた木版に戻った。「元禄の出版文化」でも、このように説明しています。

わかりやすい理由ですが、一つ疑問が残ります。

日本語で活字を組むのが大変な作業だったにしても、約30年間にわたって「活字印刷が活発に行われた」のだから、一時期にせよ困難を克服して実用化されたのは確か。それなのになぜ木版が復活し、活字印刷が衰退したのか。そもそも日本語で活字を組む困難さが衰退の理由なら、なぜ30年間にわたって「活字印刷が活発に行われた」のか。

どうも、日本におけるその後の木版の隆盛を考えあわせると、活字印刷の側だけに衰退の理由があったのではなさそうです。

つまり、木版の側にも日本文化との相性の良さがあったのではないか。それも相当に奥深いところで、分かちがたい結びつきがあったのではないか。

結論はまだ早いですが、ともかく日本では、木版が主流になった。江戸時代の地図は、手書きや銅版をのぞけば、ほとんどが木版。書籍や浮世絵、瓦版など、他の印刷物も木版。木版はやがて非常に高度な印刷技術に発展し、表現を深めていく。このことには、とても重要な意味があります。

いったい、何が重要なのか。

この問いの答えは簡単には出ませんが、そのぶん楽しい話の寄り道ができます。ここから先は、おそらく本書の中でいちばんの迷い道でもあります。迷いながらも、思いがけない道筋を発見する地図の面白さを味わいたいものです。

考えるための材料をいくつか、次に用意しました。

〝メディアの予言者〟の言葉。

まずは、ある人物に証言してもらいます。

その名はマーシャル・マクルーハン。メディアの予言者と呼ばれて一世を風靡した20世紀の思想家です。

マクルーハンが日本で知られるようになったのは1970年前後。亡くなったのは1980年ですが、メディアについて語る時、いまだにその言葉はしばしば引用されます。予言者と呼ばれる所以《ゆえん》です。

地図もまたメディアのひとつ。寄り道の道しるべに、ひとつマクルーハンの言葉を引用してみます。

> 不思議なことだが、著者であるとか、偽作の問題にひとびとが関心を持ちはじめるのは、消費者中心の文化なのである。写本文化は製作者中心の文化、つまりほとんど完全な手作り文化であるといってよかった。
>
> （マクルーハン『グーテンベルクの銀河系』）

文中の「写本文化」とは、文章や図などを手書きで写した時代の文化をさします。

第一章で紹介した鎌倉時代成立の「嘉元三年日本図」（P46）は、書き写されて残ったもので、元の図の染みや欠けの様子まで模写しました。現代人には無駄と思えるものまで写す。とりもなおさずオリジナルを尊重する。これが、かつての人々の感性です。写す人は自分の考えをはさまず、ひたすら忠実に写す。

この図は、いわゆる行基図です。第一章でもふれたとおり、行基は奈良時代に活躍した名僧で、行基の作だから「行基図」。ただし、本当に行基が作ったかどうかはわかりません。江戸時代以前の中世の図の多くはまとめて「行基図」と呼ばれました。マクルーハンの言葉のとおり、作者というもののとらえ方が今とは違う。古い図はすべて行基が作ったという場合の行基は、歴史上の個人を超えています。

元禄時代に地図出版が広まると、ようすが変わります。作者の名前が図に記されるようになり、誰が作ったかが重要になってきた。販売が目的なので、発行元（販売元）を明記した方が商品に信用がつく。商業的に成り立つには、大部数の発行ができる印刷技術が必要になる。と、いろいろなことが絡みあう。写本は限られた人のみが見られる大変貴重なものでしたが、印刷されたものは、お金さえ出せば誰でも見られる。多くの人が同じものを共有できる。

元禄時代は、活字印刷が廃れて半世紀ほどが過ぎ、木版が主役になっています。木版も印刷である限り、活字印刷と同じ一面を持っています。

おそらく印刷がもっている最大の性格は、すでに印刷があまりにもありふれた存在になっているために、忘れられているのだろう。その性格とは、いってみれば単純なことなのだが、少なくとも印刷されたものは、それが存続する限り、正確に、無限に繰り返すことのできる視覚的表現だ、ということである。

（マクルーハン『人間拡張の原理』）

正確に、無限に繰り返されうる視覚的表現が、印刷の本質です。木版も活字も同じ本質を持っている。写本時代とは根本的に違うものがある。異なる文化がそこから生まれました。

木版印刷の二面性。

マクルーハンは、こんな言葉も残しています。

印刷時代以前の執筆活動はオリジナルな行為というよりも、モザイクの作製であった。

（マクルーハン『グーテンベルクの銀河系』）

印刷技術が広まる前の写本時代の文化の本質は、モザイクだった。ここでいうモザイクとは、すでにあるものの組み合わせによる表現という意味に近い。そして、この引用文で「印刷時代」と呼んでいるのは、活字印刷をさします。活字の文化はモザイク的なものではない。

ここで日本の場合は事情が異なってくる。日本では、写本時代のあと、木版印刷の時代が長く続き、近代以後ようやく活字印刷の時代が来る。木版と活字は印刷として共通の部分を持っているが、違うところもある。

結論からいうと、木版とは、印刷の本質である正確・無限に繰り返される視覚表現と、写本時代のモザイク表現の二面性を持った技術です。

このことが、木版が高度な発展を遂げた日本で、大きな意味を持ってくる。地図もまた、その影響を色濃くうけた。結果として、西洋とは異なる道を歩いた。

前掲書から西洋の古地図について述べたマクルーハンの言葉を引きます。

そうした地図は、実際にはさまざまな冒険や体験の日記のようなもので、後世の地図の体裁とは異なるものであった。なぜならば、空間は一つであり、連続的であるという後の時代の考え方は、中世の地図作製者の知らぬところであり、彼らの作った地図は、いってみれば現代の非具象の画家の仕事に近いものであった。

（マクルーハン『人間拡張の原理』）

話題がいろいろ錯綜しました。わかりにくく感じた方は、ここではとりあえず、古い地図と後世の地図は、同じように地図といっても抽象（非具象）絵画と具象絵画くらいの違いがあるということだけ、心にとどめてください。マクルーハンの言葉は西洋の話として書かれていますが、日本においても同様の違いがあります。ただし、違いのあらわれ方、あらわれるタイミングは同じではなかった。

そのへんのところ味わいながら、もう少し寄り道を続けます。

木版はクールなメディア。

入り組んできた話を解きほぐしてくれるキーワードがあります。クール・メディアといいます。マクルーハンの言葉です。対になるのが、ホット・メディア。メディアにはクールとホットの2種類がある。地図もメディアの一つなので、クールとホットの二つに分かれます。マクルーハンによれば、活字印刷時代の地図はホット、写本時代の地図はクールなメディアです。両者の違いは何か。

クールなメディアが見る人を関与させる度合いが大であるとすれば、ホットなメディアはその逆である、ということは明らかであろう。ホット・メディアとしての活字印刷は、手書きの写本よりも読者を関与させる度合いが低い。

（マクルーハン『人間拡張の原理』）

「見る人を関与させる度合いが大」、つまりそれを見る人が自分から関わる気持ちがないと楽しめない、というのがクール・メディアの特徴です。

これはいったい、何を言おうとしているのか。

手書きで写本していた時代の地図の話を思い出してください。第一章でとりあげた「嘉元三年日本図」が浮かんだでしょうか。行基図と呼ばれた古い地図は、現代人とかつての人々とでは、同じ図を見ても別のものに見えています。現代人にとっては国土の形が大雑把で、行基が本当に作ったかどうかも疑わしく、利用にも鑑賞にも耐えない。情報が少なすぎる。表現が主観的だ。なにかにつけて接点を持ちにくい地図です。

しかし、かつての人々は、この図に充分な意味を見出した。地図には自分から関わっていくのが、あたりまえ。行基菩薩が日本中を歩いてまわり、諸国の姿を明らかにしていくのを目の当たりにする思いで見つめた。お餅を並べたような日本の形に、雲の上から国土を見下ろしているような、現代人が感じとる以上の地図世界のエッセンスを感じとった。

現代人は地図をホット・メディアとして見ている。現代人の知っている地図が、活字印刷以後のホット・メディアとしての地図だからです。

ホット・メディアは、人が関与していかなくても、情報が見る人の方へ入ってくる。ホット・メディアは、一つのまとまった情報がすでにできあがった状態で、そこにあり、人はそれを受けとるだけですむ。関与していく必要がない。

別の言い方をすると、ホット・メディアは精度が高いのに対し、クール・メディアは精度が低いので、見る人がその分を補わなければならない。

ようするに、現代人が古地図を楽しむのを難しくしているのは、地図をクールなメディアとして見られなくなっているからではないか。

中世の地図と後世の地図の違いについてのマクルーハンの指摘は、実はクールとホットの二つのメディアの違いを言っていたのだとわかります。

その違いは、活字印刷と木版の間にも言える。つまり、活字印刷はホット・メディア、木版はクール・メディアである。

だから、木版文化が明治の初めまで続いた日本では、地図はクール・メディアのまま発展した。西洋では活字印刷が広まった15世紀を境に地図はホット・メディアへと変貌した。

なかなか、意味深。

西洋の地図がたどった道。

古地図について考える時、日本と西洋の地図がたどった道をふりかえるのは、とても興味深い問題をはらんでいます。それも地図だけでは話が終わらない大問題を。

まず、西洋はどんな道をたどったか。

マクルーハンが分析しています。グーテンベルクの印刷技術の背景にはアルファベットがありました。アルファベットは漢字と違って表音文字で、意味と音が分離されています。音だけを持つ26文字であらゆる意味が書き表せるのが、バラバラにした文字で組版を作る活字印刷にはきわめて都合がよかった。活字印刷によって、たとえば聖書が大量の本になり、世に広まった。それまで数が限られた写本でしか読めなかった聖書が、多くの人々の手に渡るようになった。

メディアとしての活字印刷は強烈なメッセージを発信し、人々の意識を変えた。

あらゆるものはバラバラにできる。バラバラにすることで、あるものをより多くより速く伝えたり、人を動かしたり、社会を変えたりすることができる。

このメッセージが、西洋の文明を生んだ原動力だというのが、マクルーハンの主張です。産業革命もグーテンベルクの印刷技術が要因。活字印刷と同様にあらゆるものをバラバラに分解し、組み直すことで工業製品ができた。同じ原理でオートメーション化された工場が生まれ、労働もバラバラに分業化されていった。

バラバラにして、組み立てなおす。グーテンベルクの発明は、革命をもたらした。西洋の人々が物事を考え、生み出していく方法そのものになった。

マクルーハンの主張は発表当時、大きな反響を呼びました。

そんな活字印刷に対して、日本の木版は同じ印刷でありながら、どこか違う。

ここから先は、マクルーハンが描いた西洋の文明文化とは異なるもう一つの世界の話です。いったん手に入れた活字印刷を捨て、木版に戻った江戸時代の日本は、どんな道をたどったのか。

浮世絵のものの見方。

木版刷りは、1枚の板にすべてを彫って印刷します。活字印刷のようにバラバラの印字を作りませんし、版を組み直したりもしません。分けるということをせず、一枚板でできた木版という全体を作る。これはものの見方の問題でもある。

なんでもかんでも分解し、分析をして、それでわかったという理解の仕方ではなく、まず全体から入っていく。日本人にとっては、この方がより自然。なじみやすい。江戸時代に木版印刷が広まったことと、それは裏表の関係にある。元禄以降盛んになっていく出版文化の中で、地図とともに、浮世絵が盛んになります。また、話題を広げてしまいました。どうして、ここで浮世絵が出てくるのでしょうか。浮世絵は江戸時代の日本で繁栄した木版文化の華。木版を語るのに格好の素材だからです。

たとえば、菱川師宣《もろのぶ》「見返り美人図」という有名な浮世絵があります。元禄前期の作。この頃には木版印刷の浮世絵が出回っていますが、「見返り美人図」は肉筆で描かれています。手描きならではの細やかな描写と色使いが見事です。

ここに掲載した鈴木春信「**浮世美人寄花　山しろや内はついと　萩**」❶は明和6年（1769）頃の作で、こちらは木版画。多色刷の浮世絵版画、いわゆる錦絵と呼ばれるもので、肉筆に勝るとも劣らない豊かな表現力がありました。鈴木春信は、錦絵の誕生期に天才的な才能を発揮した絵師です。錦絵の登場で10色以上もの色版が重ねられ、きめ細かな技法も生まれて、浮世絵は江戸時代を代表する芸術に発展します。

浮世絵が木版で刷られたことは、日本の美術が、グーテンベルク以後の西洋の美術とは異なる発展の仕方をしたこ

❶鈴木春信「浮世美人寄花　山しろや内はついと　萩」（明和6年頃作／山口県立萩美術館・浦上記念館蔵）

とを物語っています。

次の図は歌川広重『名所江戸百景』より「**隅田川水神の森真崎**」❷。浮世絵風景版画の第一人者と呼ばれた広重の代表作の一つ。広重は北斎とともに江戸後期に活躍し、浮世絵の完成者ともいわれます。

もう一つは『浪花百景』の中の1枚で、歌川芳雪「**うらえ杜若**《かきつばた》」❸。浦江（現在の福島周辺）の風景を描いたものです。当時、この一帯は杜若の名所でした。

広重と芳雪、2人の浮世絵風景画は、もちろん木版ですが、西洋の風景画の描き方とは、どうも趣が違う。西洋の絵は遠近法が用いられ、日本の浮世絵はそうでない。

❷歌川広重『名所江戸百景』より
「隅田川水神の森真崎」
（安政3年作／山口県立萩美術館・浦上記念館蔵）

❸『浪花百景』より
歌川芳雪「うらえ杜若」
（安政年間作／大阪府立中之島図書館蔵）

遠近法は正しいのか?

マクルーハンの話に戻ると、この遠近法も、なんでもバラバラに分けていく発想から生まれたものです。

たとえば、電車のレールを描く時、2本の線がずっと続いていくのを表現するために、遠くへ行くほどだんだん狭まっていくように描きますね。これが遠近法で、今は誰でも知っている。ただ、小さい子供はこういう描き方をしない。同じ幅でレールが続いていく。どこまでいっても平行のまま。そういう絵は幼稚と言われる。しかし、遠近法が本当に正しいのかというと、実際のレールはどこまでも平行線というのが正しい。遠近法の絵画があたりまえになると、人間の目も風景に常に奥行きを求めるようになるけれど、子供の目はそうでない。

遠近法では平行線も無限の彼方までいくと最後にはくっつく。現実にはくっつきませんが、無限に近づいていくとくっつく。ここでいう無限には、分けていくという発想が底にある。平行線の間の距離は無限に分割された彼方で、ゼロになる。遠近法ではこれを消失点という。

木版が生き残った江戸時代の日本では、遠近法が育ちませんでした。一部に遠近法で描かれた日本画がありますが、それは西洋画の影響を受けたもので、主流にはならなかった。

広重の絵では、目の前の樹と花はくっきりと大きく、遠景はひとしなみに小さい。遠近法とは似て非なる大胆な構図です。芳雪が描いた絵も、手前の杜若が異様に大きく、遠景が小さい。見た目の大小はあるけれど、全体が一つのフラットな画面の中で統合される。広重の技法は、他の絵師にもどんどん取り入れられ、広重も他の絵師の構図を自分の絵に流用した。絵師の個性はそれぞれ違うけれど、浮世絵はどれも木版文化の上に花開いた。つまり、分割よりも全体を重んじる。

日本の浮世絵は西洋で驚きとともに受け入れられた。西洋画が知らなかった斬新な表現力を持つ芸術だと、フランスの印象派などに大きな影響を与えたのは美術史の通説になっています。要するに、日本と西洋は異なる文化の発展の仕方をしました。のちに出会って、お互いに衝撃を受け、影響しあった。

では、古地図の場合はどうだったのか。

人間くさい日本の地図。

くりかえしますが、江戸時代の日本の地図は木版で作られました。

マクルーハンによると、活字印刷以後の西洋の地図はホット・メディアでしたが、中世以前の古い地図は作成者のものの見方がそのまま表れ、客観性に欠ける地図とは呼べないものでした。マクルーハンは客観性に富み、見る人の関与の仕方に左右されないものだけを地図と呼んだ。

ホット・メディアとしての地図は日本にも入ってきました。当然、その影響はあり、たとえば司馬江漢《しばこうかん》という江戸時代の絵師は、オランダ製の地図をもとに、「**地球図**」❹（寛政4

年・1792）を作った。日本最初の銅板印刷による世界地図です。当時としては大変緻密な世界地図で、デザイン的にも美しい。球体である地球を平面で表現し、方角や距離もできる限り正確。この正確さには厳密な客観性があるとの主張がうかがえます。

こうした西洋的な価値観に裏づけされた地図は、日本では主流になりませんでした。西洋を基準にすると、日本の江戸時代の地図はどうもパッと見ではわかりにくい。その分、見る人が自分から関与していかないといけない。悪く言うと、いいかげんな地図。科学的にバラバラに分けて分析するのではなく、全体を分けられないものとして統括してとらえた、主観的な地図。人間くさい等身大の地図。

日本の江戸時代の地図をマクルーハンが見たなら、クール・メディアだと言いそうな気がしてなりません。

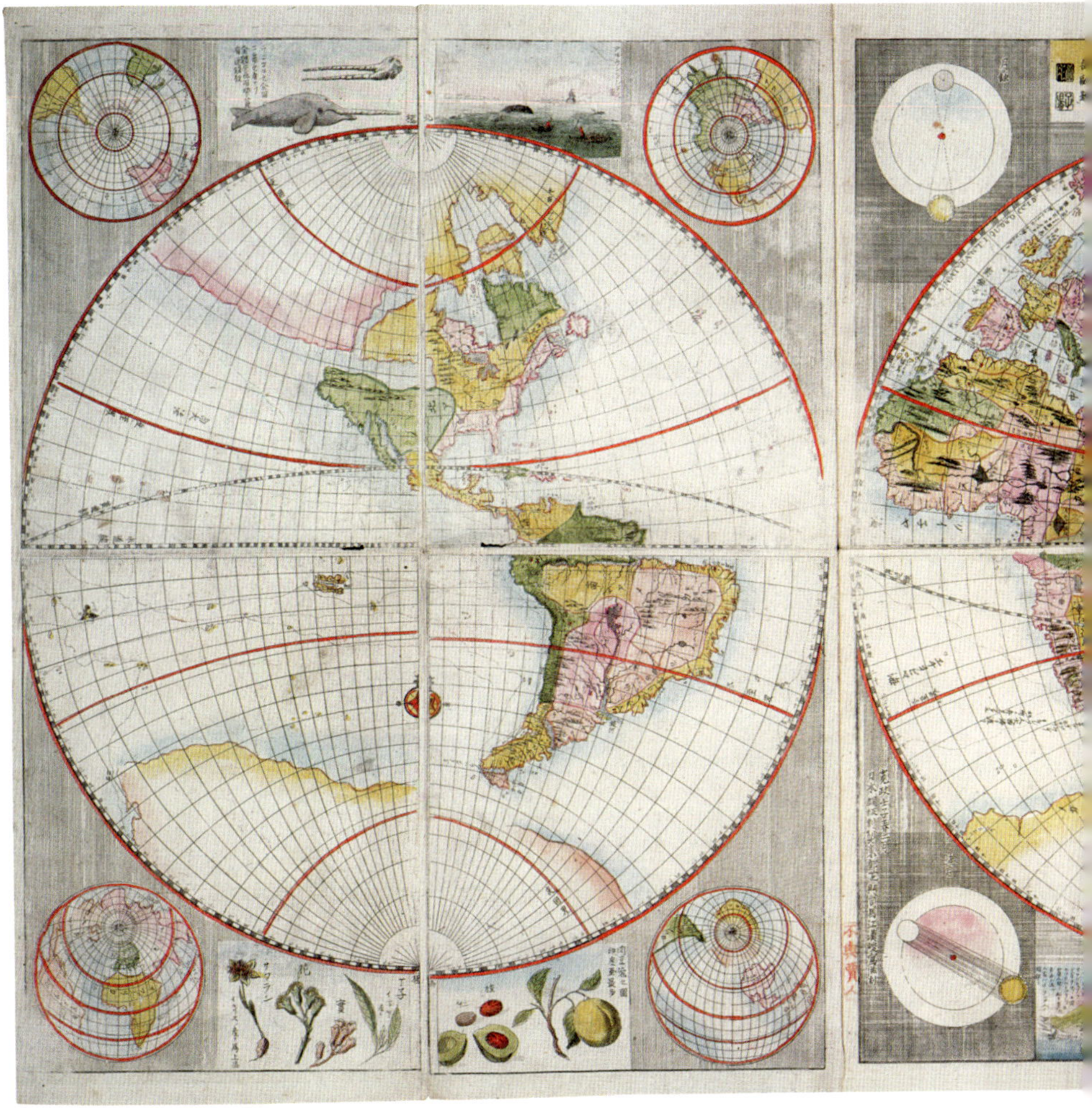

❹司馬江漢「地球図」(寛政4年作／神戸市立博物館蔵)

身体の感覚の延長に地図がある。

三都の古地図くらべ。

元禄以降、地図出版が盛んになり、それが最も顕著だったのが京都・大阪・江戸でした。三都とよく言われますが、この三つの街です。もともと出版が盛んだった京都が先行して、いろいろな地図を作り始めます。次いで、江戸。将軍のお膝元の大都市だけに、いろいろな図がたくさん作られました。なかでも江戸切絵図などは、池波正太郎が時代小説のネタにしたこともあって、人気があります。

大阪は第一の商都で、諸国から人が集まる。蔵屋敷には諸藩の武士が赴任していた。地図を必要とした人は大勢いたわけです。

江戸時代には観光旅行も流行し、名所が豊富な三都の案内地図は必携品。美麗なものは土産にもなった。

三都の図を並べてみます。

まずは大阪から、「**大坂図・諸国商人町筋不迷売買手引案内**」❺。作成は元禄時代の頃。大阪市立中図書館が所蔵し、169×135センチと、人が大の字に寝転べそうなワイドサイズ。地名の文字も大きくて見やすく、市場や道筋などがくわしく記されている。題名のとおり、諸国から来た商人たちが、この図を囲んで見ながら商売の計画を練ったのでしょう。

幸田成友《こうだしげとも》が鑑定したとの添え書きも付いている❻。幸田成友は、文豪の幸田露伴の弟で、大阪史の研究家として著名な人物。史料価値はお墨付きでした。

江戸では、「**新改御江戸絵図**」❼をとりあげます。発行年は不明ですが、江戸時代後期と思われます。木版印刷の初期は、白黒で印刷し、その上から手塗りで色をつけた。これを手彩《てさい》といいます。天明の少し前、明和年間（1764〜1772）には多色刷浮世絵版画の錦絵が創始されて脚光を浴びましたが、地図はまだしばらく手彩の時代が続きます。「新改御江戸絵図」も手彩で、ご覧の

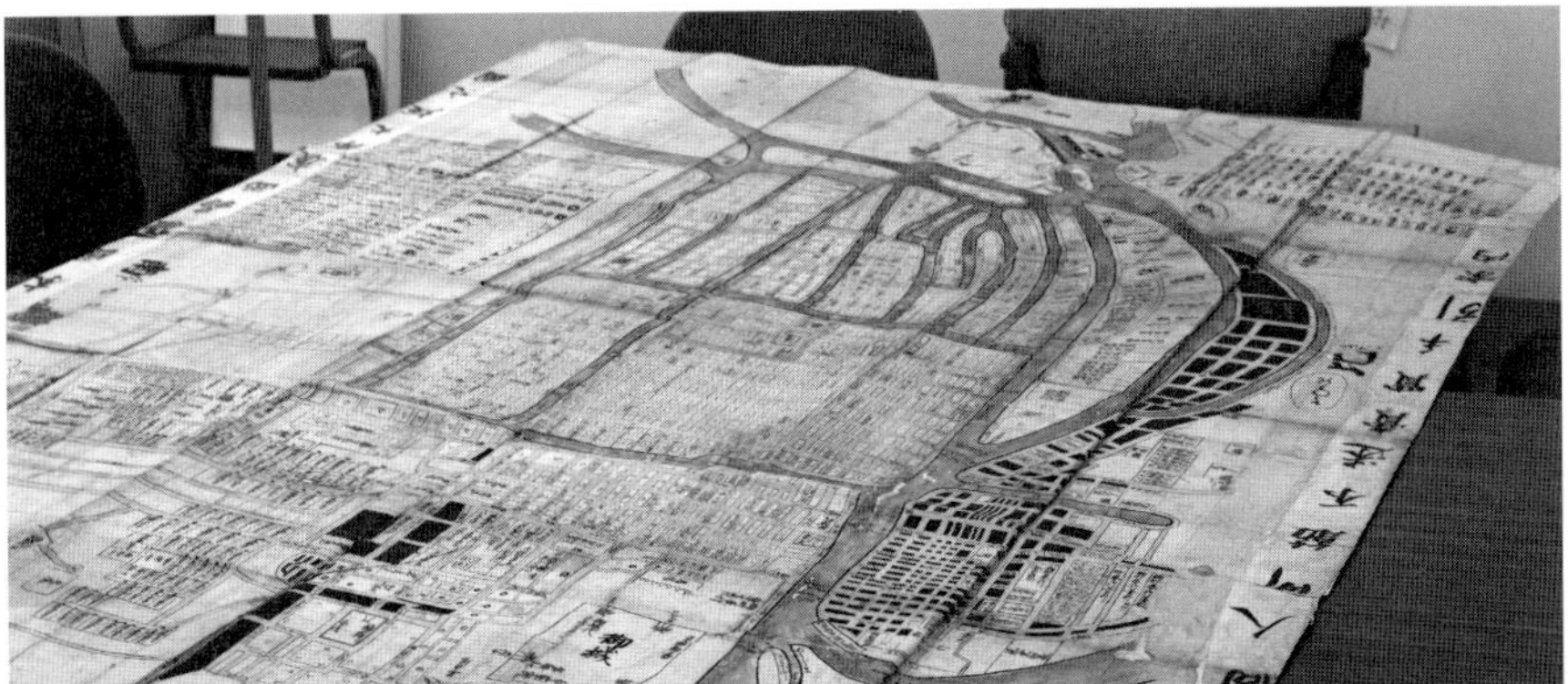

❺大阪市立中央図書館にて撮影。テーブルをくっつけても、まだはみ出る。江戸時代のように畳の上に広げて、囲んで見るのがやっぱりいい。
「大坂図・諸国商人町筋不迷売買手引案内」
（元禄時代／大阪市立中央図書館蔵）

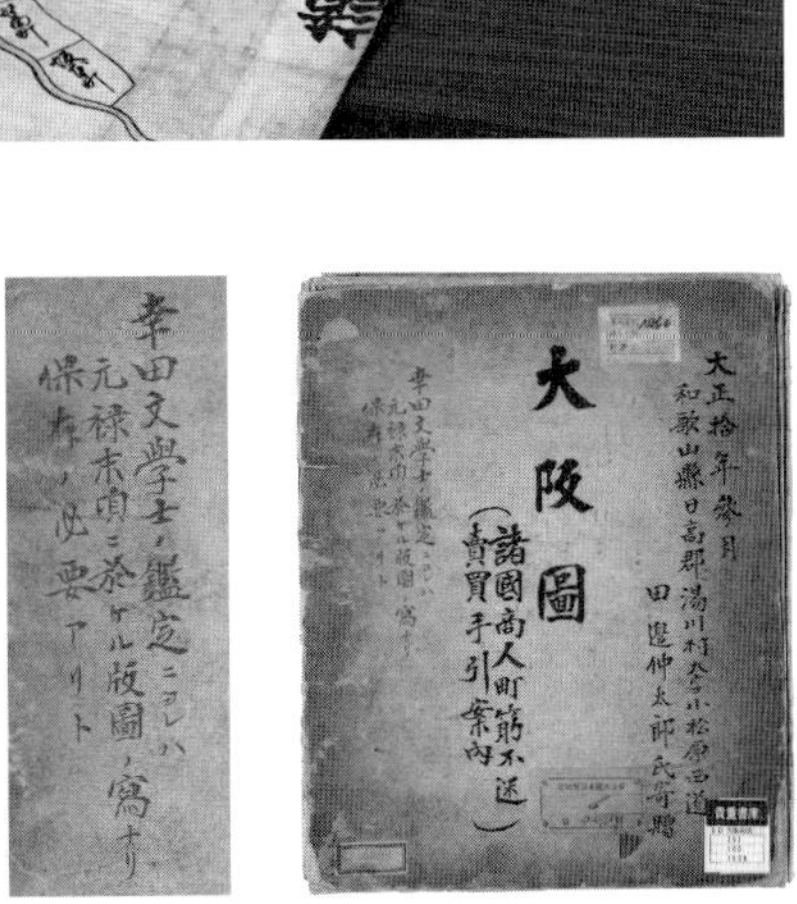

❻地図の表紙と幸田成友博士の鑑定済みの添え書き。

ように要所に塗られた赤色がくっきり目立ちます。

古地図の方位問題。

さて、大坂の地図もそうでしたが、江戸の地図も、文字の方向が入り混じっています。当時は畳などの上に広げた地図を皆で囲んで見る場合が多かったので、その方が都合がよかった。

では正しい方向がないのかというと、そうでもない。当時の人々に訊けば、将軍のお膝元だけに、おそらく「御城」の字を正しく読める方向が地図の正方向だと答えるかもしれません。すると「新改御江戸絵図」は東が上になる。ところが、江戸の地図は、実際には西が上のものが多い。つまり江戸湾を下にして「御城」の文字が正方向になる方が現代人の目にはしっくりくる。西を上に置いた「新改御江戸絵図」は、どんなふうに目に映るでしょうか。

今のように北が上の地図が当たり前になったのは、西洋の標準にならうようになった近代以後の話。

大阪の地図は江戸時代には東が上が多く、南が上のものもあった。東が上の図が多いのは、大阪城を地図の上座に置くためだという説がありますが、実のところはレイアウト上の都合でおのずとそうなったのだと私は思います。発行年や版元を記すには、陸地よりも

❼「新改 御江戸絵図」(文化年間発行／大阪教育大学附属図書館蔵)

空白が多い大阪湾岸が適当です。レイアウトしてみると、湾岸はたいてい左隅で、そこを発行年・版元などの記載欄にすると落ち着きがいい。地図の題名も必然的に図の上方、大阪城の冠のような位置におさまり、見栄えがいい。

大阪図については、同様のレイアウトパターンが多い。城が図にあまりにぴったりおさまっているので、後世になって、大阪城を地図の上座に置くためとする説が広まったのも無理はない気がします。

ただ、先ほどの「大坂図・諸国商人町筋不迷売買手引案内」を見ると、題名は東を上にして正方向で読めるものの、「御城」の文字は西を上にしている❽。凡例は2カ所に分かれ、東が上、北が上の両方がある。地名の文字は東西南北の四方向を向いている。大勢で囲んで見ながら商売の話をするのにかなったレイアウトといえます。

あるいは、「天保新改摂州大阪全図」（P204）のように、題名と凡例が南を正方向にして読める図もある。但し、この図の「御城」も西を上にし、地名の文字が東西南北の四方向を向いているので、周囲から囲んで見るのを前提にしているようです。

対して京都で北が上の地図が多かったのは、中国の都が南北軸を基本につくられたのを踏まえたとされる。実際、北を上に置いた京都の古地図は、禁裏を上座に整然とした街区が映えて見える。

たとえば、享保8年（1723）発行の「**新板増補京絵図**」❾。江戸時代前期の京都絵図の代表作です。御所をさす「禁裏様」の文字が南を向いています❿。逆さまに見えますが、「天子南面す」といって中国で君主が南に面して座したことにちなんだと考えれば納得。地名の

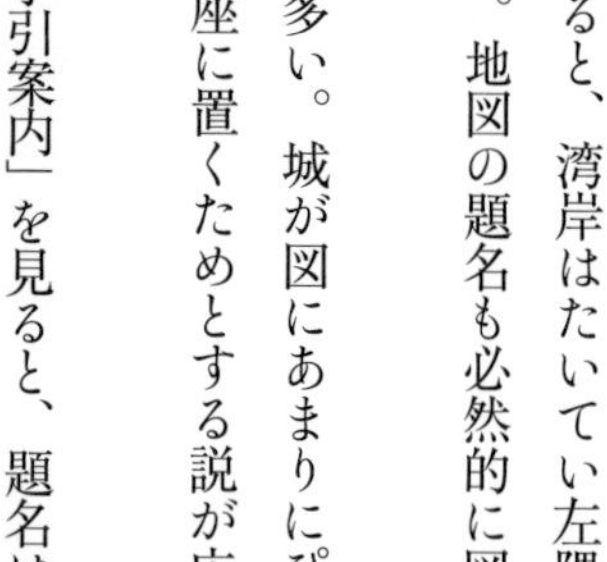

❽文字も絵も四方向から見られるように配されている。地図は個人の専用ではなく、大勢で一緒に見るのを前提に作られた。

文字は東西南北の四方向を向いていますが、禁裏周辺を中心に地名が頭を突き合わせている。

洛中（都の中）は碁盤の目の街区を細かく描き、洛外（都の外）は絵画的な風景として描かれているのは、京都の町絵図の定跡的な表現法。千年の都の伝統への意識が、随所にうかがえます。方位あるいは文字の向きにも三都それぞれの個性があるのが面白い。

街の自画像として。

古地図には、当時の人々がその街をどう見ていたか、何を価値としていたかが、見え隠れしています。いわば街の自画像。その目はあくまで主観的で、客観性には欠ける。だから、方位ひとつとっても、街によって違うし、同じ街の地図でも変わってくる。

もっともこれは日本の江戸時代の話で、同時代の西洋ではすでに客観性の高い、標準化が進んだ地図が作られていました。

主観的な地図は、そこに秘められた視点や価値観を、見る者が読みとらないといけない。視点や価値観を共有しない後世の人間が見る場合は、自分から地図の中に入っていく気持ちが大事。日本の古地図は、マクルーハンの言うクール・メディアです。

客観的な地図は、そういう手順を踏まなくてもわかります。共通ルールさえ知れば、誰でもそこから情報を取り出せる。とても便利。西洋の古地図は早い時期からホット・メディアに移行していた。

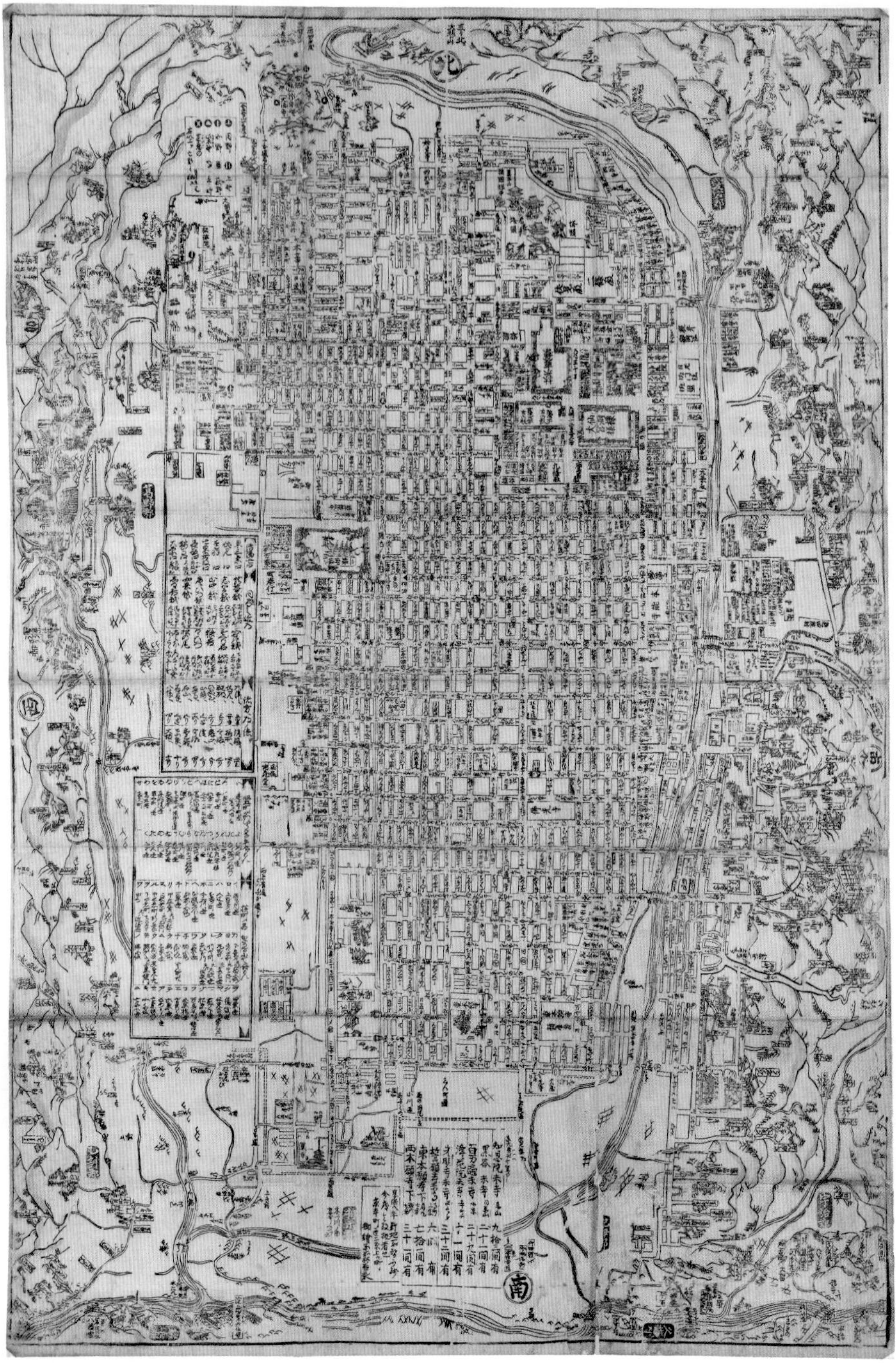

❾「新板増補京絵図」(享保8年発行／神戸市立博物館蔵)

良い悪いの問題ではありません。日本と西洋は違う道を歩んだ。それが地図にも表れたということ。

古地図の楽しみという点からは、日本の古地図の方が読み解き甲斐があるぶん勝っていると思います。もちろんこれも私の主観。別の見方もあるでしょう。ただ、なんといってもパラダイスは楽しんだ者の勝ち。古地図パラダイスの旅も、いよいよ佳境に入ってきました。

古地図に生きる身体感覚。

私見によると、日本の多くの古地図の特徴は、便利でない・正確でない・役に立たない、この三つです（実践編参照）。

一般に、地図はなんらかの実用性を求めて作られるものなので、この三つに集約するのはいかがなものかと思われそうです。実際、たいていの地図は人に使われ、何かの役目を果たしたはずで、それには私も異論ありません。ただ、時が経って古地図と呼ばれるようになると、三つの特徴が浮かび上がってくる。これがあるから、現代の私たちが、かつての人々の人間味に触れられる。古地図は現代人と過去をつないでくれるメディアであります。

ここでは、古地図の「正確でない」という一面に注目します。

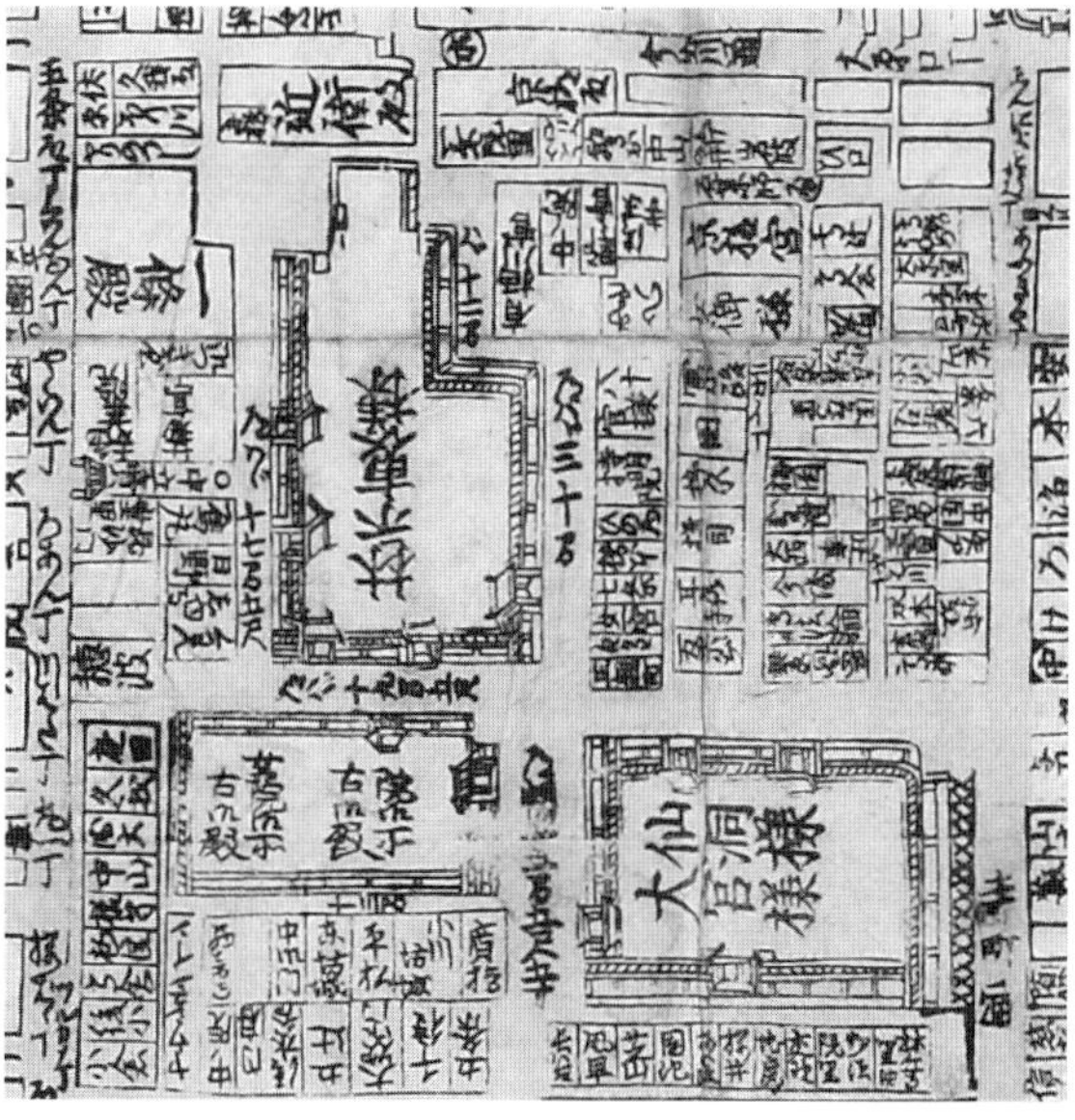

⑩

下の古地図は、どうでしょうか。弘化4年（1847）発行の「**増修大坂指掌図**」⓫。表と裏の両面刷りです。サイズは50×44センチ。

この図には珍しい特徴があります。東西南北に走るラインで、全体を細かく分割している。これが西洋的な技法であるのは、遠近法の話題のところで述べました。年号の寛政は、江戸時代のかなり後半で、西洋的なものがかなり入ってきている。さて、この図のマス目は何のためにあるのか。

現代の市街地図にもたいていマス目は入っています。マス目には縦横それぞれの方向に記号や数字が割りふられ、どの地名がどの位置にあるのか、確認が容易にできます。マス目を数えれば概算の距離もすぐわかる。なにかと便利。マス目は客観的なルールその

⓫「増修大坂指掌図」（弘化4年発行／大阪教育大学附属図書館蔵）

ものである。

「増修大坂指掌図」のマス目の長さの単位は何か。

図の左上の方を見ると、「分間例《ぶんけんれい》」とあります⓬。分も間も、昔の長さを表す単位。分間といえば、縮尺の意味です。地図に縮尺が明記されるようになるのは江戸時代後期で、これも西洋の影響かもしれません。「一分二十四間」とあるのは、図中の1分（約3ミリ）が実地の24間（約43メートル）に相当するという意味なので、この地図の縮尺はおよそ1万4400分の1となります。現在市販されている市街図は1万5000分の一の縮尺が多く、昔も今もだいたいこのくらいの数字に落ち着く。

単位についてまとめると、1分は約3ミリ、1寸は約3センチ。1尺は約30センチ。1間が6尺に相当し、約1・8メートル。60間で1町という単位になり、約109メートル。36町は1里に相当し、約4キロ。1里は人間が1時間で歩ける距離です。面白いことに、尺という寸法は人間の歩幅を基準にしている。左右の足を一度ずつ前に出した長さが6尺。これを歩といい、1間に相当する。

距離を測る寸法の単位は、かつて、人間の身体に直結していました。

マス目の示す距離を測ってみる。

では、この赤いマス目はどうなのか。

一つのマスがどれだけの距離をあらわすかを知るには、たとえば、当時の市街の東西と

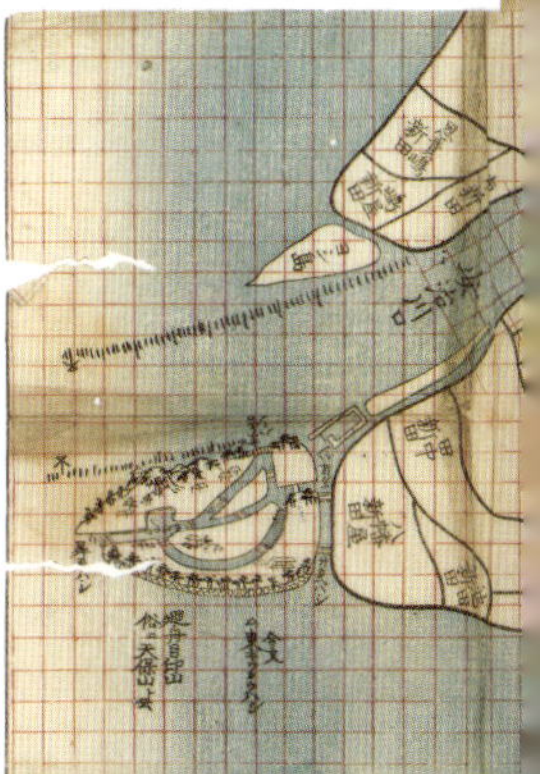

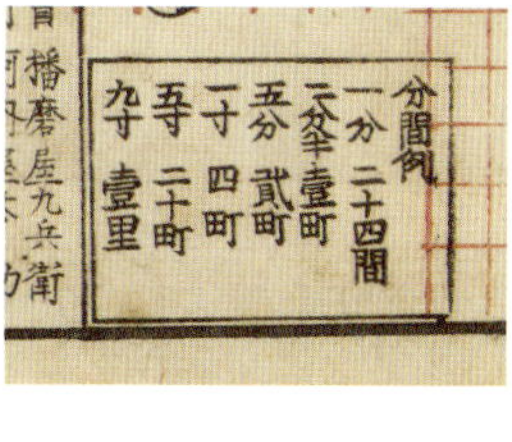

⓬江戸時代の縮尺の例。十進法に慣れた現代人にはわかりにくいが、かつての人々は身体的な実感を伴って、この表を見ていた。

南北の端から端までの距離を調べ、その間にマスがいくつあるか数えて、割り算をすればいい。しかし、このやり方はいささか面倒。もっと簡単な方法はないかと、図を眺めていましたら、ありました。

図には橋がたくさん架かっています。八百八橋といわれましたが、実際は最盛期でも百数十。それでも多い。中でも三大橋と呼ばれて有名だったのが、難波橋、天神橋、天満橋です。

図の裏面にそれぞれの橋の長さが載っていて、それによると難波橋が114間、天神橋が122間、天満橋が115間⓭。

「増修大坂指掌図」の三大橋は、いずれもおよそ2マス使っています。マス目が表す距離はきりのいい数字のはずなので、つまり、1マスは60間。これは1町という距離の単位に相当します。先述のとおり1町は約109メートル。36町で、1里（約4キロ）になり、これは人が1時間で歩く距離です。

図で市街の東西のマス目を数えると68ありますから、実際の距離は68町で2里弱（約8キロ）。南北のマス目は53で、ほぼ1里半（約6キロ）。だから、この時代の大阪は東西を歩いて横断すると2時間弱、南北の縦断はおよそ1時間半かかる。

1マスのあらわす長さの向こうに、人間の身体の感覚がある。地図をマス目で分割するのは西洋的な感覚かもしれませんが、江戸時代の人々の生身の感覚が消えているわけではない。

さらに面白いことには、マス目が距離を表すものなら、こんなことはしないだろうと思

⓭三大橋の長さが表でわかるので、地図で橋のマス目を数えれば、1マスの示す距離が簡単に割り出せる。

う箇所があります。

図中の川に沿って見ていくと、マス目が斜めに傾いている場所がある⓮。川口あたり、それに大阪城の北側にもあります。下の図は川口から西の堀川筋で、川の流れのとおりに、マス目がぐにゃりと曲がっている。

合理的に考えれば、東西南北まっすぐにマス目を引くべきです。これではマス目が数えにくい。正確さが損なわれる。見た目にもヘン。

にもかかわらず、あえて川筋に合わせてマス目を曲げたのは、なぜか。

この地図の作成者は、川を上り下りする船をイメージしている。陸路を歩く感覚で川を水路として見れば、川筋に沿って描かれたマス目は、船の運航した距離を知るのに都合がいい。

つまり、「増修大坂指掌図」はあくまで江戸時代の大阪で暮らしていた人々の実感に根ざして作られている。主観性を大事にしている。だから、合理性は犠牲にして、あえてマス目を曲げた。

現代人に、これはできない。発想自体が、たぶん思い浮かびません。

西洋から入ってきたホット・メディア的なものを、江戸時代の人々はクール・メディア的なものとミックスして、地図の中でこうやってひとつにした。異文化の吸収と、そこからの再創造を得意としてきた日本らしいハイブリッド感覚が、こんなところにも出ていまするす。つくづく古地図は面白い、パラダイス。

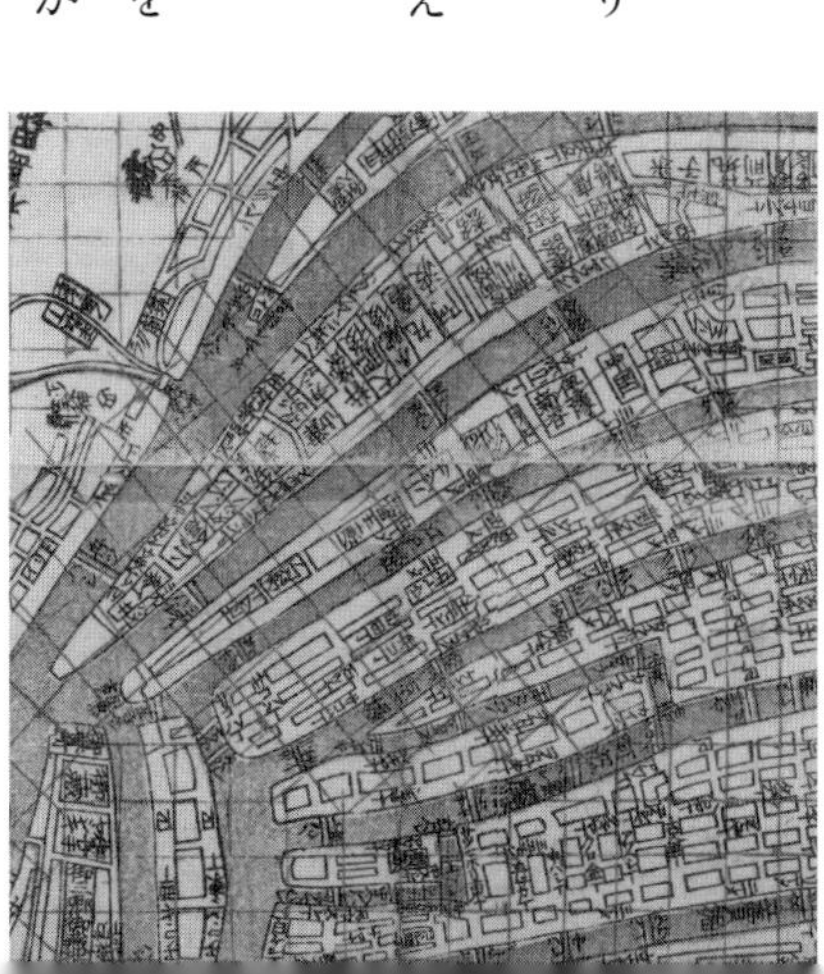

⓮地図がゆがんだように見えてしまう。そこまでして川筋でマス目を曲げた、水都で生きた人々の思い入れはいかに。

古地図の裏と表。

「増修大坂指掌図」の裏面が、なぜ「**淀河筋図**」⑮なのかもこれでわかると思います。本当は裏面に何を持ってきてもよかったはず。しかし、川筋に合わせてマス目を曲げた作者は、裏面では川を主役にしたかった。そのココロは何か。

「淀河筋図」には伏見の豊後橋から大阪の安治川の川口までの川筋が描かれている。川沿いの村々、渡し場、街道などが記され、支流の名前も細かく載っている。「淀川筋道《よどがわすじみち》法《のり》」と題した一覧には、「伏見豊後後橋ヨリ大阪（＊1）川口迄　拾三里四町十三間（約52・5キロ）」のように淀川筋の各地点間の距離が示されている。陸路での里程表にあたる内容です。

対して、表面には里程表がない。他の町絵図には、たいてい里程表が載っているので、何かの意図があるようにも思える。

おそらく図の作成者は、地点間の距離を知ることに重きを置いたのではないか。だとすると、河絵図には淀川筋道

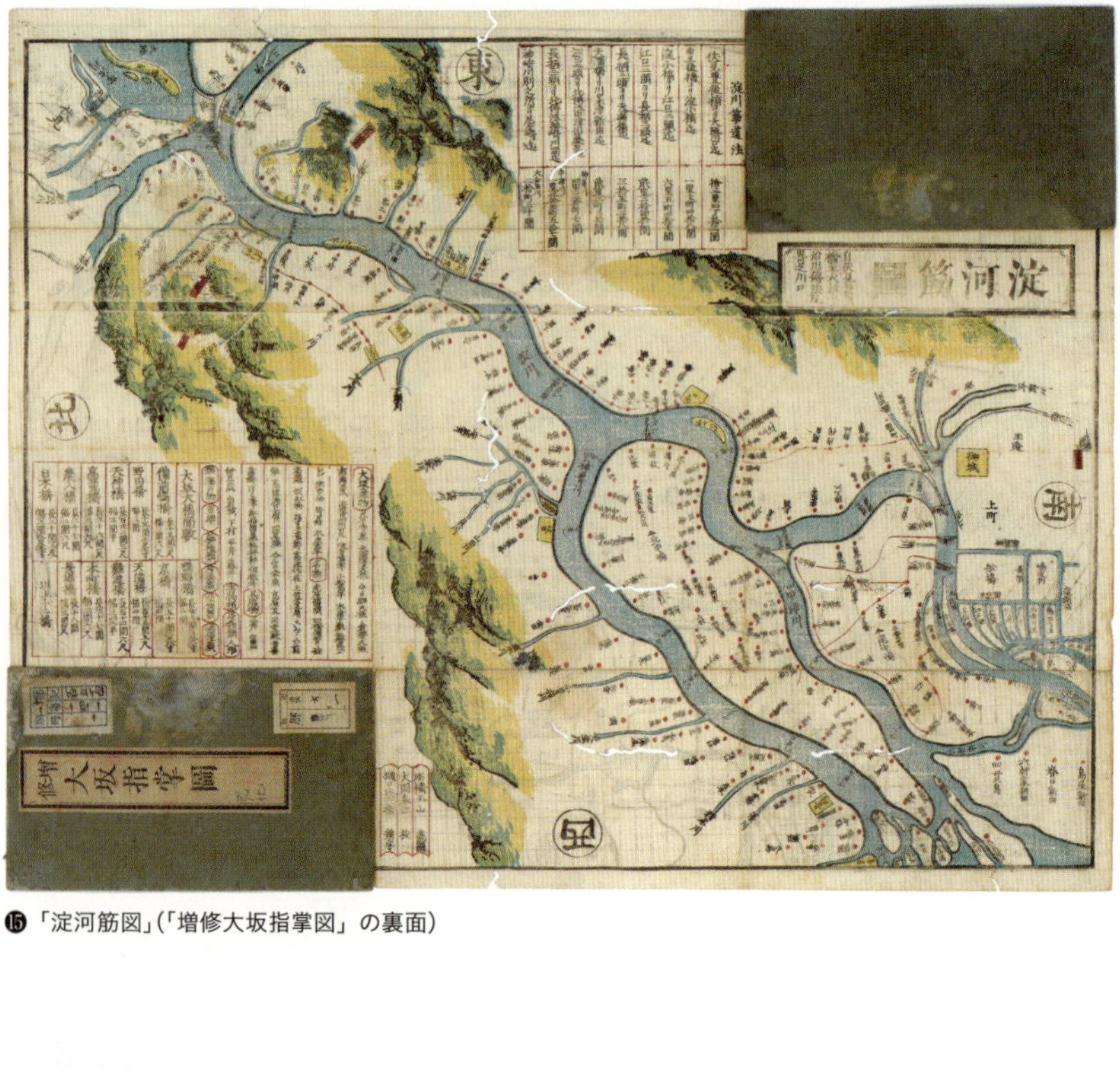

⑮「淀河筋図」（「増修大坂指掌図」の裏面）

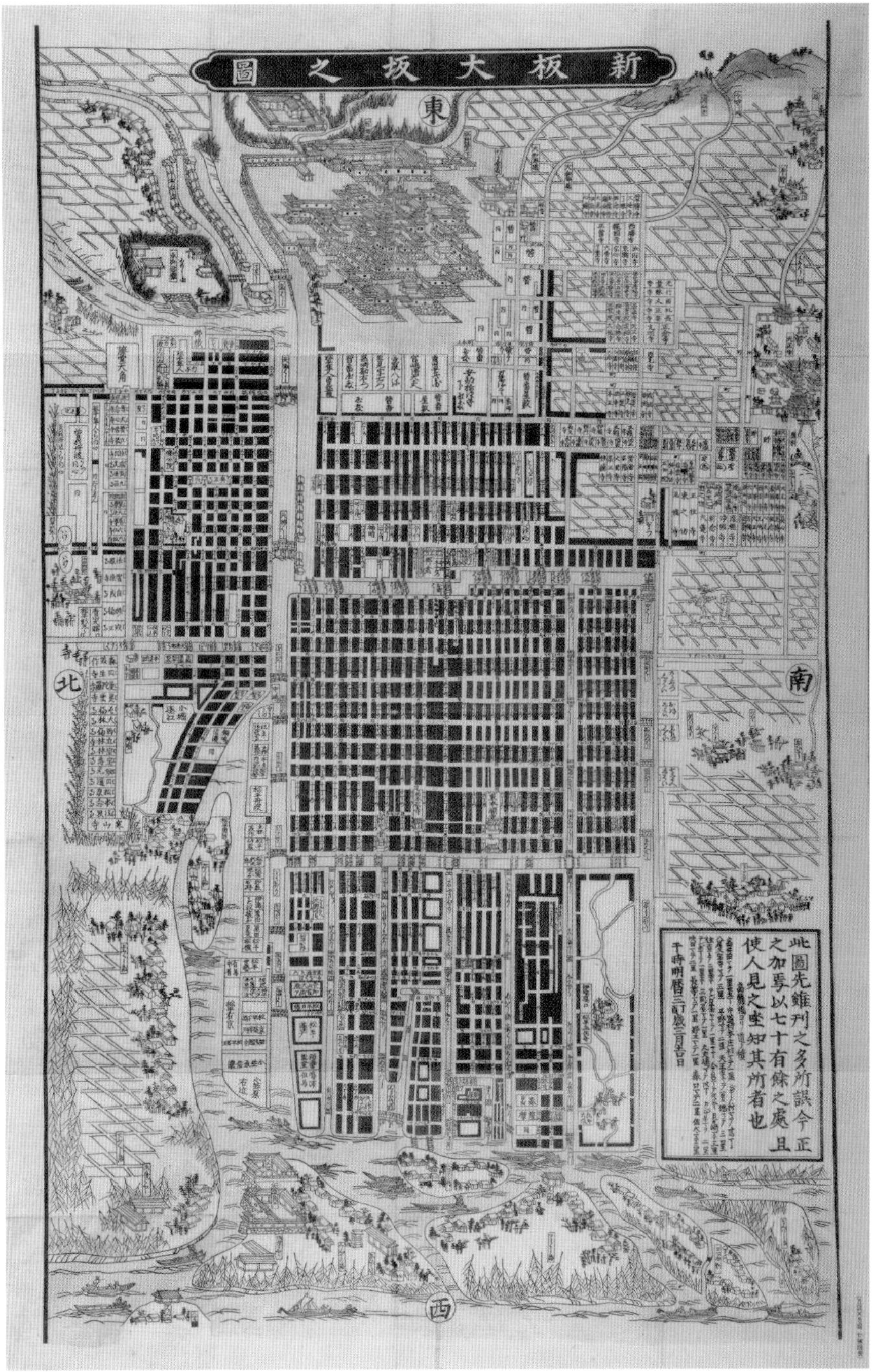

⓰「新板大坂之図」（明暦3年発行／大阪市立中央図書館蔵）

法の方が適切だ。マス目はかえって使いにくそう。町絵図には里程表より、マス目の方が全域での距離感がつかみやすい。

図の作成者は、なかなか合理的な思考の持ち主だったようです。そうなると、町絵図の中の川筋でマス目を曲げたのが柔軟というか、融通無碍《ゆうづうむげ》というか、なおさら興味しんしんになってくる。

どこまでも身体的な日本の地図。

古地図の縮尺とマス目について考えさせられる素材となる図を、二つ挙げておきます。まずは、明暦3年（1657）発行の「**新板大坂之図**」⑯。今まで出てきた大阪の古地図とは、なんだか印象が違います。目の錯覚でしょうか。街が細長く見えませんか。

他の図と比べると、実際に東西方向で長くなっている。東西と南北で縮尺が違っているためです。どうして、こんなことになったのかは、よくわかりません。武家屋敷や寺院の文字の多くが東西方向に書かれ、市街の丁目をあらわす文字も東西方向で、おのずと東西に長くなったようですが、文字の向きを南北にしてもよかったはずなので、なぜ東西なのかがはっきりしない。版元は京都ですが、京都の町絵図が南北を軸に描かれているのとは趣向を変えたかったのかもしれない。いずれにせよ、推測です。

それにしても、東西と南北で縮尺が違う地図に実用性があるとは思えません。町の形が変わりますし、距離の換算にも難儀します。少なくとも、現在ではこんな地図は作られない。

実はこれが現存している中では最も初期に発行された大阪の古地図。市街が黒く塗られ、近郊が絵画的に描かれているのは、この頃の京都の版元が発行した地図の特徴。合理性や実用性は気にしていないかわりに、見栄えはなかなかいい。特に、大阪城をこんなに立派に描いた古地図は珍しい⑰。図の発行からまもなく、天守閣が落雷で焼失。以後、昭和に至るまで、天守閣のない大阪城が古地図に載り続けます。

もう1枚は、明治35年（1902）発行の「**大阪市街図附人力車賃金表**」⑱。こちらは、全面にマス目が入っています。

この1マスは6町の距離を表しています。36町が1里なので、6マスが1里に相当します。明治時代はまだ里・町・間という古い単位が生きていまし

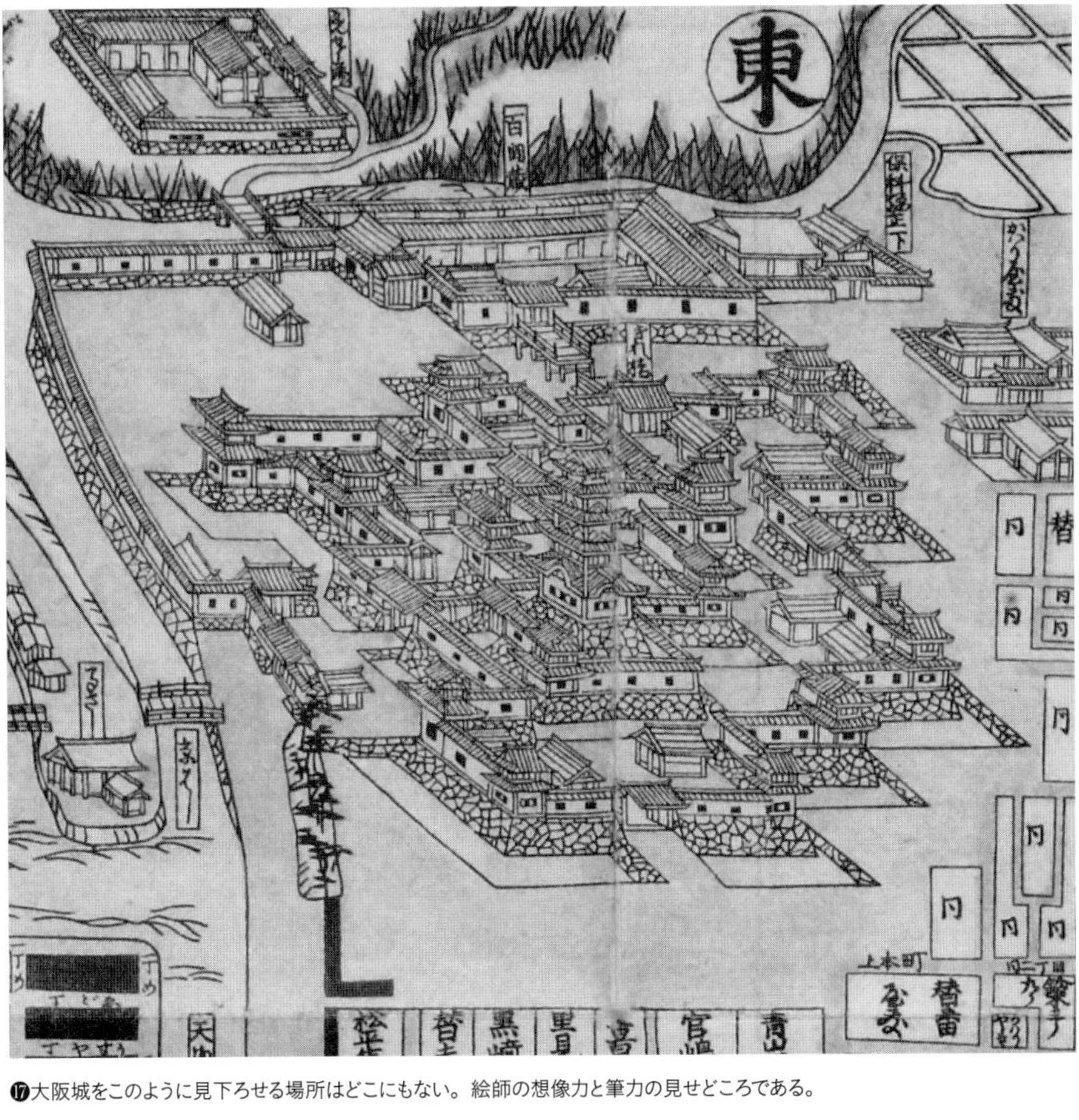

⑰大阪城をこのように見下ろせる場所はどこにもない。絵師の想像力と筆力の見せどころである。

たが、さすがにマス目を曲げた箇所はありません。その代わりというわけではありませんが、図の左上に特別枠のマス目が描いてあります。近代大阪の海の玄関になる新しい大阪港と、その周辺をクローズアップした枠です。

明治36年（１９０３）に、大阪で明治時代最大のイベント第五回内国勧業博覧会が開かれました。５ヵ月間の会期で入場者５３０万人、海外から18カ国が出展した日本初の万博でもあった。全国から訪れる見物客には、まず地図が必要。実用性を考えれば、当時の市内交通の主役だった人力車の賃金表付の地図がいい。

博覧会の会場は天王寺です。マス目のゼロ地点は天王寺に置かれ、マス目を数えれば会場からの距離がわかる。人力車に乗るといくらかかるかは、賃金表を見るとわかる。ちなみに梅田ステンショから天王寺の博覧会場までは、18銭でした。

この図では、マス目はあくまで実用性本位の使い方を意識しています。ただ、距離の単位は江戸時代のまま。この頃は街の大きさも江戸時代とほぼ同じで、人の足で歩いて回れるサイズです。人力車を使えば、ぐっと街は小さくなった。地図のマス目に、近代と江戸時代が交錯して見えます。

＊1　大阪…図の題名には「大坂」と表記され、他の箇所も大坂になっているが、「大阪」の表記も混在している。江戸時代の地図にはしばしば大阪の表記が見える。明治維新以後、大坂が大阪に改められたと、よくいわれるが正確でない。

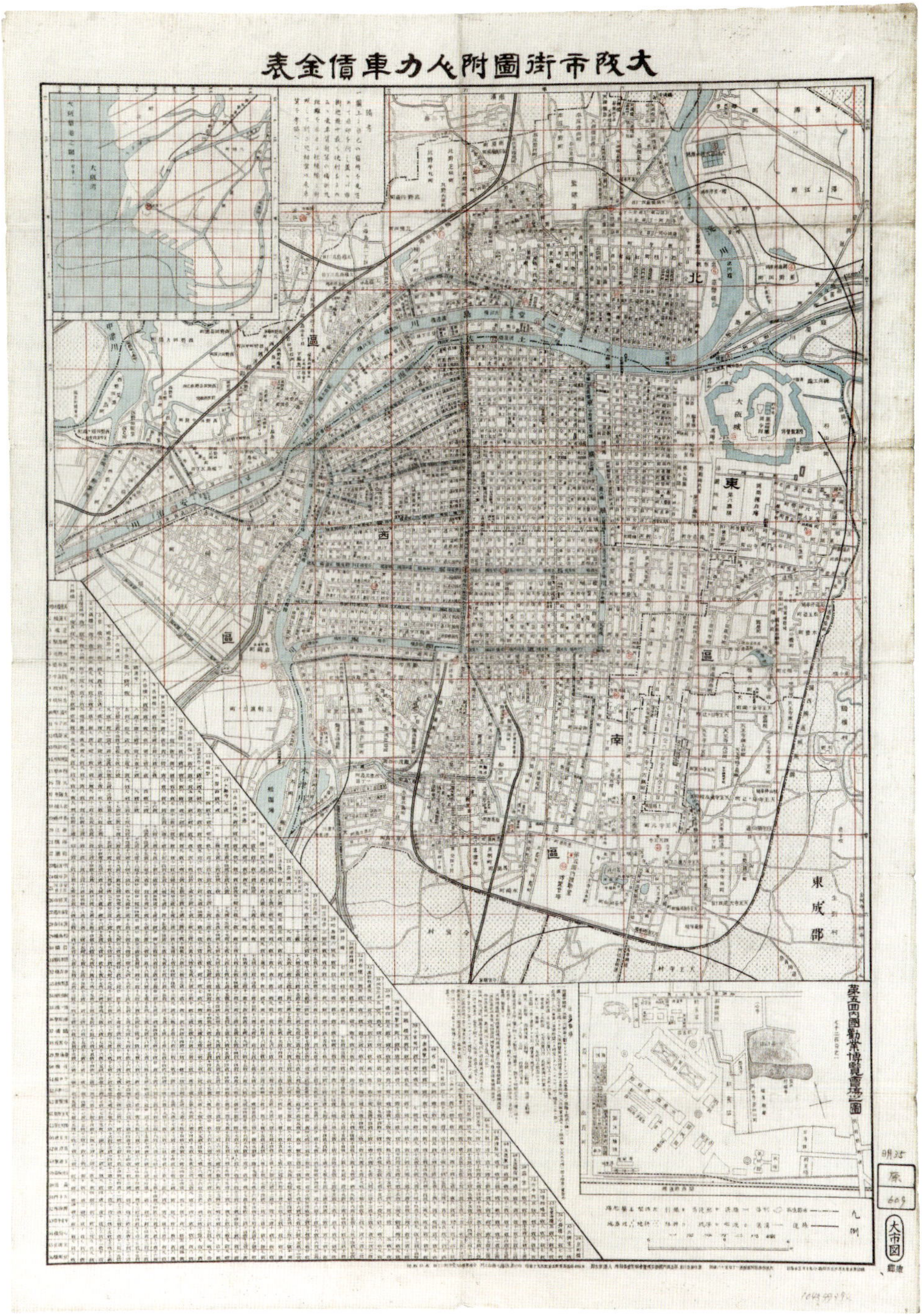

⓲「大阪市街図附人力車賃金表」(明治35年発行／大阪市立中央図書館蔵)

第四章 北斎と伊能忠敬と古地図の作り方。

古地図にとって正確さとは何か。

網野善彦からの質問。

本書のもとになったのは、ナカノシマ大学での「古地図で読み解く大阪の歴史」と題された連続講座ですが、内容に大阪以外の話題がかなり含まれています。たとえば、京都や江戸の古地図、あるいは古地図をメディアととらえてマクルーハンに登場してもらったり、浮世絵と遠近法にまで話を広げたりもしました。参加者の中には、「大阪の古地図を読み解く話ではなかったのか」と疑問に思われた方もおられたかもしれません。回答に代えて、網野善彦の言葉を引用します。

こうした東と西の差異を一つの主軸とする各地域の個性が、政治、社会に影響を及ぼさなかったはずはなかろう。幕末・明治の内乱と変革、自由民権運動のあり方はもとより、現代の差別の問題にいたるまで、このことを考慮に入れることなしには理解し難い問題が無数にあるのではなかろうか。

（網野善彦『東と西の語る日本の歴史』）

日本史とひとくちに言っても、そもそも日本という国のとらえ方が、地域によって異なる。そこからはじめないと、日本史は語れない。幕末も明治維新も自由民権運動も現代の差別に至るまで、東日本と西日本の違いを無視しては理解できないという。

日本史の研究に偉大な足跡を残した網野善彦が、東と西の違いにこれほど注目していたのを知った時、私も日本という国を見る目が変わった気がしました。深いところがわかったのではないけれど、少なくとも西と東の両側から見ないと、日本はおろか西も東もわからないということだけはわかった。

網野善彦自身は山梨県の出身で、はじめは東西の違いの重要性に気づいていなかったそうです。ところが、日本史の研究者同士で話をして、しばしばかみ合わないことがあり、ある日ふと気がついた。東日本の人と西日本の人では、同じ日本といっても違う国をさしているのかもしれない。習慣、風俗が異なるという以上に、文化の根っこが違う。このことに気がつくと、もはや東西の差異を考えずに日本史の研究は進まないし、東と西の人々がお互いを理解するのも難しいと思うようになった。『東と西の語る日本の歴史』という著書のタイトルにはそういう意味が込められている。

となると、本書のもとになったナカノシマ大学での講座も、題名は「古地図で読み解く大阪の歴史」だけれど、大阪に限定してものを考えて大丈夫なんだろうかと私なりに思ったわけです。講座名は主催者が用意し、私も承諾したのですが、準備をすすめているうちに、そう思った。

ささやかな講座ではあるけれど、もう少し広い目で見てもいいのではないか。経験的に

の感想です）。

言うと、広い目で見る方が、考えが深まるかどうかは別にして、より楽しいのは確か（凡人

日本はいつから日本と呼ばれているか。

網野善彦の著書『歴史を考えるヒント』にこんなエピソードが出ています。大学で学生相手に「日本という国の名前が決まったのは何世紀か」と質問した。返ってきた答えは、紀元前1世紀から19世紀まで、ほぼ満遍なく散らばっていた。これは案外と難しい質問です。日本人全体に対象を広げても、自信を持って答えられる人がどれぐらいいるか、心もとない感じがする。

同様に、近畿や関西、坂東や関東という呼び名がいつからはじまったのか、答えられる方は少ないかもしれない。大阪という地名だって、「大坂」があり「小坂」「尾坂」もありで、どういう経過でどうなったのか、実はよくわからないですね。ふだん使っている地域の名前ですら、いざ考え出すと難しい。

ちなみに、先ほどの「日本という名前がいつ頃決まったのか」は、網野善彦によると689年の飛鳥浄御原令《あすかきよみはらりょう》で定められたと推定される、とのことです。

もうひとつ質問。日本人が自分の住む地域への郷土意識を持ち始めたのはいつ頃か。これも同じ著書によると、だいたい戦国大名が出現した15〜16世紀ではないかと。この意識の名残が、大河ドラマで戦国時代を扱うと大変人気が出る理由だといいます。武田信玄が

主役になれば山梨県、織田信長なら愛知県が町おこしのはずみにしてアピールしたりもする。盛り上がるのには理由があるというわけです。

その点、大阪はどうかというと、大阪が脚光を浴びるのは、戦国時代の終わりから秀吉の天下統一にかけてですから、やや時期がずれる。それに大阪が大都市になり、街としての自意識が発達するのは江戸時代からなので、網野説がそのままあてはまるというわけではありません。地域差はどこまでもつきまとう。大阪の場合は（大阪に限らないかもしれませんが）、常に広い視野で見ていった方が、大阪の大阪たる所以《ゆえん》がわかりやすいのではないか。

古地図を片手に歩くのに、寄り道、回り道はつきもの。むしろ、横道、脇道にそれて迷い道に入りつつ、いつしかそれを楽しんでいるのが、古地図的ゆたかさと常々思っています。なんでも便利にスピーディになっていく昨今、せめて古地図の世界にはこういうアナクロさがあっていい。それこそがパラダイス。

というわけで、このあともしばしば脱線、お許しを。

北斎描く測量風景。

早速の寄り道。

次の古地図に話を移す前に、触れておきたい話題があります。

古地図はいかにして作られたのか。

木版印刷の話はすでにしましたが、地図そのものがどのように作成されたかについては、まだでした。今のような測量器械も航空写真もない時代に、いったいどうやって作ったのか。

　幸いなことに、葛飾北斎がヒントを残してくれました。北斎は数え89歳の嘉永元年（1848）に、盛岡藩士の梅村徳兵衛から依頼を受け、この「**地方《じかた》測量之図**」❶と題された絵を描いた。これは江戸時代の測量がどうやって行われたかを語る貴重な資料です。記録として正確さがある。

　さて、この絵の中の人々は何をしているのでしょうか。

　うねうねと続く道が見えます。曲がり角にはいずれも、ぼんぼりのようなものが上についた長い竿が立てられています。「梵天《ぼんてん》」と呼ばれる目印です。梵天と梵天の間の距離、角度を測り、順に紙の上に写しとっていくと、道の地

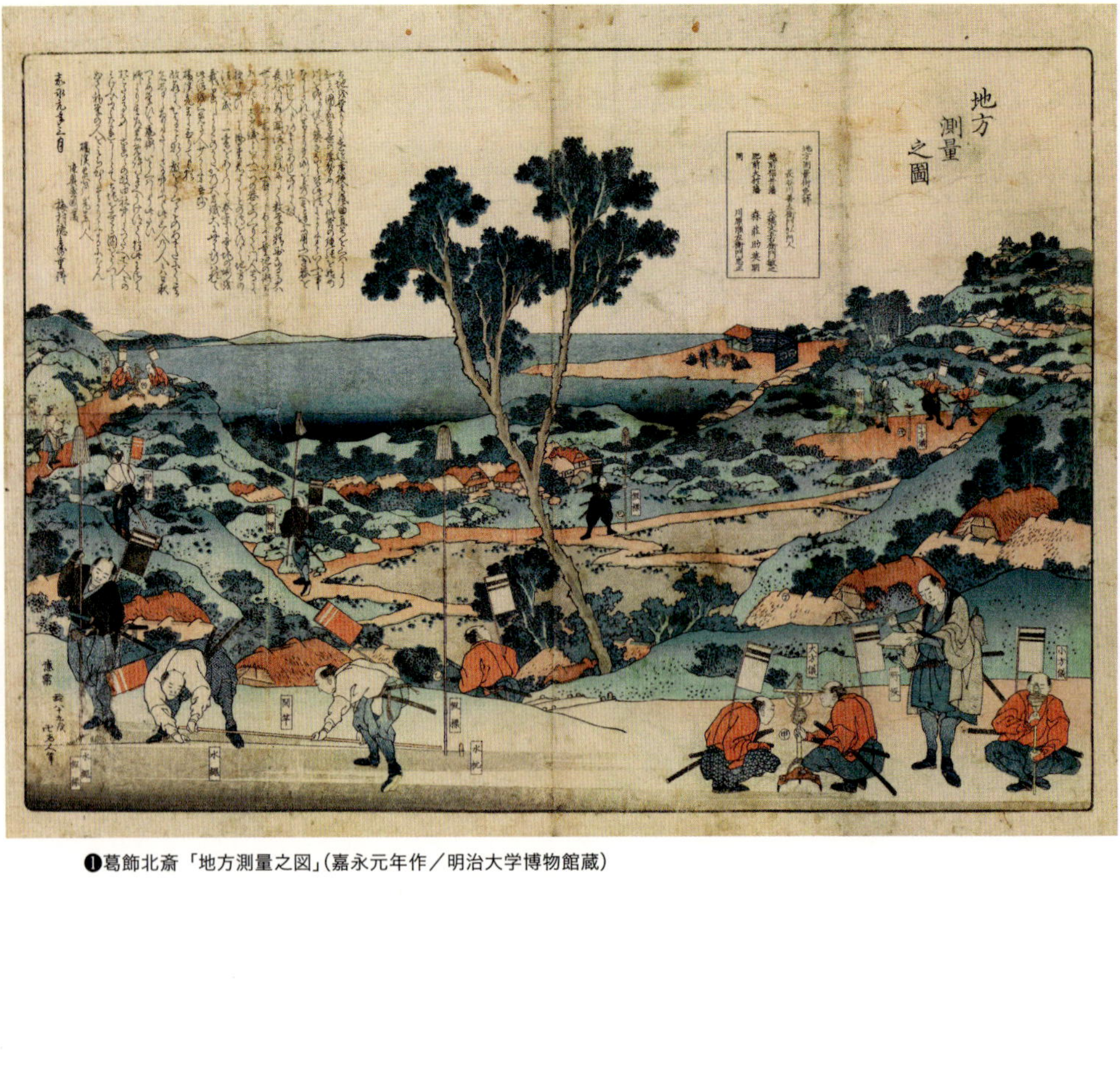

❶葛飾北斎「地方測量之図」（嘉永元年作／明治大学博物館蔵）

図になります。同じ要領で海岸線の形状なども地図にできます。

使用される大量の梵天はふだんから村々に置いてあり、測量の必要がある時、あらかじめ角々に立てておくようにお触れが出ます。測量方《そくりょうがた》の役人が来るまでに、村々では総出の作業で梵天を立ててまわるわけです。

絵では役人が梵天と梵天の間の距離と方位を測っています。江戸時代に方位を測るために使われたのは彎窠羅鍼《わんからしん》という器具で、方位磁針が組み込まれ、傾斜地などでも針が地面と平行になるように工夫されています。北斎の絵では右隅の方に大方儀《だいほうぎ》、小方儀《しょうほうぎ》という名前で載っています。

梵天間の距離は間竿《けんざお》という1本の長さが1間（約1・8メートル）の木の竿をつないで測ります。縄を使う場合もあります。間縄《けんなわ》といって、1間ごとに付いている結び目を数えると距離がわかる。内法1尺（約30センチ）の鉄の鎖を60本つないだ鉄鎖《てっさ》も使われました。鉄鎖は伊能忠敬の考案によるものです。

間縄は持ち運びに便利ですが、磨耗しやすく伸び縮みもある。間竿は縄より強いが、やはり摩耗したり折れたりする。鉄鎖は頑丈ですが、重いのが難点。それぞれに一長一短があり、使い分けていました。

北斎の絵では間竿を使っていますね。こうして曲がり角ごとに距離と方位を測る作業を延々と繰り返していく。道の形も海岸線の形も同じやり方で測れます。田畑の面積を測って税金を決める必要性から、測量の技術も進んできて、江戸時代にはかなり正確な測量ができるようになっていた。

絵には大人数で測量しているように描かれていますが、実際の盛岡藩の測量方はもっと少人数だったと思われます。複数の作業を同じ画面に一度に描いているので、大人数に見える。中央に木立を置き、九十九折《つづらおり》の道の要所々々に人物を配し、大方儀は横向き、小方儀は正面を描くなど、絵画的構成と記録性のバランスのとり方が浮世絵師北斎の技でもあります。

伊能忠敬の地図作法。

下の図は、日本全国の地図の作成で有名な伊能忠敬の測量風景です。「**夜中《やちゅう》測量之図**」❷といって、天体観測をやっている。地図と天体観測に何の関係があるのか。

北斎の「地方測量之図」のように、測量は地上で行うのが基本です。伊能忠敬は海岸線沿いに諸国をまわって測量しました。一度測った方位を逆方向からも測りなおして誤差を調整も行った。

測量の難しい場所もあります。道のない海岸線では、2艘の船を間縄でつないで岸に沿って交互に前に出て距離を

❷「浦島測量之図」より「夜中測量之図」(文化年間作／宮尾昌弘氏寄託・呉市入船山記念館蔵)

測った。船も出せない荒磯では、泳ぎの達者な者が間縄を携えて海に入るなどといったこともあったようです。

こうして苦労しても、長い距離を測っていくと少しずつの誤差が出て、積み重なって大きくなる。伊能忠敬は測量のために日本列島を北海道から九州まで徒歩と船で踏破していますから、この問題は無視できない。夜の天体観測は、誤差の補正のためにやった。

図の中央に描かれている巨大分度器のようなものは象限儀《しょうげんぎ》といって、星の高さを測る器械です。象限儀で北極星の高さを測ると、その土地の緯度がわかる。他の測量法を使えば経度もわかる。すると、その土地の座標における位置がわかる。それによって、自分たちが昼間に測量した数値がどのくらい正しかったかがわかる。伊能忠敬は晴れている夜は必ず天体観測をやって、誤差の修正に努めた。

図の右側の赤い毛氈の上に座っているご隠居さんみたいな方が、伊能忠敬本人と考えられています。彼の後ろにあるのは、これも天体観測に使われるもので子午線儀《しごせんぎ》といいます。南北に正確に合わせて糸を張り、星が南北の正中を通過するところを観測する。あるいは、象限儀を南北の軸に沿ってピタッと置く。そういう使い方をします。

灯りを持って夜空を見上げる伊能忠敬。かたわらに火鉢があるので、寒い夜だったのでしょうね。伊能忠敬は北極星だけでなく、小熊座、カシオペア座、獅子座などの星の高度も計りました。多い時は一晩で30くらいの恒星の高度を測り、江戸での測定値と比べて、より精密に緯度を算出した。実に大変な労力をかけています。

寛政12年（1800）から文化13年（1816）まで、伊能忠敬は10度にわたる測量の旅を行い、日本全図作成中の文政元年（1818）に病没。志を継いだ関係者たちの手で完成した図が幕府に上納されたのは文政4年（1821）でした。図の正式名称は「大日本沿《えん》海《かい》輿《よ》地《ち》全《ぜん》図《ず》」。通称は「**伊能図**」❸。大図214枚、中図8枚、小図3枚に分かれた超大作で、江戸城の大広間でも一度に広げられなかったという。

「大日本沿海輿地全図」は近年、神戸市立博物館で公開されました。大図の一部が行方不明になっていたのがアメリカで発見され、日本に里帰りしたのを記念しての企画展示で、私も見に行きました。展示室から展示室へ、スペースを埋め尽くす地図群が壮観でした。色が大変美しく、日本列島を縁取る海岸線の細やかさが再現されていた印象が残っています。

伊能忠敬の地図は不人気だった？

実地測量で日本地図を作ったのは、伊能忠敬が初めてです。

というと、不思議に思われる読者がいるかもしれません。実地測量がはじめて、ということは、それまでの日本地図は実際に測量していなかったのか。

実地測量が各地で行われるようになったのは、江戸時代

❸「伊能小図　西日本図」
（文政4年作／神戸市立博物館蔵）

の後半です。伊能忠敬の時代には、ほかにも優秀な測量家がいた。ただ、伊能忠敬は誰よりも綿密な測量を積み重ねた結果、日本全体の地図を作る偉業を達成した。それまでに流布していた日本地図は、測量が行われていても部分的な範囲に限られていた。それで、どうして日本列島の形がわかったのか。幕府が作った日本地図は、各藩に提出させた領国の地図を付け合わせ、編集したものです。民間で作られた日本地図は、作成者が集めた各地の地図をやはり編集してかたちを整えたものです。

江戸時代に最も普及したとされる日本地図は水戸藩の儒学者、長《なが》久《く》保《ぼ》赤水《せきすい》が作った「改正日本輿《よ》地《ち》路《ろ》程《てい》全《ぜん》図《ず》」で、通称を赤水図といいます。安永8年（1779）発行。経度・緯度の線が引かれ、色分けされた諸国、町村や河川などの主な地名、さらに街道筋が描きこまれていた。実測なしで作られたため経緯線に誤差があったが、実用性には富んでおり、情報量も充分で、江戸時代を通して広く利用されました。

対して、伊能忠敬の日本地図は、海岸線の測量を精密に行い、非常に正確な日本列島の形を描いた。反面、内陸部については簡略化し、一部を絵師に描かせた。赤水図と比べると、どちらがより優れているかは一概に言えない。一長一短があったわけです。

しかし、江戸時代に用いられたのは圧倒的に赤水図の方でした。伊能忠敬が日本中を歩いて精魂込めて作った日本地図は、無事に幕府に納められたものの、実際に使用される機会はなかった。仕事ぶりは認められたはずなのに、こんなことになろうとは。

これは古地図というものの性格を知るうえで、とても興味深い問題です。さて、その後、伊能忠敬の地図はどんな運命をたどったか。

その正確さゆえに。

伊能忠敬の地図の価値が認められたのは、明治時代以降です。正確ではあるものの、江戸時代はいわば死蔵されていた。ところが、開国とともに西洋化の波が押し寄せた。西洋では、地図といえば実地測量されたものを指す（第三章の日本と西洋の違いの話を思い出してください）。測量していないものは地図とは呼べない。日本の地図はいったいなんだったんだという話になりました。

その時、ようやく人々は伊能忠敬の仕事を思い出した。西洋のような地図は日本にはなかったんだろうか。いや、伊能忠敬の地図があった。50年ほど前の作だが、使えるだろうか。大丈夫、西洋の地図と比べても精密で、充分に使えるものでした。

それどころか、実は一部が昭和4年（1929）まで使われていました。新しい日本地図ができるまで、図が未完成の地域は伊能忠敬の図を流用したからです。自国の精密な地図は近代国家の必需品。明治政府は国家事業として近代測量による最新の日本地図の作成に力を注ぎ、事業は大正へと受け継がれ、結局、完成するのに昭和のはじめまでかかった。その頃まで伊能忠敬の日本地図が通用した。作成から1世紀経っていたのですから、すごいことです。

井上ひさしに『四千万歩の男』という伊能忠敬を主人公にした小説があります。単行本で全5巻の大長編です。そこに伊能忠敬は自分の歩幅を物差しにして距離を測ったとある。先ほど、間縄や間竿の話をしましたが、伊能忠敬は正確に同じ歩幅で歩く訓練をし、歩数で距離を測ったという。実際に伊能忠敬は日本地図作成のための最初の旅で、歩数をもとに測量しています。ただし、2回目以降は間縄や鉄鎖を使った。

小説では伊能忠敬は2歩で1間（約1・8メートル）、つまり1歩90センチの歩幅で正確に歩いたとされています。伊能忠敬の身長は着物から見て160センチくらい、歩幅は69センチとする説が渡辺一郎『図説・伊能忠敬の地図を読む』に紹介されており、これと比べると90センチは非常に大股。ちなみに私の身長が172センチで、歩幅を測ると75センチ。これは現在の成人男子の平均的数値だそうです。とはいえ、小説のように2歩で1間歩けたら、距離への換算が大変しやすい。もともと尺という長さの単位も人が左右の足で歩いた歩幅（2歩分）をもとに生まれたともいわれるだけに、2歩で1間にこだわって大股歩きで日本じゅうを歩く伊能忠敬の姿を想像するのは、人物造形として面白く、フィクションとして楽しい。井上ひさしはおそらく無理を承知で、作中の伊能忠敬に大股歩きをさせたのでしょう。

日本の海岸線をすべて歩くと、だいたい3万5千キロ。地球1周は4万キロです。日本は小さな国だと思っていますが、島国の海岸線はとても長い。日本地図の作成が大仕事だったのは確か。伊能忠敬のすごさです。しかし、そうして作られた伊能忠敬の地図は江戸時代には使われなかった。正確さ以外のものに価値がある時代でした。

東京の地下鉄門前仲町駅近くの富岡八幡宮境内にある伊能忠敬像。

明治は地図の何を変えたか。

近代国家の地図とは？

話は明治に移っていきます。第三章で、江戸時代後期の「増修大坂指掌図」（P98）に距離をあらわすマス目が入っているという話をしました。これは近代に近い技法ですが、一方で川筋に沿ってマス目を曲げたりする。地図全面をきちんとマス目で覆うのが合理的というものですが、そこを平気で曲げるのが江戸時代の感覚だった。

そういったことを頭に置いたうえで、次の図をご覧ください。

明治21年（1888）発行の「**内務省大阪実測図**」❹。明治政府が実地測量で作った非常に精密なものです。細かな町名が載っていて、道筋も克明にわかり、たとえば天王寺の寺町に密集した寺院も漏らさず網羅され、名前もすべて出ています。

近代国家に必要なのは、こういう地図なんですね。地図を眺めながら都市計画を練り、国の政策に思いをめぐらせたりするには、緻密で正確な図がいい。江戸時代のような非合理的な図は困る。かつての地図が持っていた人間くささは、もはや邪魔である。しかし、明治維新のあと、すべての地図が近代化したのかというと、そうではありません。

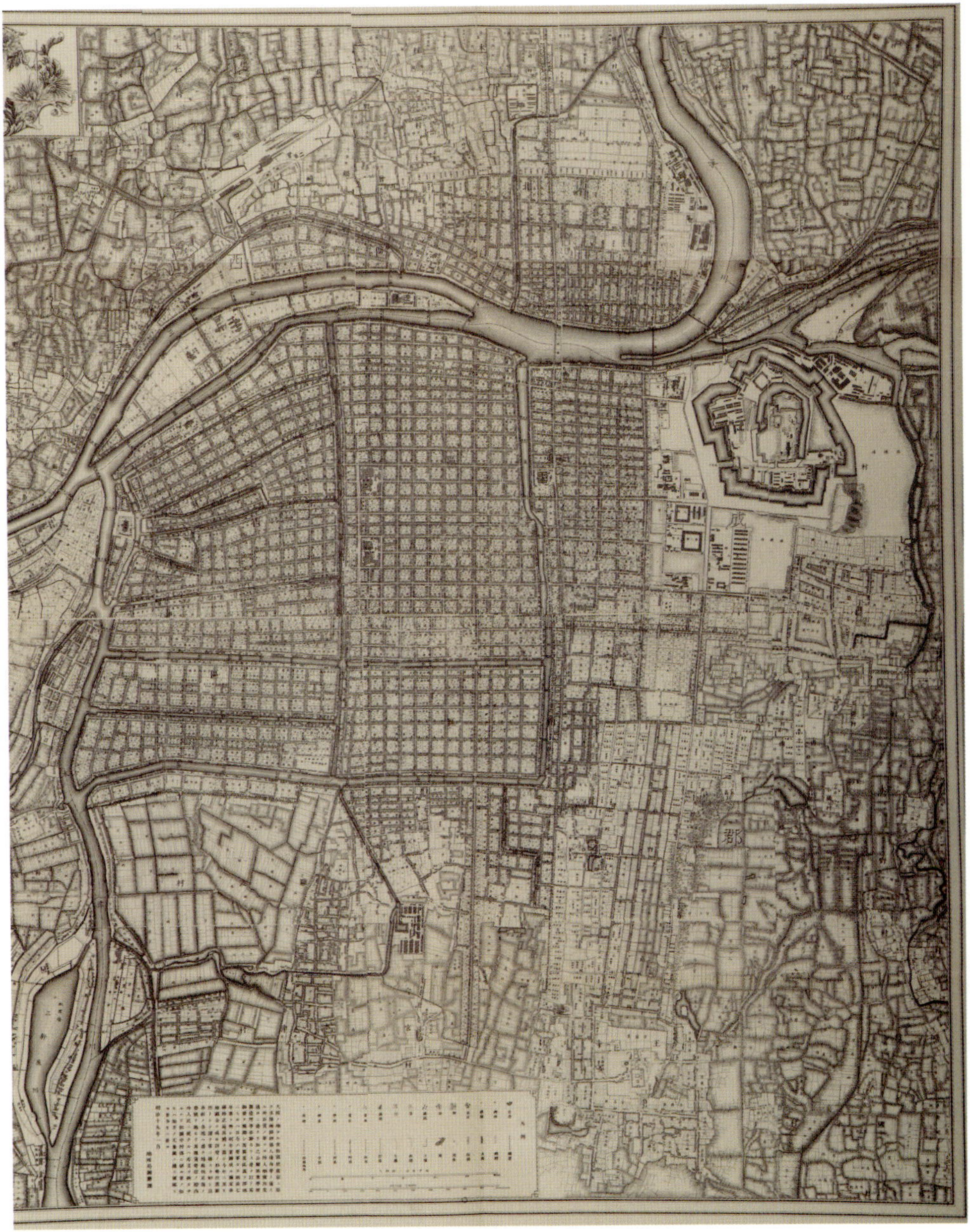

❹「内務省大阪実測図」(明治21年発行／大阪市立中央図書館蔵)

近代と江戸時代のミックス。

試しに、明治時代に発行された京都と東京の図を見てみます。

明治44年（1911）発行の**「京都名所案内記図」**⑤は、京都の新旧の名所を網羅した絵図。中心には御所、北側に上賀茂や下賀茂があって、位置関係は大雑把ながら東西南北を意識した地図的あしらいになっています。左下隅の動物園、右下隅のステンションは明治の新名所ですね。風景や人物の絵柄がぐるぐる巻きの双六みたいに並ぶデザインは江戸時代からありますが、明治になってもこうして残っ

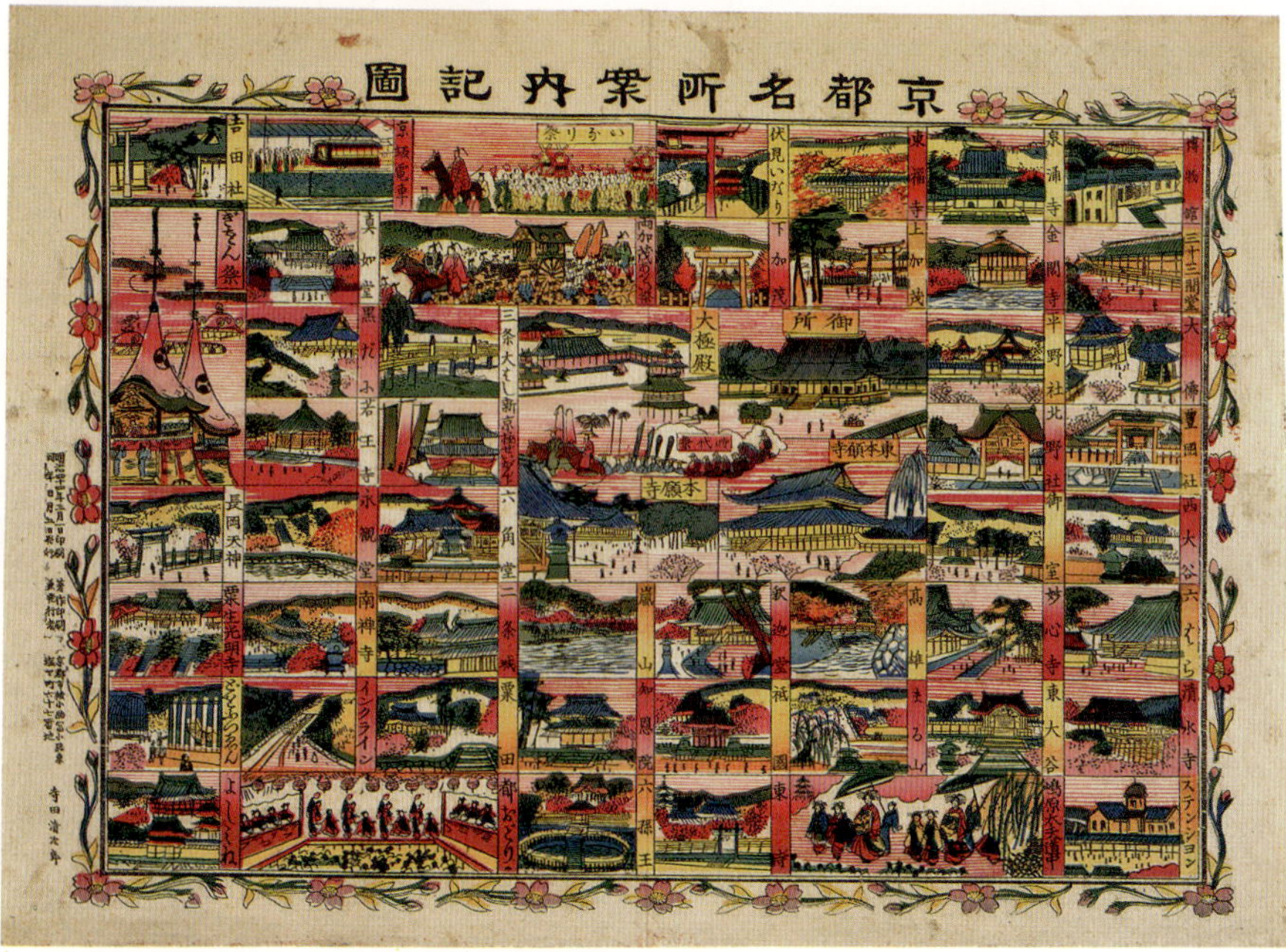

⑤「京都名所案内記図」（明治44年発行／堺市博物館蔵）

た。名所案内というスタイルも江戸時代の流行ですが、これは絵に写真のようなクローズアップが多用されている。印刷は石版です。江戸時代に隆盛した木版印刷は、明治の初めに銅版、石版に主役の座を譲っていました。明治の終わり頃の図ですが、近代的なものと江戸時代的なものの混じり具合に、なんともいえない味が出ています。

次は、明治14年（1881）発行の**「名所細見東京全図」**❻。銅版画なので、木版では難しい細かい線が出ています。中心を占めているのが市街図で、維新後の大改造が進んで江戸から東京に生まれ変わりつつある姿が描かれています。東京湾には、北を上にした方位記号が見えます。

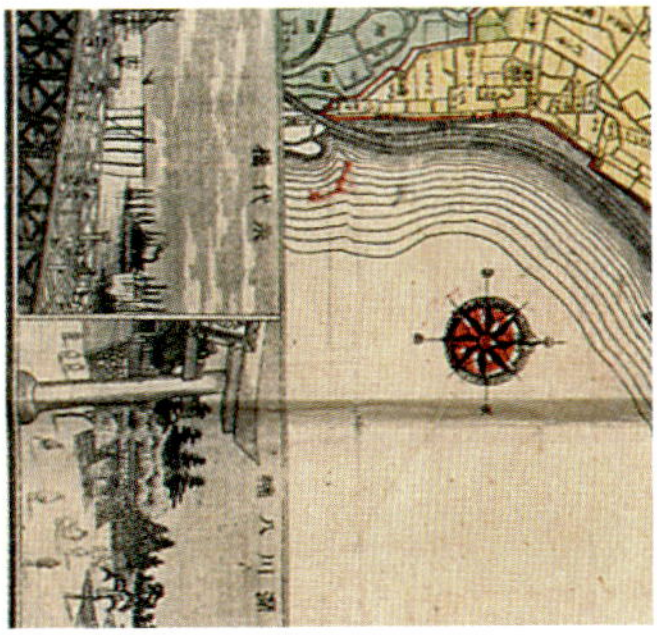

近代化の匂いがぷんぷんしていますが、題名はあいかわらず江戸時代風の「名所細見」がうたい文句。市街図のまわりを新旧の名所がぐるりと囲んでいるのも古いスタイルの流用。左右の名所絵の向きが外を向い

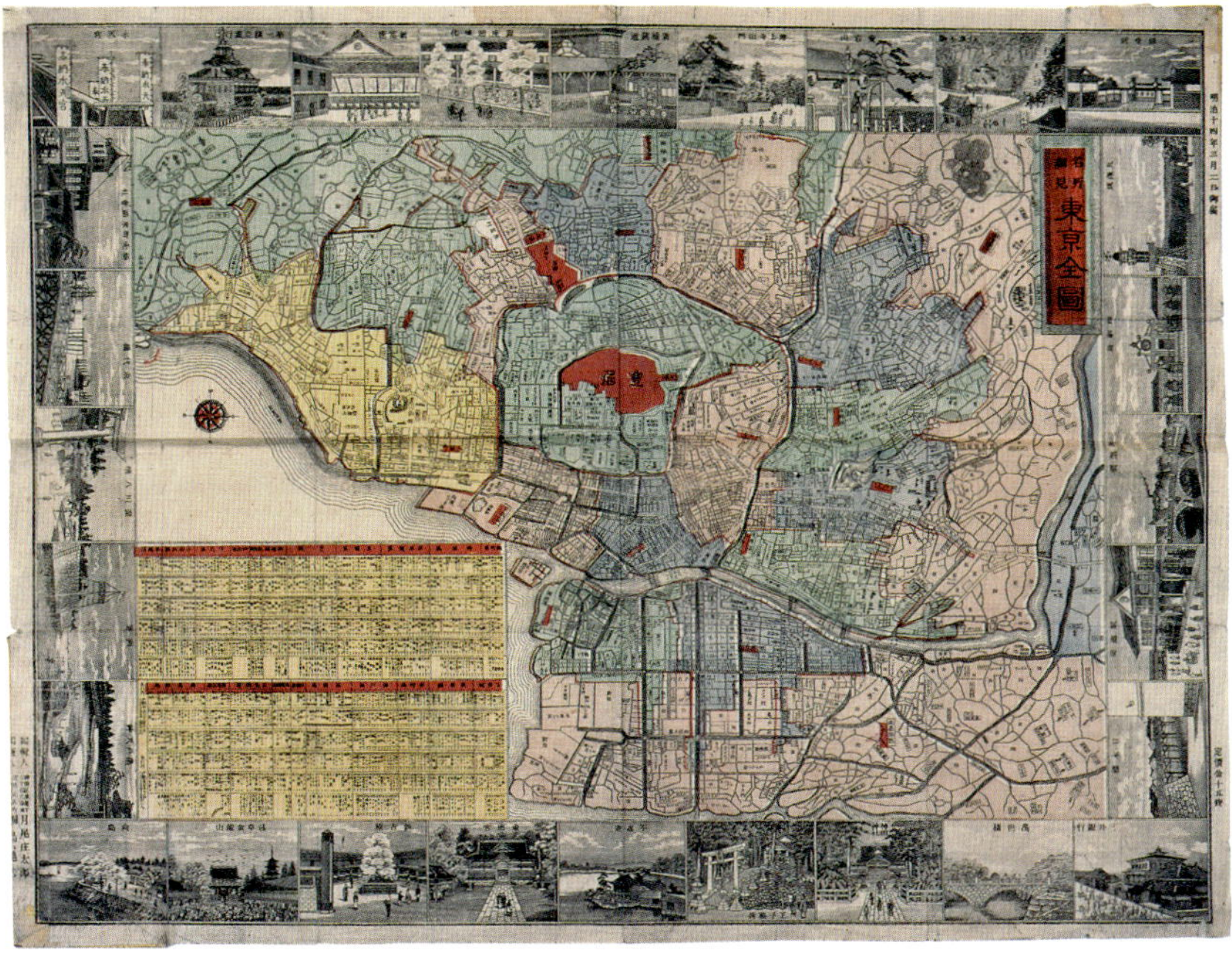

❻「名所細見東京全図」（明治14年発行／堺市博物館蔵）

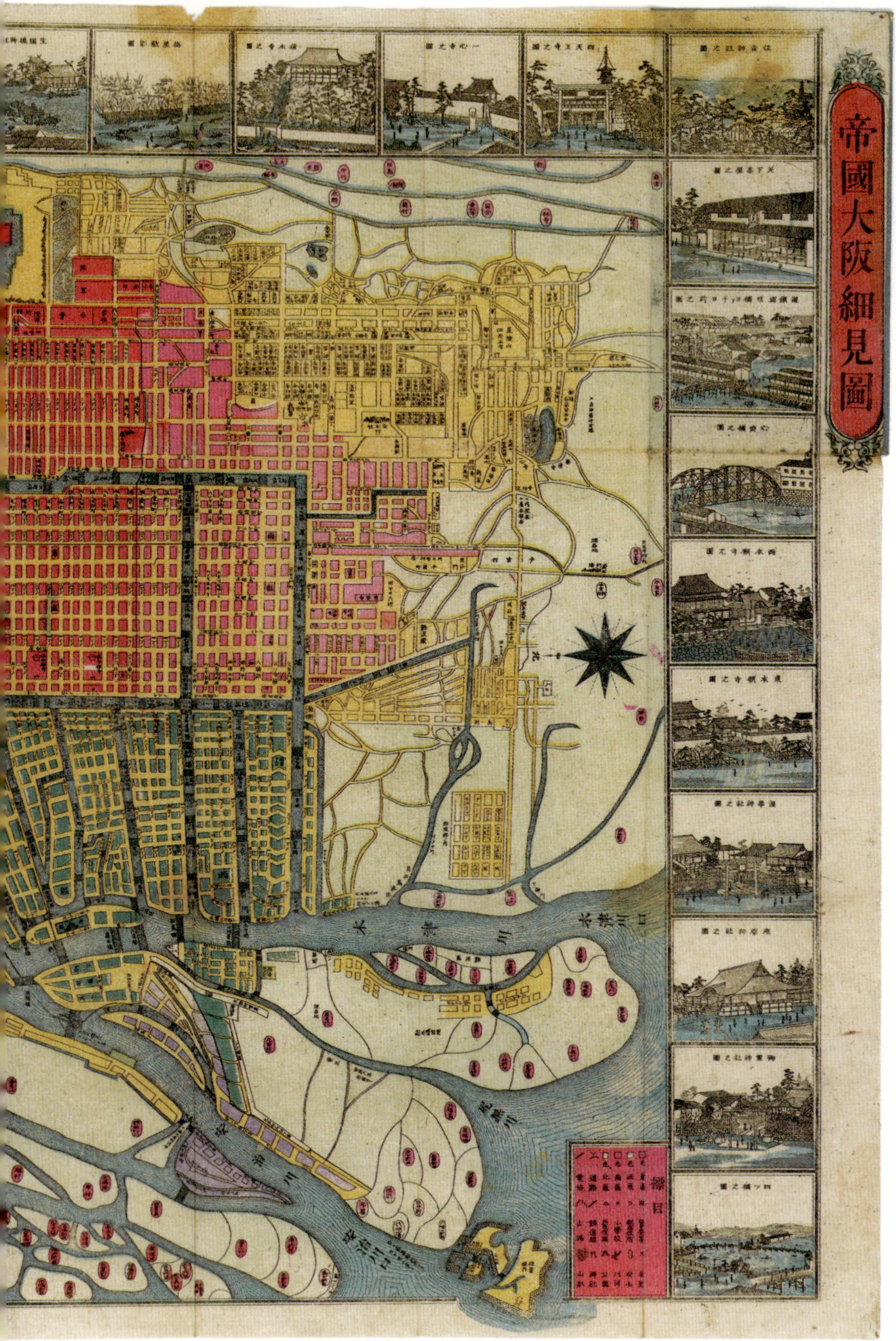
帝國大阪細見圖
住吉神社之圖
四天王寺之圖
一心寺之圖
清水寺之圖
天下茶屋之圖
心齋橋之圖
西本願寺之圖
東本願寺之圖
御靈神社之圖
四ツ橋之圖
標目

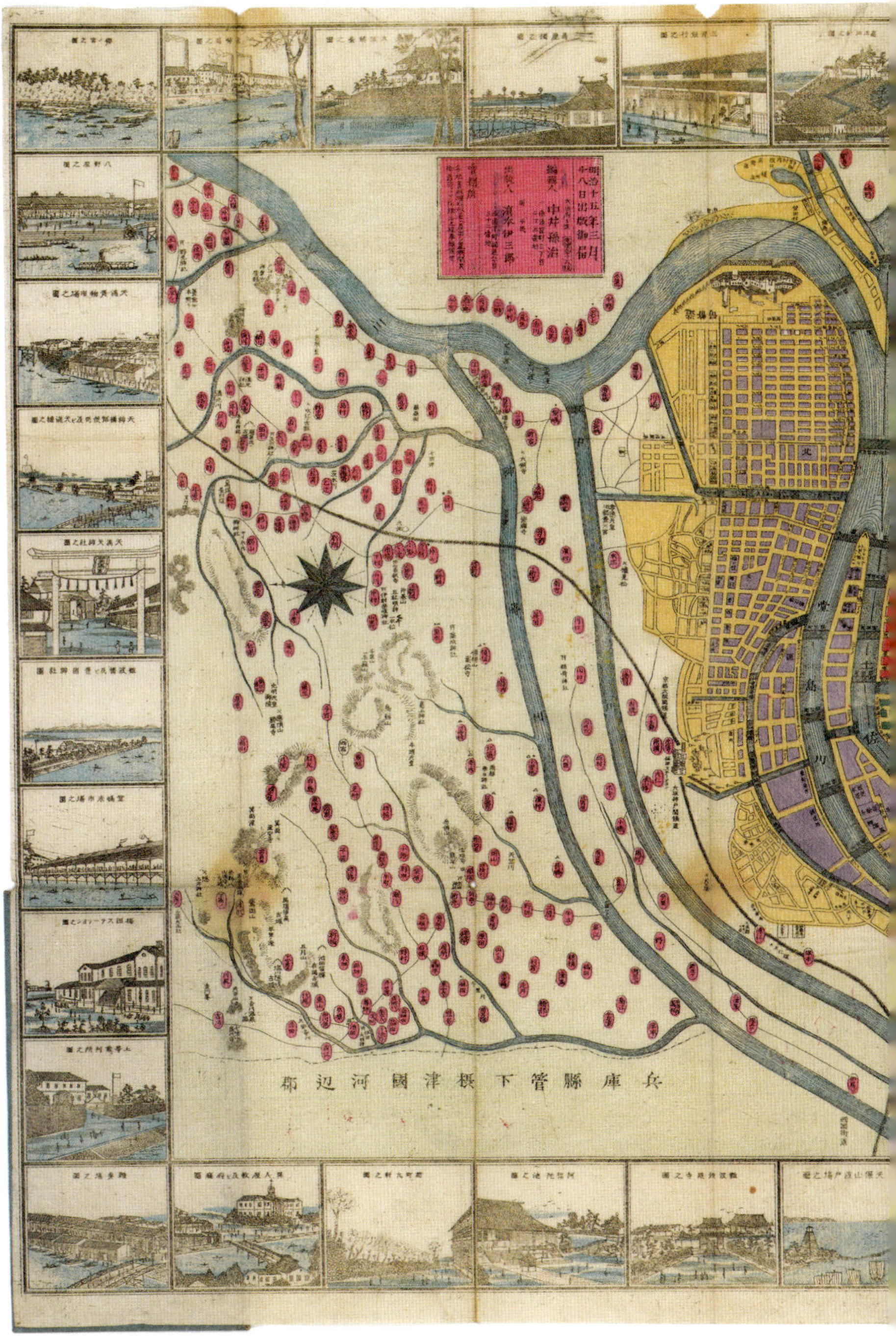

❼「帝国大阪再見図」(明治15年／大阪教育大学附属図書館蔵)

ているのは、江戸時代の地図で地名が四方向にレイアウトされていたのに似ている。それでいて名所絵に描かれた風景は、明らかに写真を意識したアングル。銅板ならではの細密さが、ますます写真っぽくて、これまた近代と江戸時代のミックス加減に味がある。

明治時代は、こんなふうに新旧名所案内と地図を兼ねた図がたくさん作られました。すべてが急に新しくなったわけではなく、古いものも形を変えて生き残った。

地図の近代化はこうして長い歳月をかけて、ゆっくりと進みました。

伊能忠敬の測量地図は、世に出るのがいささか早すぎた。絵師の手を借りたその地図は後世から見れば充分に江戸時代的でしたが、当時としては先鋭的に合理主義に貫かれていた。それゆえに正確ではあった。しかし、人々は正確さよりも別の価値を望んだ。

近代の価値と近代以前の価値のせめぎあいは、21世紀の今も続いています。江戸時代は過ぎ去った過去ではない。地図の中にその痕跡はある。未来考古学的な視線は、今でも有効。この話はいずれまた機会をあらためて。

「帝国」の大阪地図。

第四章の最後に、明治の大阪の地図を1枚。

明治15年（1882）発行の「**帝国大阪細見図**」❼です。タイトルに「帝国大阪」とは、なかなか迫力があります。大日本帝国憲法が発布されたのは、この図から7年後の明治22年（1889）でしたが、早くもこの勢い。明治維新を経た日本は西洋列強に追いつけと猛然と突き進んでいた。

帝国の大阪という形容は言葉として変ですが、大阪を美化する冠語と考えると腑におちます。江戸時代の地図は、しばしば知名に冠語をつけて売り出されました。大阪図では「懐宝」「国宝」「万寿」、京都図では「万代」「懐宝」「袖玉」、江戸では「重栄」「懐宝」「泰平」「永福」など、さまざまな飾りの言葉を添えて、人々の気を引いた。「帝国」という語もそういった意味合いで使われたわけです。

つまり、「帝国大阪」と語彙こそ新しくなっていますが、装いは江戸時代風。明治15年（1882）とはそういう時代でした。

街も発展途上です。当時の大阪は府だけがあって、まだ市がありません。大阪市ができるのは明治22年（1889）。もうちょっと先です。

府と市という話が今出ました。それでいくと江戸時代の大阪の町絵図は、今の大阪市のエリアよりもひとまわり狭い。北側は今の福島あたり、南は四天王寺までで住吉は入っていない。東は玉造まで、西の湾岸は新田開発地域がレイアウトで許される範囲まで入っている。「新撰増補大坂大絵図」（P186）をはじめ、だいたいこういう感じです。

それに対して「帝国大阪細見図」は、池田や箕面など、近郊の広い範囲の村々が入っている。つまり、この図は、明治になって府という広域の行政区画に生まれ変わった大阪を意識して描かれている。その中心に色分けされた東・西・南・北の4つの区があります。この4区は、江戸時代には大坂三郷と呼ばれ、北組・南組・天満組からなる市街区域でした。三郷の外は大阪ではなかったわけです。

明治15年の時点で、堺県は大阪府に合併されて入っていました。旧国名でいうと堺は和泉国で維新後の一時、堺県になっていたのです。さらに大和国だった奈良県も大阪府に属すようになった。堺と奈良の市街地を併記した図も出回りました。大阪は府と区があって、市がまだない。東西南北の四区が現在の市にあたるエリアですが、面積は3分の1くらいしかありません。

図は北を上にしていて、方位記号が描かれています。色塗りされた4区は近代大阪の中枢エリアです。

江戸時代の大阪は城下町として発展しました。明治維新後の大阪城はどうなったか。図を見ると、大阪城には大きく「陸軍本営」と記されています。大阪では明治7年（1874）から徴兵がはじまった。明治10年（1877）の西南戦争では政府の軍事拠点になり、多くの兵士が大阪から九州の戦場へ向かった。明治3年（1870）には大阪城内に造兵司ができ、後にアジア最大の軍需工場として知られる大阪砲兵工廠へと発展していきます。こうしてみると、帝国の大阪という形容はあながち的はずれでもありませんでした。

右下に「標目《ひょうもく》」と題された欄が見えます❽。目印という意味ですが、いわゆる凡例にあたります。色分けされた4区がまず挙げられ、道路、電信、警察署、小学校、役場、公園など近代化のキーワードのような項目が並んでいるのが目につきます。村名という項目もあり、市街のまわりを小判型の印が埋めています。これらの村々の多くはその後、市や町になり、あるいは大阪市に編入されました。一方、下段に名所、神社とあるところに、まだまだ江戸時代の匂いがします。

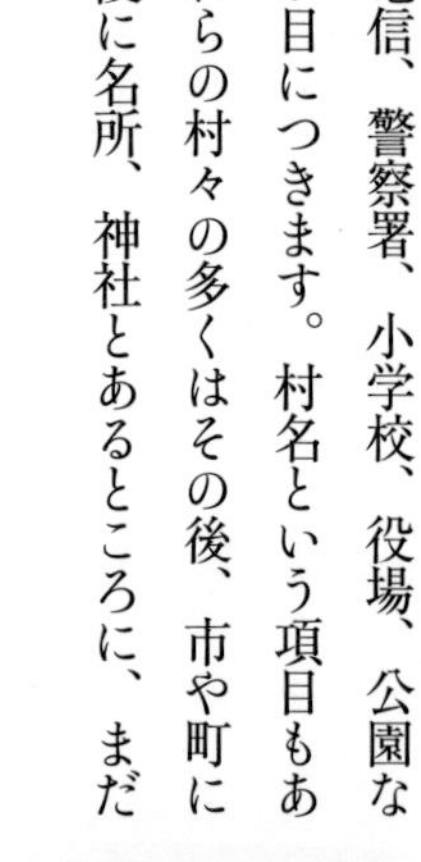

❽

新旧名所パレード！

まわりを囲むようにレイアウトされたのは新旧名所ですが、その多くは４区内あるいはその近接地域にあります。名所案内図風のスタイルは江戸時代のものであるのは、先ほど述べたとおり。さて、名所の中身はどうなっているのか。

図の右下から左回りに見ていきます。いずれも当時の大阪屈指の名所。明治以後の新名所、江戸時代からの旧名所、旧名所がリニューアルしての新名所など、顔ぶれ多彩。図からとび出す名所パレード、とくと、ご覧あれ。

四ツ橋之図

四ツ橋は今でこそ自動車のための交差点ですが、かつては西横堀川と長堀川が交わる水の交差点。そこに東西南北、四つの橋がかかっていたのが地名の由来。小西来山の句「涼しさに四ツ橋を四つ渡りけり」で知られる。絵にも川の十字路と橋が涼しげに描かれています。

御霊神社之図

御霊神社之図は、江戸時代から船場の商家の崇敬厚く、明治以後も夏祭や冬の火焚神事、御弓神事が浪花名物に数えられた。戦前の毎月1・6の日の夜店の賑わいを思い出として語る大阪人も少なくなかった。

座摩神社之図

坐摩さんの呼び名で親しまれる坐摩神社は、もともと摂津国西成郡の唯一の大社との由緒を誇る。境内の火防《ひぶせ》陶器神社は市中の陶器問屋街の守護神で、夏の陶器祭が有名だった。

浪華神社之図

浪華神社とは、実は難波《なんば》神社のこと。博労稲荷《ばくろういなり》とも呼ばれた、古くからの名所です。文化8年（1811）には植村文楽軒の浄瑠璃芝居の小屋が誕生。浄瑠璃が文楽と呼ばれるようになったのは、植村文楽軒の活躍による。

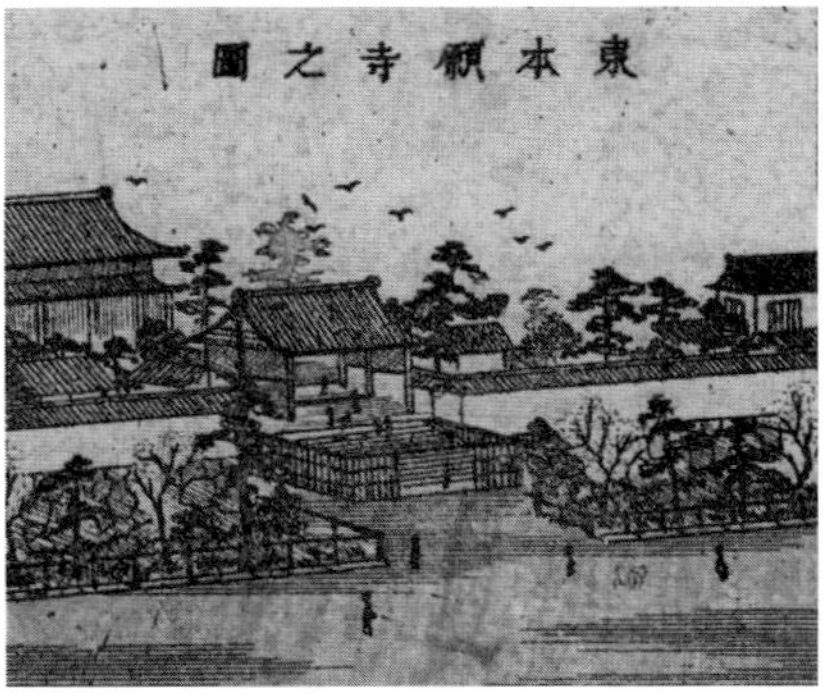

東本願寺之図（右）
西本願寺之図（左）

西本願寺之図は北御堂、東本願寺之図は南御堂。ふたつの御堂は、大阪のメインストリート御堂筋の名の由来にもなった都心の寺院。北御堂は明治元年（1688）の明治天皇大阪行幸で行在所《あんざいしょ》になり、南御堂の前は芭蕉終焉の地として有名。

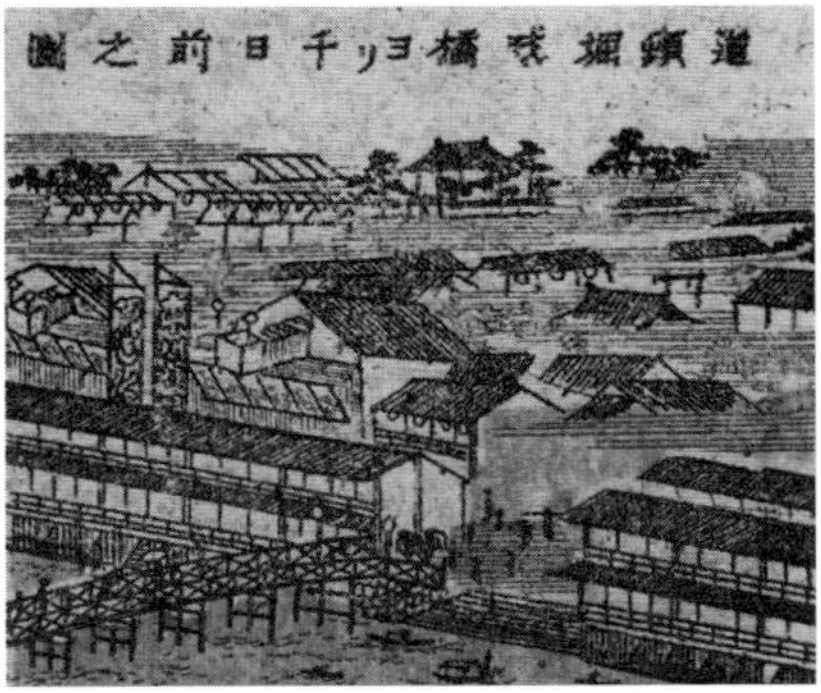

心斎橋之図

心斎橋は今でこそ繁華街の呼び名になっていますが、当時は文字通り橋の名前でした。江戸時代からの木橋が、明治になるとアーチ型の鉄橋にさまがわりして新名所に生まれ変わった。もちろん長堀川も健在で、船が鉄橋の下を行き交っています。

道頓堀戎橋ヨリ千日前之図

ミナミの戎橋もかつては実際に橋が架かっていた。千日前は江戸時代には徒刑場や火葬場のある寂しい場所でしたが、明治時代は指折りの歓楽街に変貌。道頓堀から続く大阪随一の遊び場が生まれた。

天下茶屋之図

千利休の師だった武野《たけの》紹鴎《じょうおう》の茶室があった場所。豊臣秀吉がしばしば立ち寄り、茶の湯を楽しんだので殿下茶屋と呼ばれ、天下茶屋に転じたという。戦災で焼失したが、明治時代は名所として健在だった。

住吉神社之図

名所中の名所。住吉神社の前に海が描かれていますが、当時は本当にこのくらい海が目の前に広がっていた。潮干狩りが風物詩だったといいます。

四天王寺之図

これまた名所中の名所。絵は西門石の鳥居の前の賑わい。ビルがないので、五重塔は街のどこからでも見えるランドマークだった。

一心寺之図

大坂の陣の合戦場でもあり、江戸時代の末にはじまった骨仏《こつぶつ》(人骨で作った阿弥陀如来像)を祀る寺として名高い。四天王寺、一心寺の一帯の寺社群は明治以後も参詣客が絶えなかった。

清水寺之図

京都名所だった清水の舞台を大阪にも、と江戸時代に建てられたのが天王寺の清水寺です。高台から見晴らす海の景色は、明治になっても名物でした。近くに貝杯で有名な料亭の「浮瀬《うかむせ》」があった。

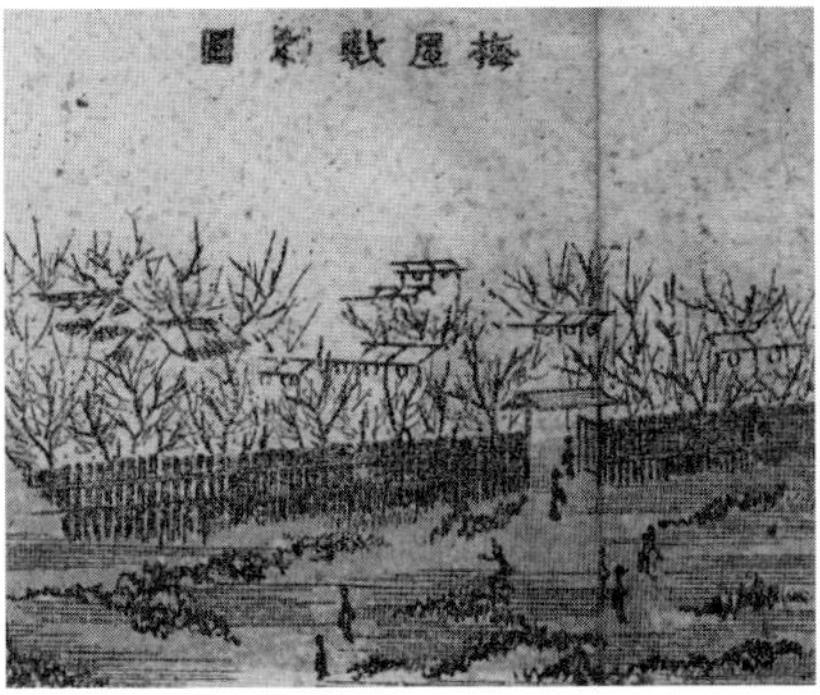

梅屋敷之図

もともと江戸にあった名所の梅屋敷が大阪にもあったらというわけで、大阪にも作りました。名前も同じ梅屋敷。昔は名所が真似されて、各地に広まった。

生國魂神社之図

生國魂神社はこの頃、広々とした社地を誇り、高台からは大阪市中を一望できた。真言宗の生玉十坊があったが、明治のはじめの神仏分離でなくなった。もと官幣大社の格式ある神社も時代の流れと無縁ではなかった。

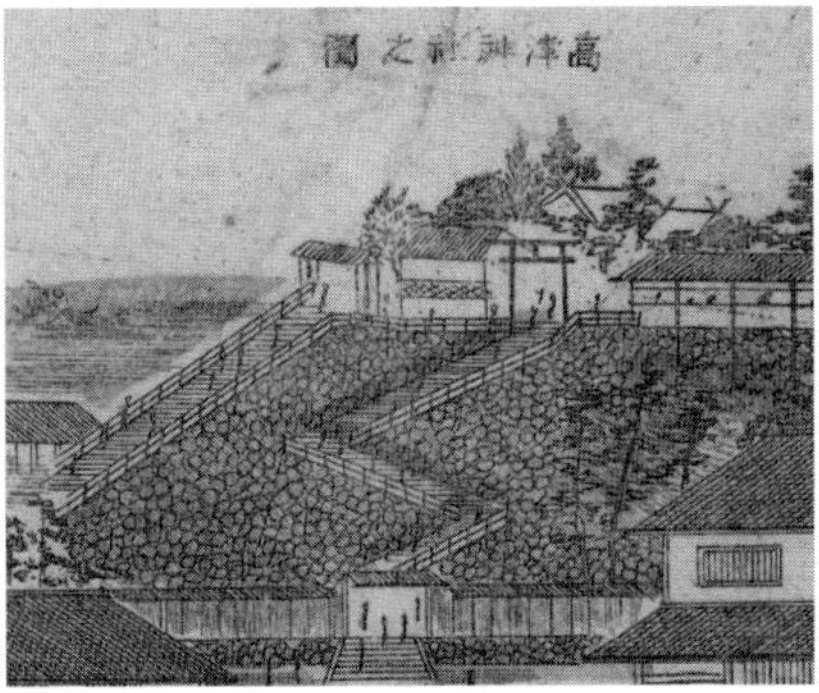

高津《こうづ》神社之図

明治の頃は、ここが仁徳天皇のひらいた都だった高津宮《たかつのみや》の場所と信じられていた。絵のとおり、坂の上からの眺めが素晴らしい。坂の下には名物のイモリの黒焼き屋がまだ健在だった。

三井銀行之図

江戸時代の三井呉服店は明治のはじめ、三井銀行になった。銀行といえば近代的なビルをイメージするが、この三井銀行は白壁の高塀が長々と続く明治調。銀行という新語にも維新の響きがあって、船場の新名所に。

高麗橋之図

江戸時代は大阪城の大手門を臨む橋として重んじられ、橋から続く高麗橋通りには三井呉服店など老舗が軒を並べた。橋は明治3年（1870）に鉄橋に架け替えられた。これが大阪最初の鉄橋で、しばらくの間、鉄橋といえば高麗橋をさしたという。

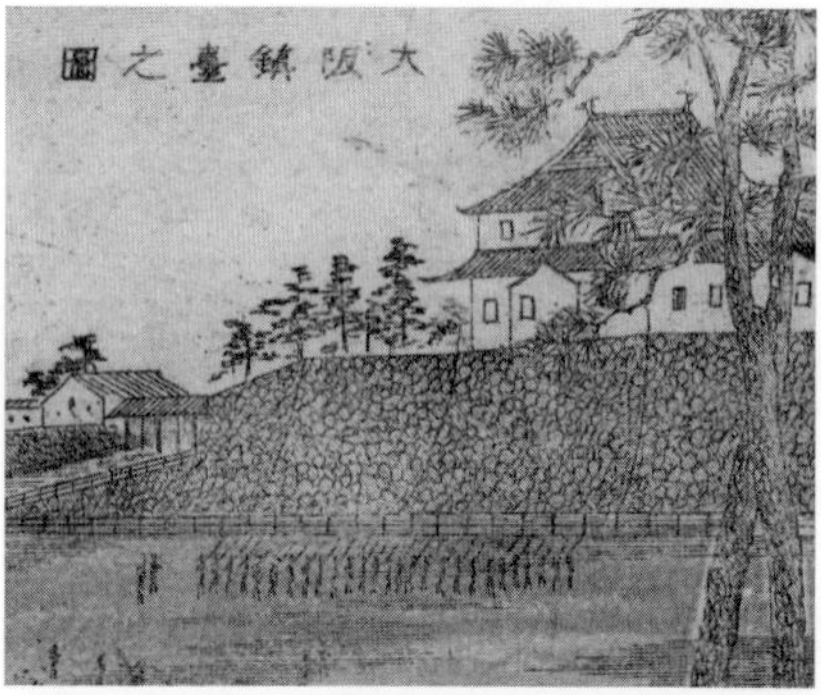

大阪鎮台之図

絵の城はもちろん大阪城。明治維新の政府軍が大阪へ入った時に、ここを鎮台と呼び、拠点にした。図の発行の頃には陸軍の施設になっています。第四師団司令部と呼ばれるようになるのは明治21年（1888）から。

造幣局之図

明治2年（1869）に設立され、同4年（1871）から貨幣の鋳造を開始。絵では煙がモクモク出て、近代のはじまりを告げています。図の発行の翌年、明治16年（1883）には桜の通り抜けも始まり、造幣局は新名所としてますます有名に。

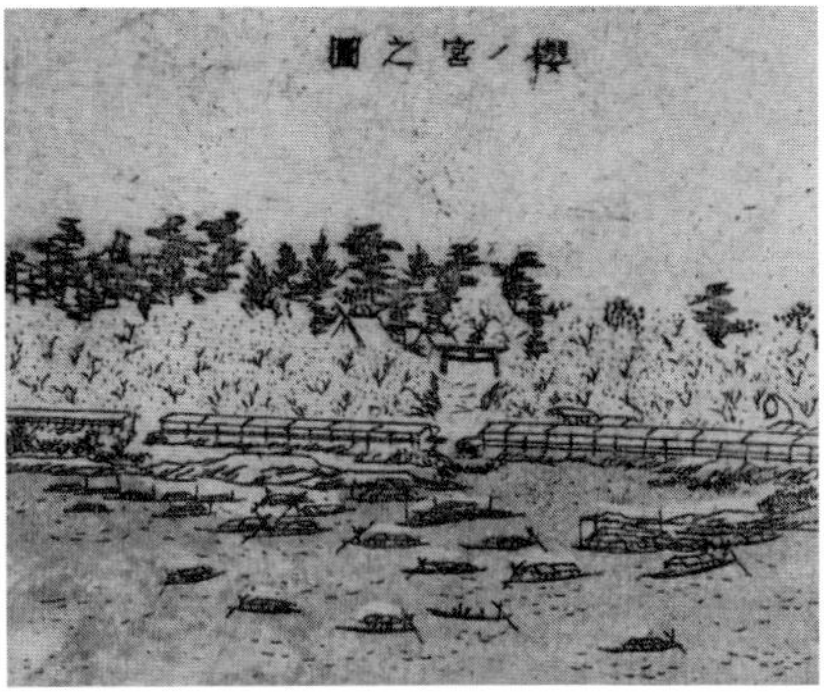

桜ノ宮之図

江戸時代から桜の名所だった桜ノ宮は、淀川に船を浮かべて眺める花見が春の風物詩だった。秋は観月の名所になり、堤の上には桜宮神社があって、風景を楽しむ人々が集る土地柄。明治時代はその風情がまだまだ残っていた。

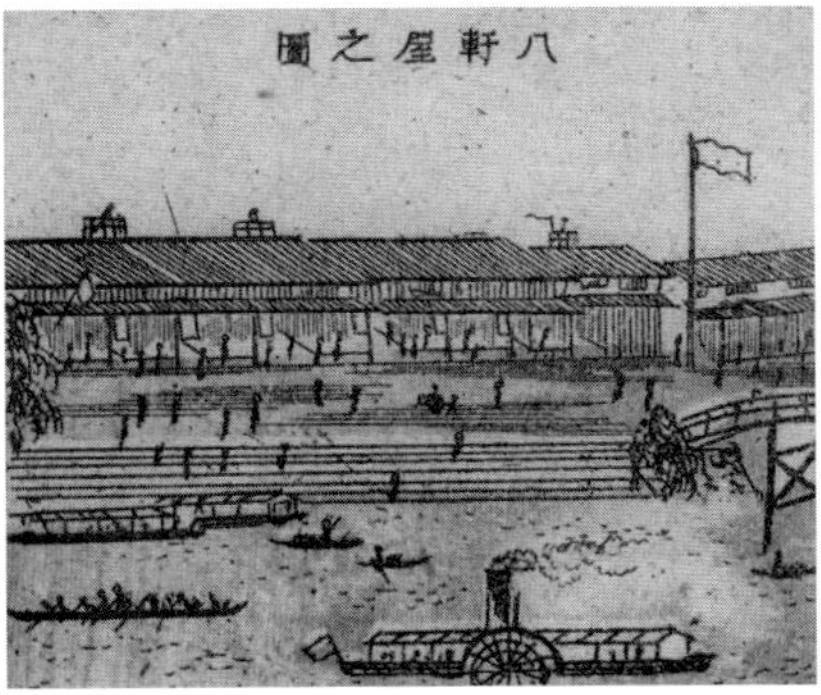

八軒屋之図

八軒家とも書きます。古くからの船着場で、紀州へ続く熊野街道の出発点。江戸時代は伏見と大阪を往来する三十石船の発着点でした。この図が発行された頃はまだまだ現役の船着場です。

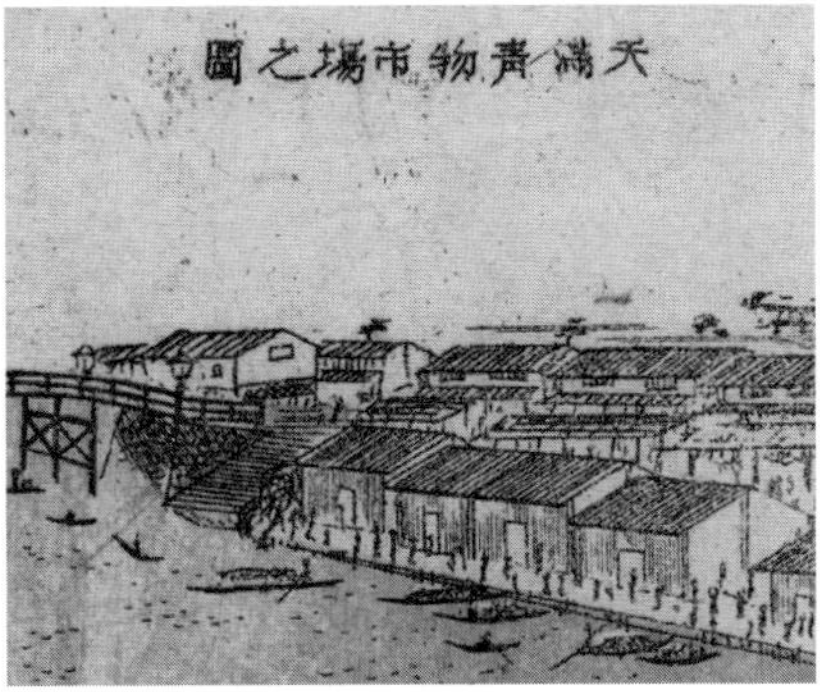

天満青物市場之図

江戸時代には堂島の米市場、雑喉場の魚市場と並ぶ三大市場のひとつだった天満の青物市場。諸国の野菜、果物が浜から荷揚げされ、売り捌かれ、活況は明治になっても変わらず。

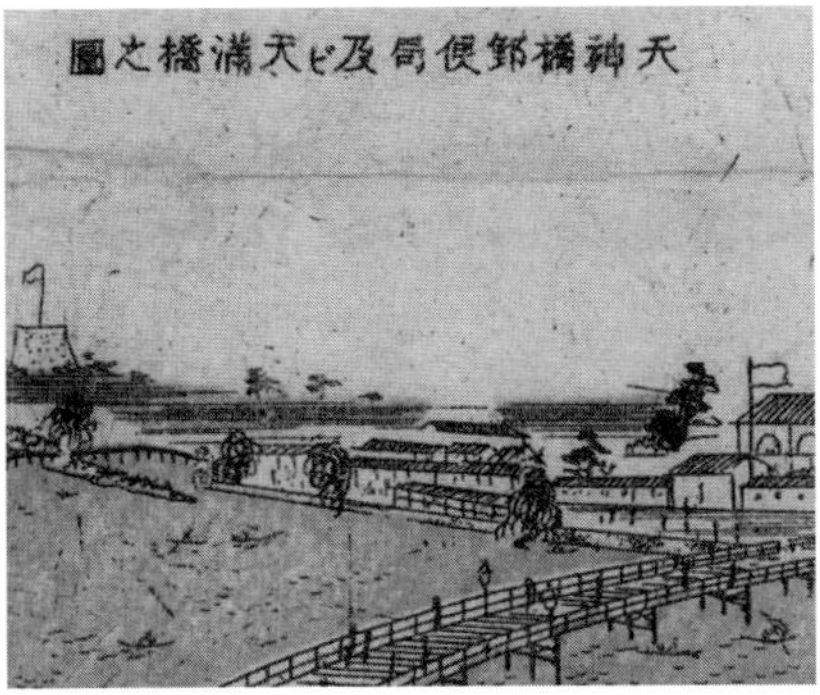

天神橋郵便局及ビ天満橋之図

天神橋・天満橋は後述の難波橋とともに大川に並んで架かり、浪花三大橋と呼ばれて浮世絵に好んで描かれた大名所。水の都、八百八橋の町のイメージは明治にも引き継がれていた。

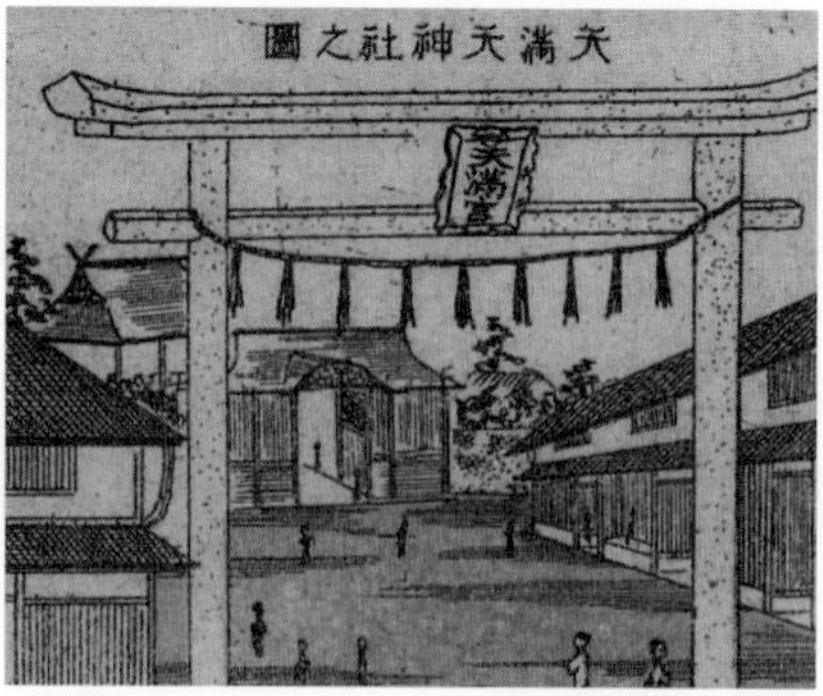

天満天神社之図

天神祭の盛大さは江戸時代以来のもので、明治維新の混乱を乗り越え、ますます規模を大きくしていった。絵の大鳥居は、参詣客で賑わう天満宮人気のシンボルだった。

難波橋及ビ豊国神社之図

難波橋を渡って中之島に入ると、豊臣秀吉を祀る豊国神社が見えた。慶応4年（１８６８）に明治天皇が大阪に行幸した時、皇室に貢献した豊臣秀吉の神社を建てるように言われたのが建立の由来。豊国神社は現在、大阪城内にあります。

堂島米市場之図

天下の米相場を動かした堂島の米市場は、明治9年（１８７６）に堂島米会所と名称を改めて再オープンしています。図には江戸時代の呼び名で載っています。時代が変わっても、耳なじみのある名前は消えなかったわけです。

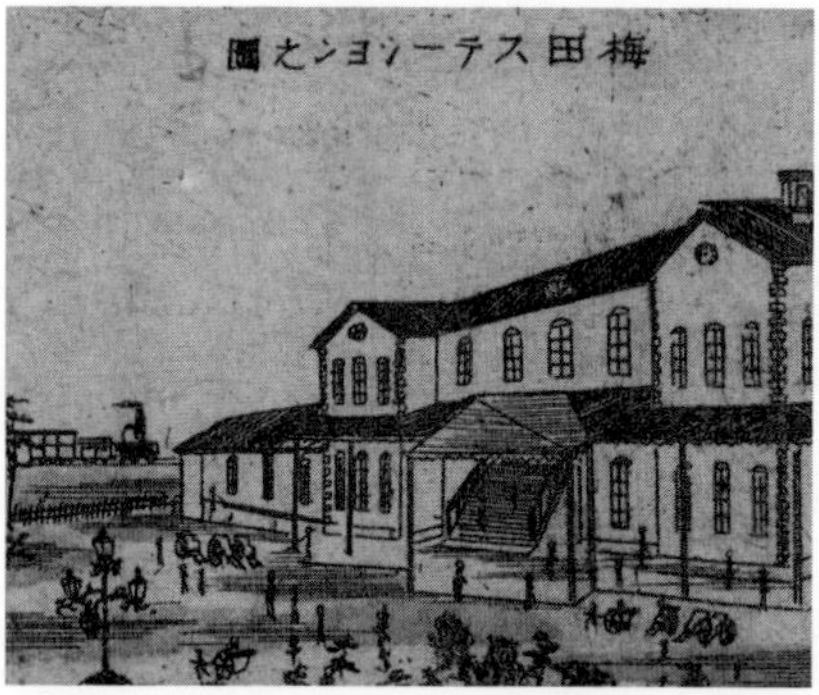

梅田ステーション之図

大阪最初の鉄道駅。当時はまわりに何もなく、煉瓦造りの立派な駅だけがあり、弁当持参で駅と汽車を見物に来る人が大勢いました。汽笛は、まさに文明開化の音色でした。

上等裁判所之図

明治とは、裁判所が名所に数えられる時代でもありました。新しい国のかたちを作るには、鉄道駅や造幣局などと並んで、裁判所が必要でした。これらの建物は当然立派なもので、新時代の空気に触れるためにも一見の価値があった。

雑魚場《ざこば》之図

江戸時代から栄えた大きな魚市場です。川辺の砂州にあり、多くの船が出入りして、諸国の魚介が集散。売り買いの声で荒々しいほどに活気のある市場の風景は、明治時代はもちろん、昭和のはじめまで続きました。

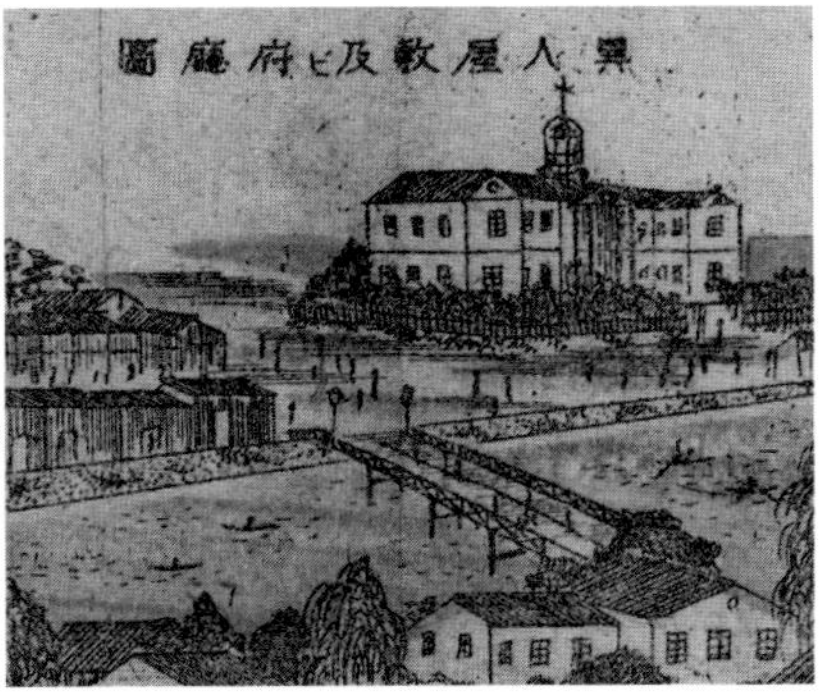

異人屋敷及ビ府庁之図

神戸の異人館は有名ですが、大阪では川口に外国人の居留地がありました。川を挟んで、向かいはこれも明治生まれの大阪府庁。居留地は貿易商などの外国人が住み、治外法権の区域でした。対岸では「あれが異人さんの屋敷」と、物見高い庶民の声が。

新町九軒之図

新町は江戸時代からの遊郭ですが、この頃も、こうして名所に数えられています。九軒町は新町遊郭の賑わいの中心だった場所で、夜桜が名物だったことでも知られています。

阿弥陀池之図

堀江にある和光寺は、元禄年間の本堂創建以来、阿弥陀信仰の善男善女で賑わっていた。阿弥陀池の通称は、境内にあった蓮池の名前が由来。明治の頃は、灌仏会や植木市などの行事に多くの人出がありました。

難波鉄眼寺之図

この寺の中興の祖となった鉄眼和尚の名をとって通称が鉄眼寺。正式名は瑞龍寺で、難波の旧名所の代表格でした。仏教経典の集大成とされる一切経が、ここで彫られたので有名。

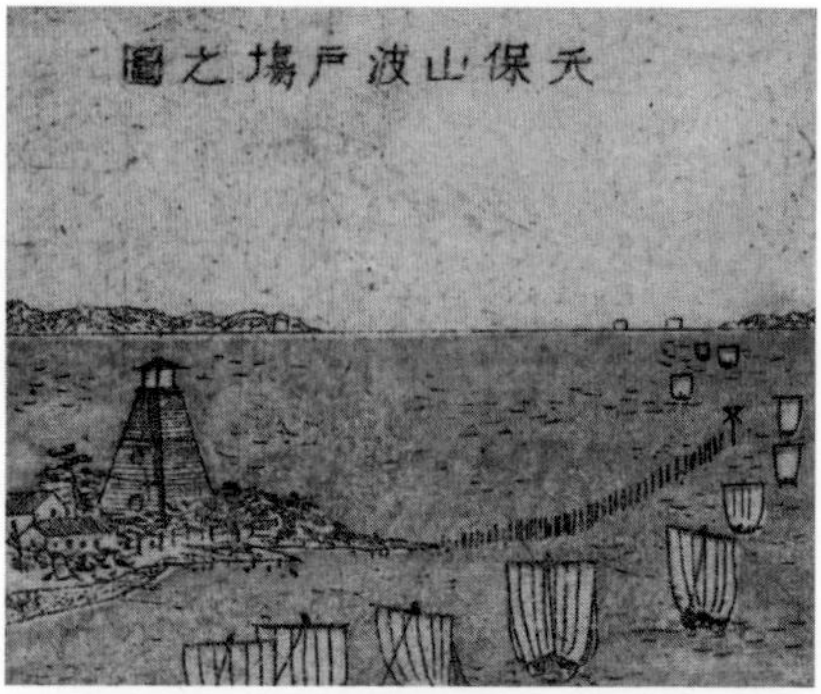

天保山波戸場之図

江戸時代の末にできた天保山は庶民の行楽地でしたが、幕末にはロシアの黒船が来航して大騒動に。以後は砲台が築かれ、市街防衛の最前線に。明治天皇の大阪行幸で日本初の観覧式の舞台となったのを記念した碑も建てられました。

近代大阪のモザイク的世界観。

以上、全35箇所の明治版・大阪新旧名所案内、いかがでしたか。神社仏閣、市場、花見や歌詠の名所旧跡に、鉄道駅や造幣局、異人屋敷、銀行、府庁など近代名所の数々が入り乱れつつ、昔ながらの名所案内スタイルでさらりと紹介してみせる。これが明治15年（1882）発行、江戸時代の空気が色濃く残る「帝国大阪細見図」のモザイク的世界観です。

「帝国大阪細見図」をもう一度ご覧ください。地図の中で煙を吐く造幣局は大阪城よりまだ大きい。実際にこんなに大きいはずはないのですが、心理的なイメージですね。貨幣鋳造の近代化は明治国家の一大事業。当時はきっと、これくらいの存在感があった。梅田ステーションも絵画的に描かれていて目立ちます。京都へ、神戸へ延びていく鉄道路線が、新時代の躍動を象徴しています。

色分けされた四つの区は大阪府という新しい行政区画の中核です。これは江戸時代の大坂三郷とほぼ重なっていますが、周辺にも市街化が進んでいるエリアが見えて、区域の膨張と将来の大阪市誕生を予感させます。

安治川口に「各々蒸気船此方ヨリ日々出入多シ」と記されています❾。当時の大船は蒸気機関で動いていました。安治川をさかのぼれば、川口の外国人居留地です。このあたりが当時の港で海の玄関。ここまで外国船が煙を吐いて入ってきたのです。

居留地の対岸に大阪府庁がありました。先ほどの名所案内には載っていませんでした

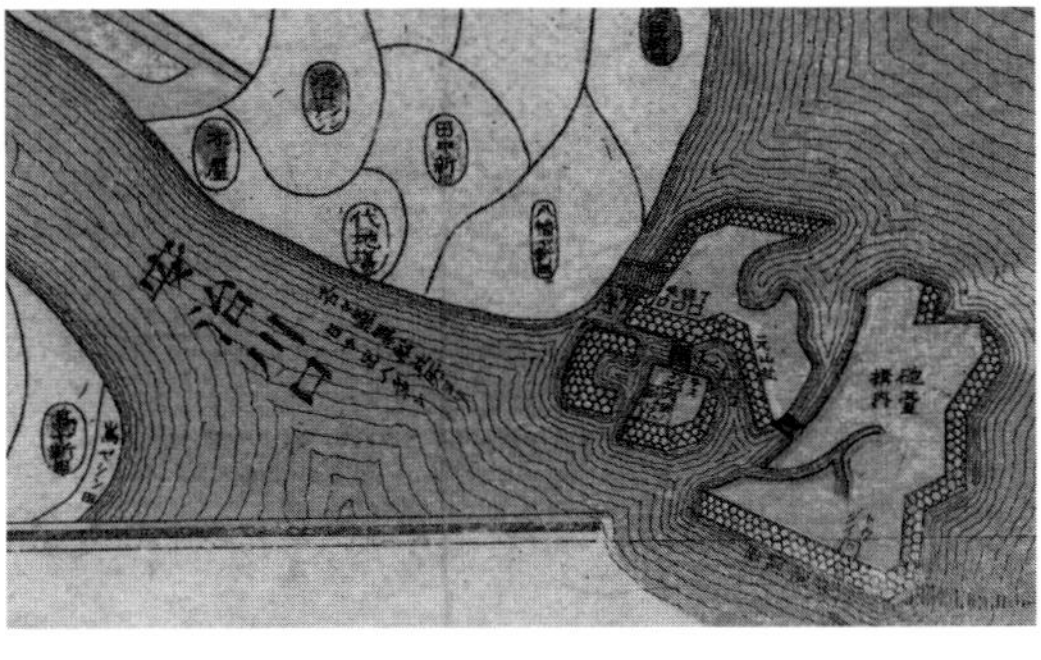

❾安治川口と記された横になにやら文言が…。古地図では作成者の気持ちが、こんなところにさりげなく表れることが多い。

が、居留地と大阪府庁の間をとりもつ位置にできたのが松島遊廓です。居留地がこの場所に決まったのとほぼ同時に松島遊郭の開設も決まった。もともとは居留地の外国人向けの遊廓だったのですが、明治10年（1877）の西南戦争あたりから日本人向けになった。目と鼻の先の川口の港が戦地に赴く諸国の兵士たちの出立地になったのが、きっかけです。

安治川口は明治史に一頁をとどめる舞台であった。その認識が「各々蒸気船此方ヨリ日々出入多シ」の文言にこめられている。この地図に、こんなかたちで文言が書き込まれた箇所はほかにありません。

こういう地図のあり方は作成者の主観に左右されるところが多く、客観性に欠ける、歴史資料として使いにくいといった声が出そうです。しかし、それこそが古地図が時代の生きた証言者であり、人間味が感じられる理由だとは、本書で何度も繰り返してきたとおりです。

正確さと感じやすさ。

伊能忠敬の地図が、従来にない正確さを備えていたにもかかわらず、使われなかったのはなぜか。もう一度ふり返りながら、まとめてみます。

かつては、正確さはそれほど必要ではなかった。作成者を離れて地図というものは存在せず、利用者はそうした地図の主観性を自然に受け入れ、あるいは共感しながら見ていた。行基図の時代はその端的な例ですし、江戸時代の町絵図は部分の拡大やデフォルメがあたりまえ、往古図に至っては歴史の目で見たイメージ地図といえます。

伊能忠敬の地図はその種の魅力にはどうも乏しい。代わりに精密な測量による正確さがあるわけですが、当時の人々には方位や距離に厳密な正確さを求めず、旅行や田畑の管理などの目的に応じて作られた地図の方が価値があった。作成者、使用者を離れた客観的な価値としての正確さという概念が、なかったわけです。

しかし、明治になって風向きが変わりました。文明開化で西洋的な価値観が一気に広まり、地図も見直された。

伊能忠敬の地図は一躍脚光を浴びました。全国で実地測量を行った唯一の地図、客観的な正確さを追求した本格派、西洋に劣らない立派な地図だと価値が認められた。

明治政府の富国強兵政策が成果をあげて、日本が西欧列強の仲間入りを果たした頃、伊能忠敬の名が尋常小学校の修身の教科書にあらわれました。発行は大正11年（１９２２）。「勤勉」という項目で、伊能忠敬の生い立ちと業績を紹介し、次の文章でしめくくっています。

五十六歳の時、幕府の許を受けて北海道の東南海岸を実地に測量し、地図を作ってさし出しました。その後、幕府の命で諸方の海陸を測量することになり、寒暑をいとわず遠方まで出かけて、とうとう七十二歳で日本全国の測量をすませました。それからもからだの自由がきかないようになるまでは、大中小三種の日本地図を作ることにつとめました。我が国の正しい位置や形状が始めて明らかになったのは全く忠敬の手柄です。

格言　精神一到何事カ成ラザラン。

（文部省『尋常小学修身書　巻六』）

とはいえ、明治時代になんでもかんでも一度に西洋化したわけではなく、一般に流布した市街図の多くに江戸時代的な感性は生き続けました。年号が明治に変わったからといって、急に人々の気持ちがころっと変わるわけではありません。作り手の意識も、見る人の意識も、地図の中に昔と同じ風が吹くのを見ている。

「帝国大阪細見図」はそういう人々の期待に応えて登場した。先述の東京や京都の図もそうです。「京都名所案内記図」（Ｐ１２４）なんて明治44年（１９１１）の発行です。明治もほとんど終わりかけ、翌年は大正元年という頃でも、まだこんな図が出て喜ばれていました。明治時代というのは怒涛のように近代化つまり西洋化が進んだ時代でしたが、地図を見ている限りでは、まだまだ人々は江戸時代の暮らしを地図の上で遊びながら名所を愛でたりしていたのではないかと思います。

現代人は正確で緻密で便利な図に慣れ親しんでいます。地図とは正確なのがあたりまえ、誰が見てもぶれない客観性を持つものだと思っていますが、かつてはそうでなかった。今とは違う感覚で地図を見ていた時代があった。それは今とは別の価値観を背景にしているわけですが、だからといって現代と無縁ではなく、むしろいろいろなことを教えてくれる。歴史、地理の情報だけではなく、ものの見方そのもの、感じ方そのものを示してくれる。

現代人にとって古地図とはそういうメディアではないかと思うわけです。発行された時点で、そのようなものが備わっていたのではないけれど、年代を経て古びていくうちに、地図にその性格が芽生えた。そして人に発見されるのを待っている。パラダイスが呼んでいる。

第五章 ああ面白い、古地図と電車と文学と。

あたりまえのことが、不思議に思えてくる。

古くなると地図は変わる。

早いもので本書もいよいよ最終章です。この章では大正5年（1916）の「電車明細・大阪案内図」（P158）をメインに、地図文学あるいは電車文学なるものを想像してみます。文学と地図は実は相性がいい。なぜなら、地図はもともと本と似ている。本を読むように、地図も読むことができる。文字が使われているか、図や記号が使われているかの違いはありますが、読み解いていく楽しみは共通したものがある。

本題の前に、これまで紹介してきた地図にも再登場してもらいましょう。なんといっても最終章。RPG（ロール・プレイング・ゲーム）のエンディングには、これまで訪ねた国や街や森や海や、冒険の旅の跡が次々と映像であらわれる感動のシーンがありますが、この最終章もパラダイス・ツアーのエンディングにふさわしく盛り上げたいものです。

そもそも古地図は何のために見るのか。人によって興味の対象はさまざまだと思いますが、ここでは古地図の時空間というものを考えたい。どういうことかというと、古い地図もできた時には当然、新しい地図だった。それが年月を経て古地図と呼ばれるようになる。新しさは失われる。しかし、古くなるとは、何かそこに違う要素が加わることではないのか。新しい地図が空間的な存在であるのなら、古地図はそこから一歩進んで時空間的な存在になるのだとはいえないか。

要するに古くなるとは、いったいどういうことなのか。時空間的な存在とはどういうことなのか。これまでにとりあげた地図をもう一度見なおしながら考えてみたい。

大阪と難波《なにわ》の時空。

まずは「冷泉・円融・花山　右三帝之御宇　難波古絵図」❶（P18）。第一章でとりあげました。題名にあるとおり、平安期の3人の天皇の時代、10世紀後半の頃の大阪を描いた図です。作成年代は江戸時代ですが、その頃になぜこんな地図が作られたか。理由はすでに第一章でお話ししましたので省きます。つまり、ここでは一つの図の中に、江戸時代と平安時代という二つの時間が流れている。

そもそも平安時代の大阪がどうだったかというのは、実はよくわからないことが多い。実際にこんな地形だったかどうかは不詳ですが、こうだったのではなかろうかという想像の図を作ったわけです。

しかし、私たちはこの地図を当たり前のように昔の大阪だと見ている。なぜなら、題名

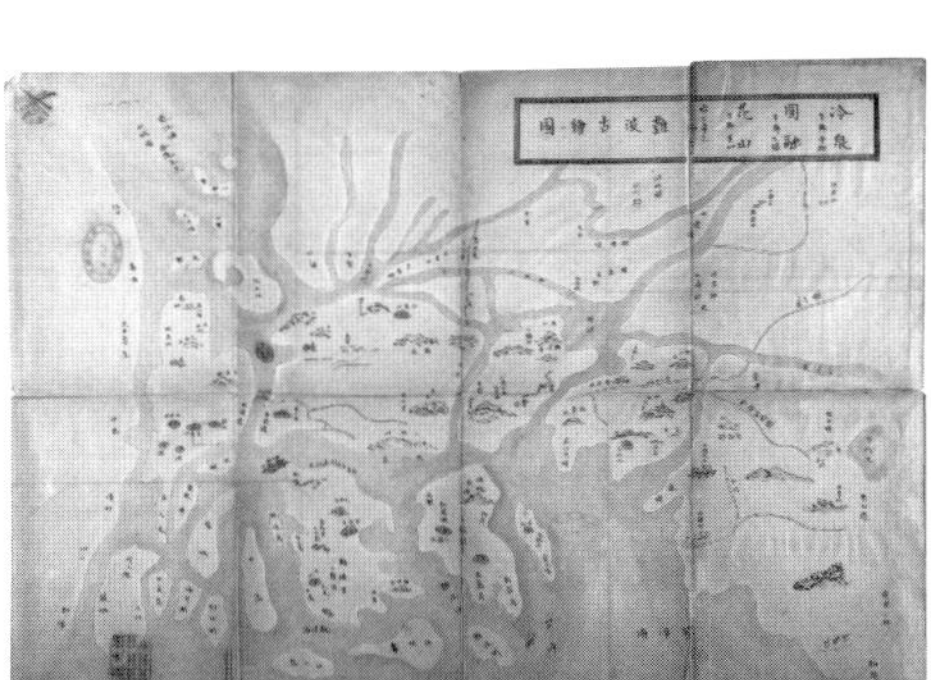

❶「冷泉・円融・花山
右三帝之御宇　難波古絵図」

が「難波古絵図」だから。

果たしてそれはあたりまえなのか。どうして「難波」という地名であらわされるエリアがこのエリアなのか、と疑問を持って見ると、あたりまえに見えることが不思議に思えてきます。

なぜ、このエリアが難波なのか。これは案外、答えるのが難しいです。

この地図は東が上になっています。上町台地も川で寸断され、全体がたくさんの島の集まりのように描かれています。前にもお話したとおり、浪花往古図の系統の図は、大阪の地を多島海として描くのが常になっています。この地は淀川の河口に広がる砂州と、それを分断する支流の網の目でできている。放射状の流れがどこに集まるかというと、上町台地の先端です。そこに渡辺橋が記されています。京を出て伏見から川筋を下ってきた都の人々は、渡辺の地を起点に熊野街道を行き、紀州熊野の本宮をめざした。

渡辺橋からほど近い南側に「小坂村」の文字が見えます。大阪の地名のもとになった小坂の地。蓮如の大坂本願寺も、秀吉の大阪城もこのあたりに建った。蓮如は山科にあった本願寺が焼かれて、新たな拠点を大阪に定め、北陸から瀬戸内に広がる勢力圏をつくった。秀吉は大阪城とともに伏見城を築き、堺までゆるやかに連なる都市網をつくった。

つまり、大阪という呼び名には京の響きが隠れている。

一方、難波の名前は古代の港の難波津と深い関係にあります。大陸との交流の海の玄関ですね。

難波津の「津」は港の意味で、波の早さから難波あるいは浪速の字があてられた。その波を美化して呼んだのが浪花。いずれもナニワと読むのですが、もともと日本の言葉は文字を持たず、音だけで成り立っていた。ナニワがナル（光）のニワ（庭）という朝鮮語を起源とする合成語とする説もあります。これは、難波の枕詞の「押《お》し照《て》る」が大阪湾を照らす夕陽の壮大さをあらわすのと対応している。

難波（浪速・浪花）の呼び名には海民の目線がある。

大阪と難波の違いはなにか。由来の異なる別々の呼び名といってすませないものが、どうもある。大阪と難波は、それぞれ異なる歴史の層を、同じひとつの空間で共有している。必ずしも一本の糸で連続しているわけではない。入り組んでいる。

「難波古絵図」という題名の背景にある重層的な時間を感じられたら、図を見る面白さはぐっと増します。

さらにもう一つ、この図が江戸時代に作られたということを考えると、ますます時間の旅の彩りは深まってくる。本書には江戸時代の大阪の地図がいくつも出てきますが、それと照らし合わせると、「難波古絵図」のエリアは江戸時代の地図が示す大阪のエリアとほぼ重なっている。つまり、これを作ったのは江戸時代の人だから、平安時代の大阪の再現を目的にした「難波古絵図」でも、江戸時代の大阪をもとに難波の範囲を決めたと考えるのが自然といえるかもしれません。

要するに、なぜ「難波古絵図」がこのエリアを描いているのかという問いの答えは、ひとことで言えるような単純なものではない。錯綜した時空間がここには凝縮されている。それを一つ一つ解きほぐしつつ見ていくのが面白い。答がすぐ出てこないからこそ、楽しみも深くて大きい。

そして、古地図の魅力とは、まさに時間と空間の一筋縄でいかない複雑怪奇さにある。こう言えるかと思います。

同じ図が違って見える。

第二章で主にとりあげたのは、「辰歳増補大坂図」❷（P60）でした。この図が元禄元年（1688）の発行で、作成者が奉行所と推定されることは、すでにお話しました。寺院が密集した寺町が非常に詳しく描き込まれていることにも触れました。

あらためて見直すと、この図にも二つの時間が流れているようです。奉行所には寺社奉行といって、寺院や神社を統括する役目がありました。幕府が全国の寺院を統括して管理するために、本末制度といって本山から末寺までのピラミッド組織をつくったのは寛永9年（1632）です。戦国大名たちはしばしば宗教勢力の強い抵抗で苦い目にあった。その記憶が江戸幕府にもあり、このような仕組みができ、寺社奉行が寺院に目を光らせるようになった。

「辰歳増補大坂図」が作られた元禄元年と本末制度ができた寛永9年とは、56年の時間差があります。

江戸幕府がひらかれたのは慶長8年（1603）で、江戸、大阪、京都には奉行所が置かれ、寺社奉行も当初からありました。幕府のはじまりから数えると元禄元年とは85年の時

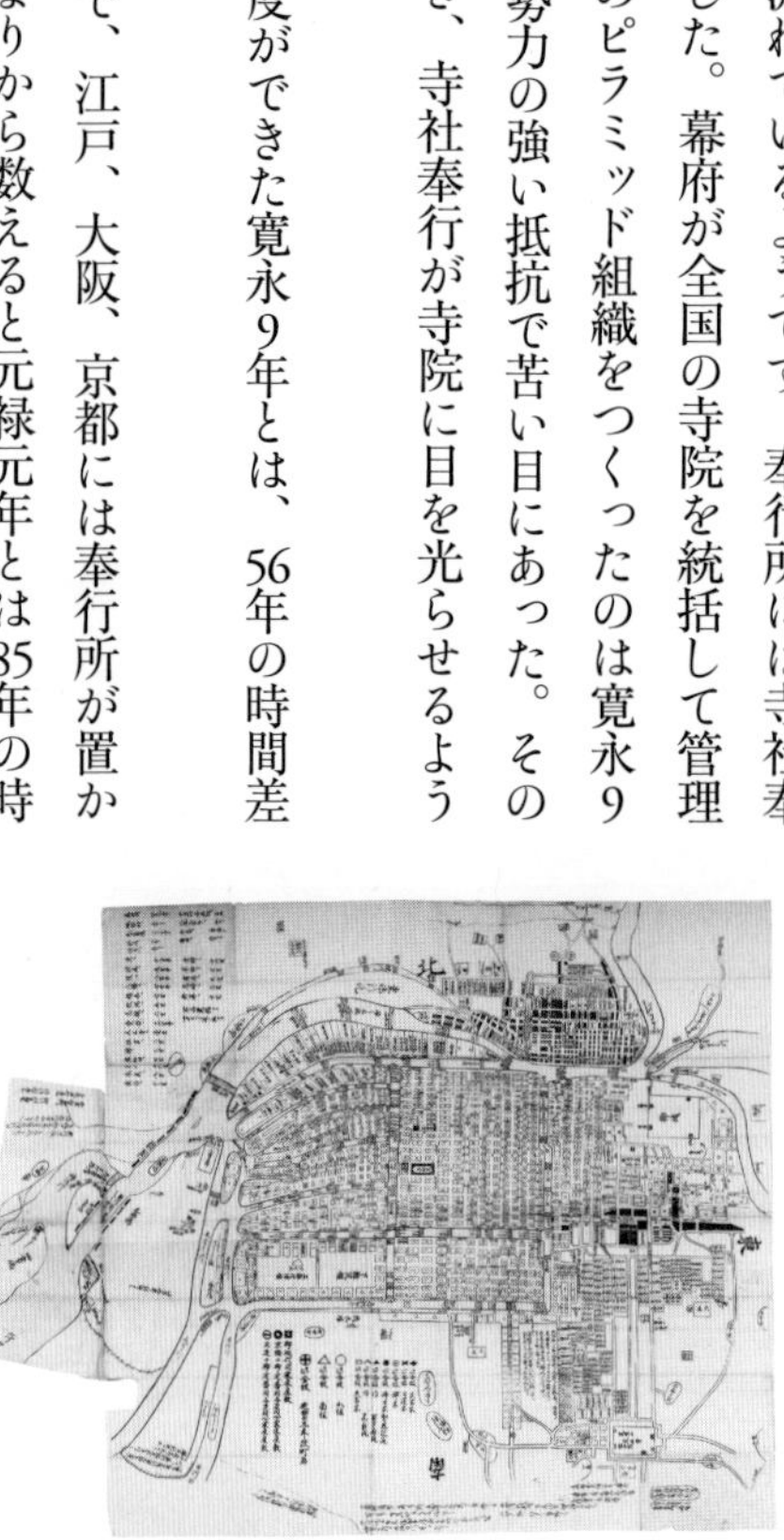

❷「辰歳増補大坂図」

間差です。

たまたまでしょうか。それとも、この時間差に何か意味があるのか。

第二章でお話したとおり、地図が出版という仕組みに乗って、世の中に流通するようになったのは、元禄の頃からです。木版印刷の技術が発達し、出版物の流通に応えて購入する経済力を町人が持つようになった。書物や地図が、武家や寺社という限られた層だけのものではなくなった。そういう下地ができあがったうえで、大阪では寺院を管理していく一つのツールとして、この地図が作られた。幕府ができ、制度が整い、町が成長し、経済が発展し、地図というメディアが生まれ、さまざまな歴史の経緯がからみあって、その結節点に「辰歳増補大坂図」という図が生まれた。

そこに至るまでに56年あるいは85年の歳月が必要だった。人の一生分の長い時間がかかった。この時間を味わうことに意味があると思いたい。

題名に「増補」とありますので、この図の前に初版があったと思われます。元禄の終わり頃に、民間の版元の発行と思われる新版が出たという話題も第二章にありましたが、古地図に封印されている時間の流れは、こんなふうに少しずつほぐされていくもので、これまたひとことでこうだとはなかなか言えない。それでも、ゆっくり、じっくり見ていくと、一つの図ができあがっていく道筋はどうだったのか、どんな人たちが関わったのかとか、そういうことまで想像できる。

古地図を見る楽しみとは、想像する楽しみでもある。一度見た古地図でも、時間をおいて再び見ると、また違った風景が見えてくる。古地図は文学や芸術とは別ものですが、見る目によって見え方が違う、それだけの奥行きと深さがあるのは確かです。そこが、とても面白い。

地図は街のミニチュアか。

第三章では「増修大坂指掌図」❸（P98）をとりあげました。江戸時代の後期、寛政5年（1793）の発行です。「分間例」といって、今でいう縮尺が記してあり、1万4400分の1で作られています。

この頃には蘭学がかなり入ってきていて、西洋的な見方が地図にも影響したのでしょう。縮尺というようなものを気にするようになった。江戸時代でも中頃までは、縮尺を明記しないのがあたりまえ。距離を知りたければ、里程表を見ると、どこまでが何里あるか書いてある。それで問題はなかった。

今でも、私たちはたいてい縮尺を意識せずに地図を使っています。目的にさえかなえば、縮尺は何分の1でもかまわない。縮尺を使うのは、地図上の長さが実際どれだけの距離になるのか知りたい時だけ。ただし、現代の地図は縮尺が非常に正確であるのが大前提。地図は現実の世界のミニチュアである。

しかし、古地図に描かれた町は、現実の町のミニチュアなのかというと、そういう一面を持ちながらも別の一面をあわせ持っている。何かといえば、作成者の心象の街です。先ほどの里程表でいえば、そこに載っている地名はもちろん作成者の目で取捨選択が行われ

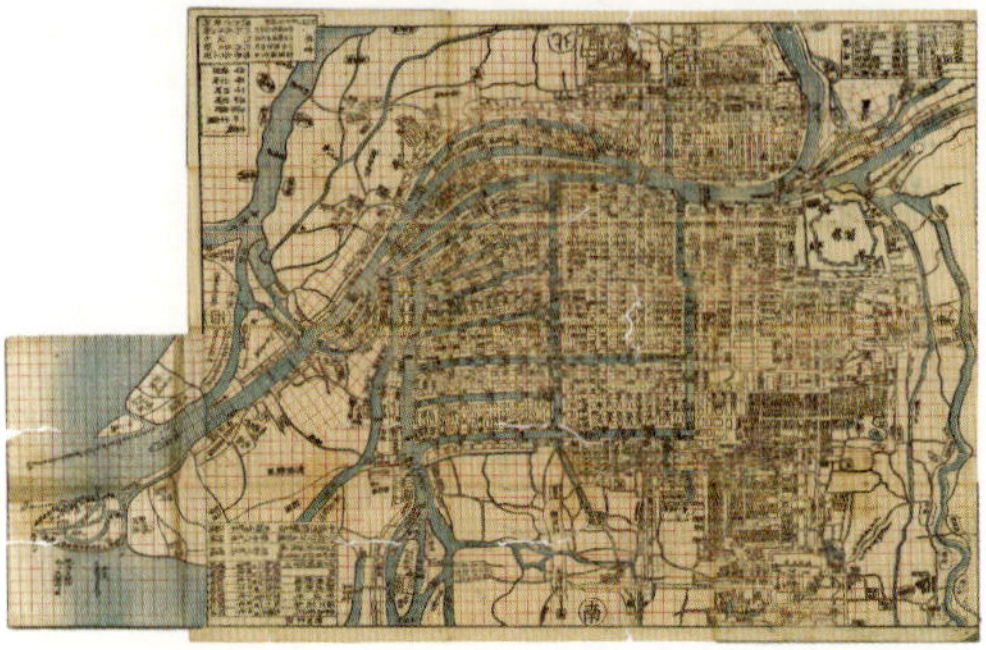

❸「増修大坂指掌図」

ている。

「増修大坂指掌図」では里程表じたいが載っておらず、代わりに「分間例」「竪横町間」「新地年記」が載っている。

「竪横町間」❹は、東西の通り、南北の筋の長さを記したもの。たとえば「天神橋筋　南北五十九町四十三間」とあり、これが最も長い。つまり、天神橋筋は約６・５キロにわたって街の南北を貫いていた。

「新地年記」❺は、元禄から天明年間までに開発された主な新地の一覧。最初が堂島・安治川で、最後に今橋西詰の蟹島が載っている。

この図の作成者は、街の成長を愛でるかのようにこれらの表を図に盛り込んだ。1町（約１０９メートル）ごとに街を区切るマス目で地図を覆ったのは西洋的な合理主義の影響と第三章で話しました。一方で川筋に沿ってマス目を曲げたのは街に住む人の身体感覚のあらわれだとも言いました。ここではさらに、マス目には、新地や新田の開発で拡張と市中の充実を進める街の隅々に光を当てる意図があったかもしれないと、つけ加えておきます。

裏面の「淀河筋図」に大阪の名物・物産の一覧が載っているのも、こういう文脈で考えれば、理解がしやすい。古地図はやはり街の単なるミニチュアではなく、作成者の心象をとおした風景の時空間といえそうです。

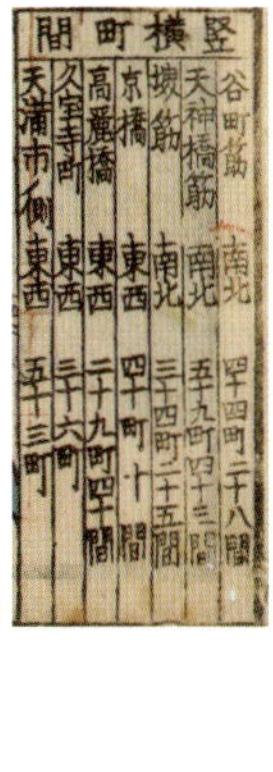

❹

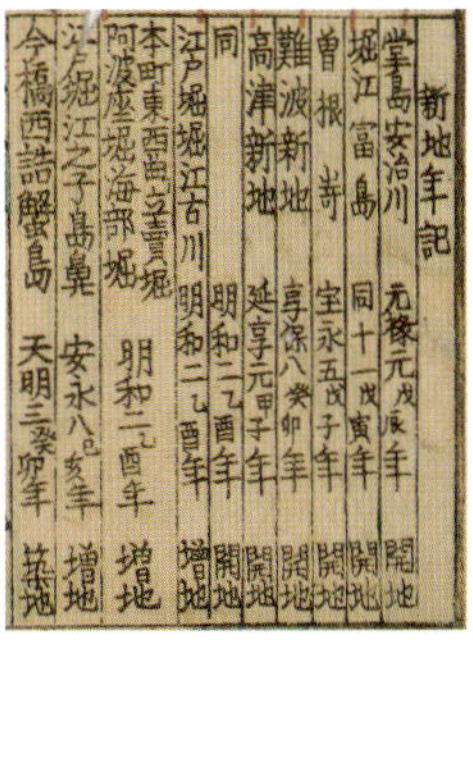

❺

時空をビジュアルにモザイク。

第四章でとりあげた「帝国大阪細見図」❻（P126）。明治15年（1882）発行です。これまでの江戸時代あるいはそれ以前の地図と比べて、気づかれたことはないでしょうか。

たぶん、ぱっと見た時の印象が違うのでは。

古地図になじみのない方も、おそらく見比べれば、なんとなくの違いがあるのは感じとっていただけると思います。

いったい何が違うのか。まず目に飛び込むのは色づかいの鮮やかさです。赤・紫・緑・桃・黄・水色など、色数が多いうえに、メリハリが効いて、全体が明るい。タイトルを塗りつぶすかのような赤の使い方も大胆。凝った飾り罫が「帝国」っぽいのも目を引く。江戸時代の地図とは明らかに異なる感覚がはたらいている。時代の躍動というのか、同じ街の地図なのにまとっている衣装が新しい。

とはいえ、この図の随所に江戸時代的な要素が見えるのは、すでに指摘したとおりです。だから、明治の空気を発散しながらも、懐かしさが漂う。新旧の時代を織り混ぜたモザイク的な時空間がここにはある。明治初期という過渡期の渦をビジュアルがそのまま表現している。そこが大変面白い。

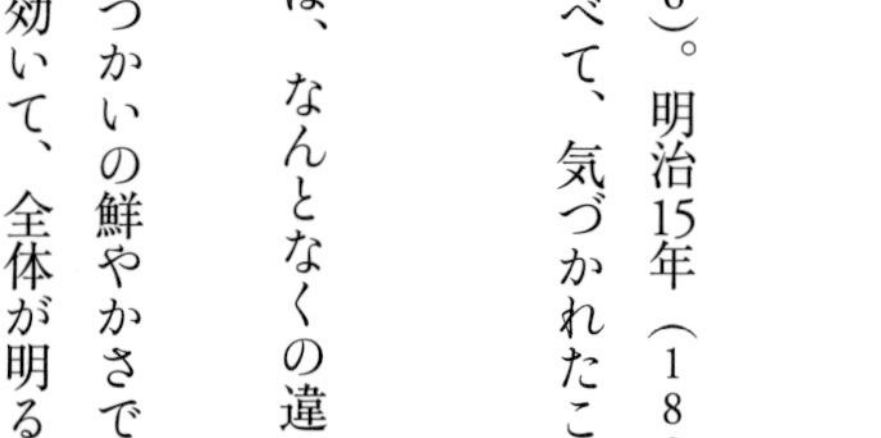
❻「帝国大阪細見図」

未来の古地図が立てる波風。

次は第二章でとりあげた平成の大阪市街図❼（Ｐ59）です。今は平成ですから、この図は現代の地図として新しいことになっていますけれど、これだって50年、１００年と経てば古地図になります。そして１００年後の人がこの地図を見た場合に、大変悩むであろうと思われるのは、この「キタ」という文字であろう、という話をすでにしました。

今私たちは何の疑問もなく、キタはキタの繁華街であると思っている。少なくとも大阪の街を知っている方は、そう思う。しかし、この何の疑問もなくキタとは梅田あたりの繁華街のことだと思っているのは、かなり妙なことです。だからといって、妙だと思わなければおかしいというわけでもない。疑問は忘れた方が生活しやすいですし、キタという呼び名の歴史的経緯など知らなくてもなんの支障もなく、平和である。謎はどこにもない（見えない）。

ところが、この市街図が50年、１００年経つと、見る人の胸に波風を立てる。未来から見るとこれは立派な古地図で、そこに記されたキタという文字にも時間が降り積もって、年季の入った空間に生まれ変わっている。それは謎を生み、疑問を引き出す。平成の市街図を平成の私たちが見ているのとは異なる体験が想像される。きっと誰かが、この図を素材に「古地図の謎を読み解く」という講座をやっている。そう思うわけです。

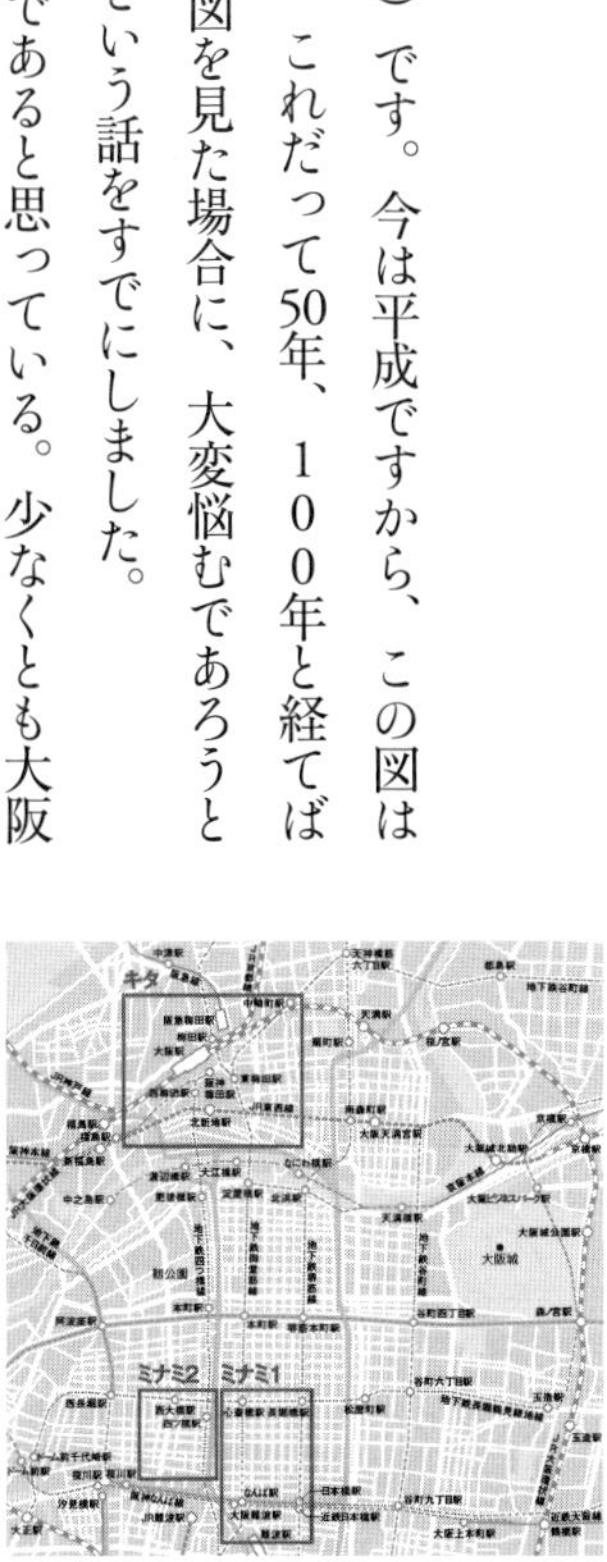

❼「大阪市街図」

電車文学、地図の上の「どこでもドア」。

織田作之助の市電。

以上、ここまでの道をふりかえりながら、最後の地図にとりかかる準備をしてきました。というわけで、とりだしたのは大正5年（1916）の**「電車明細・大阪案内図」**❽です。題名のとおり、電車の路線図が詳しく描き込まれている。

❽「電車明細・大阪案内図」(大正5年発行／大阪市立中央図書館蔵)

この図を文学的に調理しながら味わってみよう、というのがここから先の話です。最初のレシピは、織田作之助の「六白金星」。織田作之助は大正2年（1913）の生まれで、昭和22年（1947）に亡くなりました。彗星のように現れて、33歳の若さで亡くなったわけです。

「六白金星」の発表は戦後まもない昭和21年（1946）。オダサクが高津中学に通っていた頃の思い出をもとに書いた短篇小説です。中学といっても旧制ですから入学時は14歳。10代半ばの一番感受性の鋭い頃です。逸話には事欠きませんが、たとえば高塚くんという級友が家出をした。「六白金星」の主人公のモデルは、その高塚くんといわれています。

市電で心斎橋まで行き、アオキ洋服店でジャンパーを買い、着ていた制服と制帽を脱いで預けた。堕落するにも、中学生の制服では面白くないと思ったのだ。

（織田作之助「六白金星」）

引用したのは主人公が、家出しようとして電車に乗って大阪に出てくる場面です。住んでいたのは香櫨園。今でも阪神電車の西宮の隣に香櫨園の駅がありますが、そこに主人公は住んでいた。この図の時代、すでに阪神電車は開通していますから、香櫨園から梅田まで、まず阪神電車で出てきて、梅田からは市電で心斎橋へ行った。

「電車明細・大阪案内図」を見ると、心斎橋の停留所があります。当時はまだ地下鉄はありません。市内交通の主役は市電です。人力車もまだまだたくさん走っています。

梅田を出た市電は、心斎橋に行くまでに一度、四ツ橋で直角に曲がります。路線が数本、平行して走っています。太い線が1本、心斎橋まで通じています❾。この路線に乗れば、乗り換えなしで心斎橋まで行けました。

それにしても、なぜ主人公は家出するのに大阪へ出てきて、心斎橋へ行くのか。阪神間の居住者から見て、大阪は巨大都市でいわば異界、中でも繁華な心斎橋はいったん人波に飲み込まれたら浮き上がってはこれないような、家出志望の少年にはとても魅惑的な場所だったのは想像に難くない。ともかく主人公は、梅田の停留所から心斎橋まで市電に乗ってたどり着いた。そして、繁華街のアオキ洋服店という店に寄って、ジャンパーを買った。面白いことには、店に制帽と制服をそこに預けて街を歩いたという。中学生がそういうことをしても、店の人は咎めなかった。

しかし、やはり話はそれではすまなくて、店からあとをつけてきた年上の学生に、生意気な真似をするなと脅されて10円をせびりとられてしまう。情けないやら口惜しいやらで、主人公は千日前まで来ると、えい、ビールでも飲んでやれというのでビアホールに入った。威勢よくビールを注文して、隣を見ると、学校の先生が先客で座っていた。こんな所で何してると早速連れ出されて大目玉をくい、家出計画はあえなく失敗に終わった。なんともほろ苦い青春の1ページです。オダサクもその頃、千日前などミナミに足をのばして大人の世界を覗きに行った経験があったのでしょう。

オダサクが高津中学に通っていたのは昭和の初めですが、この話の雰囲気は大正時代の大阪にも通じるものがあります。特に、主人公が家出をするのに郊外電車を使って梅田に

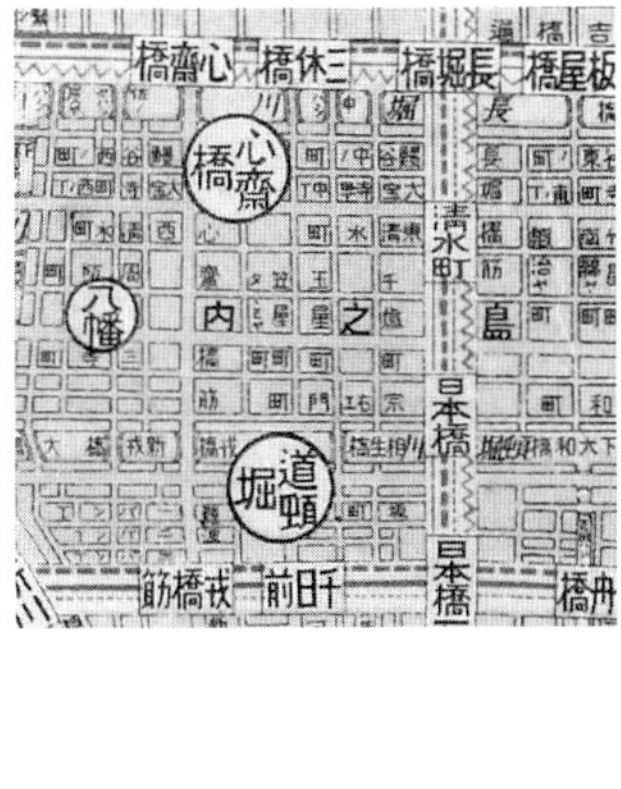

❾御堂筋も地下鉄もない頃の心斎橋は、道頓堀、戎橋への南北の筋と東西を走る市電路線の交差点だった。歩けば、軌道を震わす市電の車輪の音が聞こえた。

降り立ち、さらに市電に乗って心斎橋へ赴くくだりは、むしろ、この地図の時代にこそぴったりだといえます。

いったい、何がぴったりなのか。

市電は「どこでもドア」。

主人公の少年が電車に乗るのは、巨大都市の入口をくぐり、さらに奥へ奥へと迷い込んでいく行為そのものです。つまり、この時代の市電は、今の私たちが見ている電車とは異なる乗り物だということが、この小説から読みとれる。特に市電が面白い。

市電は路面電車です。自動車が往来し、人が横断するのと同じ道に、軌道と呼ばれる市電専用の鉄路を敷き、その上を走る。市電が止まる停留所は、道路より少しだけ高く盛り上げてつくった安全地帯で、そこに立っていると、前に市電が止まり、ドアが開いて、客は乗り込む。ここで行われる一連の動作は、今私たちが利用している電車とは、まったく感覚の違うものです。

私は昭和の戦後生まれですが、子供の頃、よく市電に乗りました。そのイメージは、こうです。道路の延長線上に、ちょっとだけ高いステップがあり、そこまで歩いて、市電の扉が開けば、そのままひょいと飛び乗って、あとは市電がどこへでも連れて行ってくれる。次に扉が開くと、別の世界に飛び降りる。子供の目に映る市電は、ドラえもんのどこでもドアです。道路の続きの扉を抜けると別世界なのだから。

市電第一期線の営業区間は花園橋西詰から築港桟橋までの約5km。この絵葉書の写真は、九条花園橋停留所で撮られたもの。(大阪市立中央図書館蔵)

他の電車のように駅舎に入って、階段を上がり降りして切符を買って改札抜けて、また階段を上がり降りしてホームに行って、やっと電車が来るというのとは別種の体験です。市電は街の至るところに開いたどこでもドアでした。

その目で「電車明細・大阪案内図」を見れば、大正時代の大阪を覆いつくした市電の網の目の路線と停留所の印の充実ぶりに、あらためて目を見張ります。交通機関が発達した現代に暮らしていると、徒歩か人力車しかなかった街に市電網が生まれた時代の気分が想像しにくい。そもそも市電が大阪で誕生したのは明治36年（1903）です。この「電車明細・大阪案内図」が発行された大正5年（1916）まで、わずか13年しか経っていません。最初に開通したのは、大阪港から花園までの短い区間でした。その後、あっという間に街中どこにでも停留所があり、市電に飛び乗れるようになった。郊外電車と組み合わせたら、中学生だって、ここを出て、どこかへ飛んでいける。これはやはり近代以前にはなかった空間の感覚です。

「六白金星」の主人公は、級友がモデルといわれていますが、かなりの部分、織田作之助自身の青春時代の鬱屈が混じっているとも思われます。その思いを晴らすのに、「市電で心斎橋まで行き」という表現が使われる。まさに電車の時代を感じさせてくれる作品です。

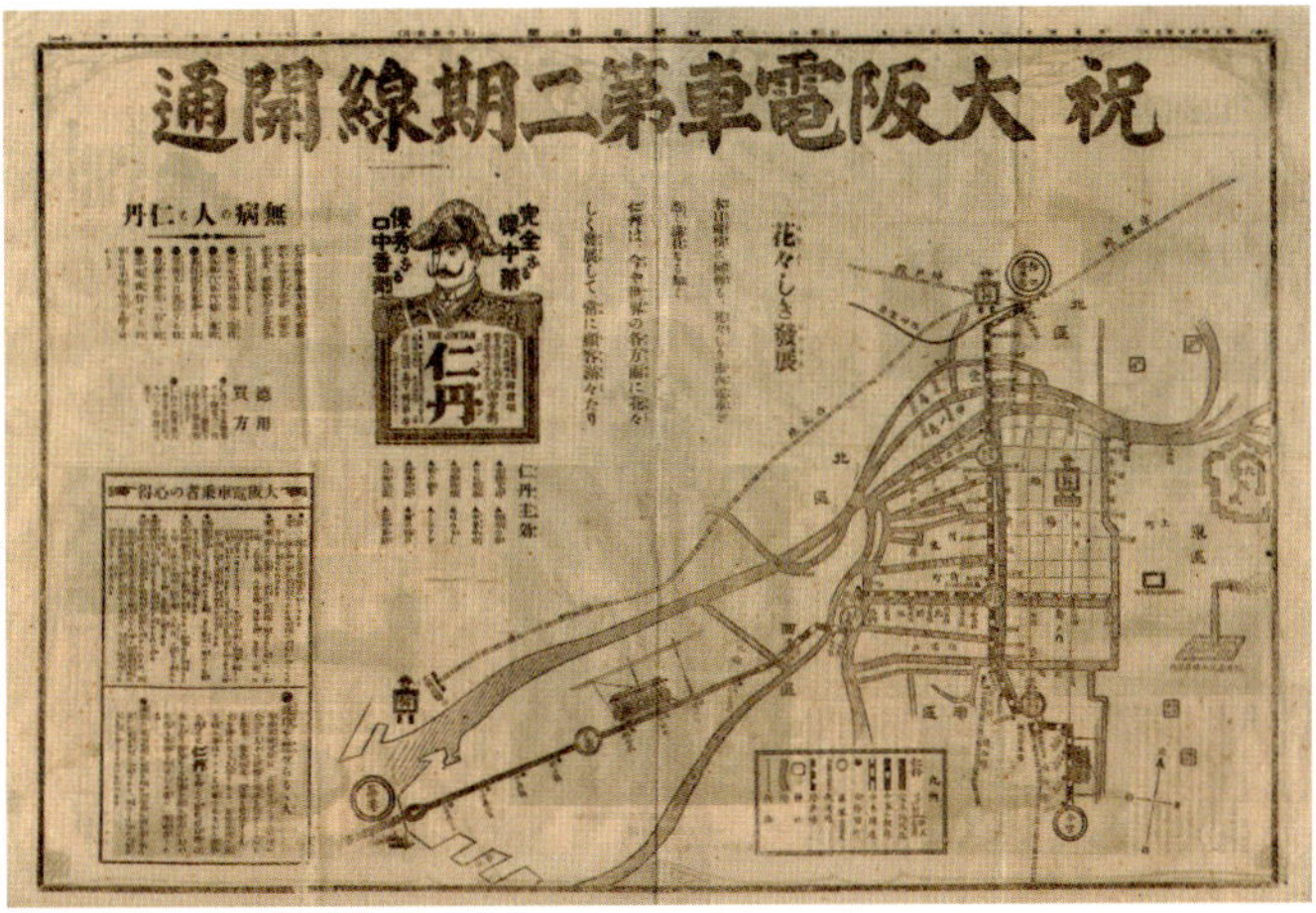

市電の第二期線開通は明治41年（1908）。四ツ橋で交差する南北線、東西線の誕生を花電車で祝った。見出しの「大阪電車」は大阪市営電車（市電）の意。（大阪市立中央図書館蔵）

山崎豊子の停留所。

次に挙げるのは、山崎豊子の『花のれん』の一節です。山崎豊子は初期の頃、こういう大阪の商人の話をたくさん書きました。『花のれん』は昭和33年（1958）に直木賞を受賞した出世作です。主人公の多加という女性のモデルは、吉本興業をつくった吉本せい。その中の一節。

何を思いついたのか、多加は蒸し暑い四時過ぎの夕陽の中を、浴衣がけに大きな蝙《こう》蝠傘《もりがさ》を持って、突っかけ下駄で出かけた。まっすぐに寄席《こや》へは行かず、樽屋《たるや》町から市電に乗って四つ橋まで出た。四つ橋で降りると、人眼を避けるように用心深く左右を見渡してから交叉点《こうさてん》を渡り、さらにもう一度、辺りの人眼を確かめてから、さっと交叉点の東南に建っている公衆便所へ飛び込んだ。

（山崎豊子『花のれん』）

文中の樽屋町という地名は現在はありません。昔、天満にありました。樽を作る職人が多かったので樽屋町です。大正5年（1916）の「電車明細・大阪案内図」に樽屋町の地名は載っていませんが、この頃はまだ大阪天満宮の近くにありました。鳴尾町という停留所が図にあります⑩。そのちょっと東側が樽屋町。今の天神橋1～5丁目のあたりです。「樽屋町から市電に乗って」とあります。樽屋町に主人公の多加が住んでいたんですね。

⑩

多加は、明治44年（1911）、天満宮の裏手に最初の寄席を開きました。「天満亭」といいます。その後、松島遊郭のあった松島新地にも二番目の寄席を開きます。図が発行された大正5年は、この話の年代とほぼ重なっています。

さて、その日、多加は樽屋町の家を出て、おそらく鳴尾町の停留所から市電に乗った。目的地の四ツ橋は市街の南部です。鳴尾町からは乗り換えなしで行けます。図で見るとおり、同じ路線が通っていますので。四ツ橋で降りて、多加は交差点の南にある公衆便所に飛び込んだ。別にお腹が痛くなったからではなくて、ある目的があった。

多加が経営している天満と松島の二つの寄席は、どちらも新参の寄席でしたので、有名どころの師匠に出てもらえない。看板になって客を呼べる師匠たちは、法善寺や新町、曽根崎、北の新地にあった老舗の寄席に出て、格の低い寄席には出たがらない。そのうえ落語家には派閥があって、どこの寄席にでも気軽に出られるわけではない。多加の寄席はそんなわけで伸び悩んでいた。これではあかんというので、一計を案じて、四ツ橋で有名どころの師匠を待ち伏せしたのであります。

師匠連中は人気者ですから、あちこちの寄席をかけもちする。交通機関は市電です。なぜ、四ツ橋で待ち伏せるのか。理由は特に小説には書いてありませんけれども、この地図を見るとわかります。じーっと見ると、見えてくる。市電の路線が南北に5本、東西に4本通っています⓫。賑やかですね。大阪市中で、ほかにこんな場所はありません。寄席をかけもちしている師匠たちは、だいたい四ツ橋で乗り換えて、昼は法善寺、夜は新町あるいは曽根崎へ向かう。乗り換えの間は、停留所でぼやっと立って待っている。公衆便所の窓から見ていて、その姿を見つけたら、さっと出て行き、「うちの寄席をどうぞよろしく、これはほんのおしるしで」と、5円札を懐へ押し込む。当座の小遣いにしてくださいという意味です。

網の目路線が生むドラマ。

大正5年頃の5円は今の感覚でいうと、数万円の値打ちがあった。なかなか気前が良いですね。しかも、受けとった師匠が驚いて何か言う前に、すっと消えてしまう。多加は、また公衆便所にこもって、窓から他の師匠が停留所に現れるのを待つ。現れたら、同じことを繰り返す。多加がそうしてばらまいた金は、実は金貸しに頭を下げてなんとか工面した虎の子の資金です。多加は自分の寄席を一流に育て上げるには、これしかないと賭けていた。賭けは当たって、目をつけた師匠が一人、また一人と多加の寄席で高座に上ってくれた。

女一代のサクセスストーリーを描いたのが、この『花のれん』ですが、多加のたくましくも涙ぐましい商魂の陰に、四ツ橋の停留所脇の公衆便所の逸話があったことを覚えておいてください。この時代ですから、水洗ではありません。夏の暑さの中、臭気にめげず、蝿にたかられながら、人を待ち続けるのがどれだけ大変だったか。それもこれも、「電車明細・大阪案内図」にあるとおり市電路線が四ツ橋で東西南北4本も5本も集中していたか

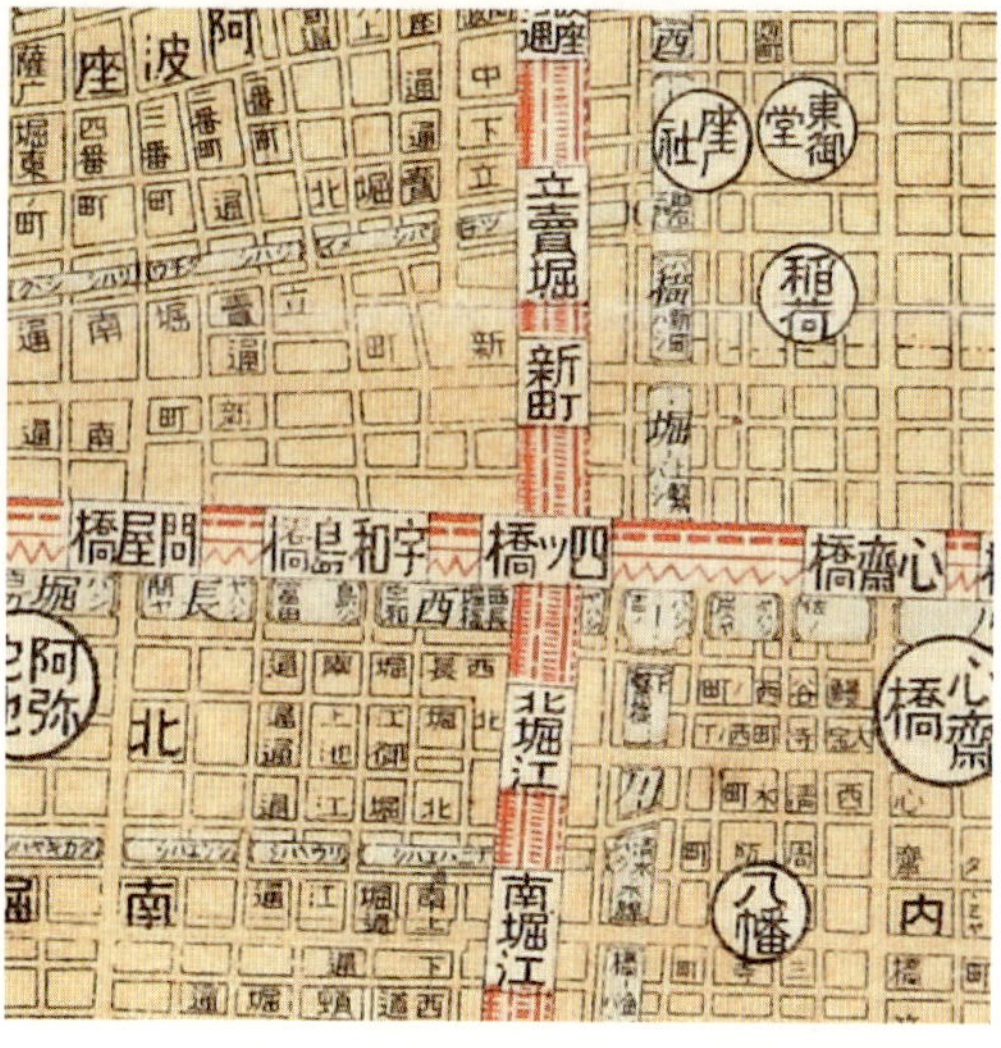

⓫江戸時代の名所・四ツ橋は、市電路線の大交差点になり、近代名所に変貌。いわば街のヘソ。

ら、とまでは言いませんが、話の背景に電車の時代の風景があったのは確かです。

山崎豊子はこの作品の他にも大阪商人を主人公にした小説を書いて、ブームをつくりました。この流れが昭和40年代から50年代の初めにかけて、テレビでの商人もの根性ドラマの大流行につながっていきます。私も子供の頃、「土性っ骨」「どてらい奴」「細うで繁盛記」など、いくつか見ました。茶の間で家族が揃ってテレビを見ていたあの頃、ちょうど高度成長の時代でもありました。その間に市電は地下鉄にとって代わられ、鉄道は新幹線が登場し、市街は自動車であふれ、高速道路が縦横に延びていきました。交通機関は変遷しても、市電が物語の結び目になった電車の時代の記憶は、ドラマの風景に生き残っていたように思います。

乗り物に乗って人が移動していく。出会いがあり、集っては散っていく。「電車明細・大阪案内図」の中の市電路線の網の目は、近代都市の人間ドラマがどこから生まれるかを示しているようです。

稲垣足穂の電車の窓。

次に登場するのは稲垣足穂《いながきたるほ》です。山崎豊子や織田作之助に比べれば、ご存じない方が多いかもしれませんが、その名は広辞苑にも載っていて、文学史に名を残した作家の一人です。明治33年（1900）、大阪の船場生まれ、昭和52年（1977）没。童話、エッセイ、詩、小説などジャンルの垣根を越えて特異な作品を残しましたが、その中に乗り物に関する多くのユニークなエッセーがありました。電車については、たとえばこんな一節が。

夜おそく郊外電車の中で人は経験があることに相違ない。客まばらなボギー電車が劇《はげ》しく揺れて速力を出す時、前面のガラス越しに展開されてくる景観である。ヘッドライトの照射による虹色のふちを持った白紫色の楕円形のなかに、格子塔《こうしとう》や立木や、線路ぎわの家屋が、ただその裏側に濃い陰影を伴わせただけの、まったく平べったい切紙細工になって浮き出して、自然であってしかも自然でない、日常見るところのそれとは異なった、一箇の瀟洒《しょうしゃ》な別世界を織り出してゆく……

（稲垣足穂「タッチとダッシュ」）

ボギー電車というのは、カーブ通過が円滑にできる構造に造られた電車です。その座席に揺られて窓の外を見ていると、高速で流れ過ぎていく夜の風景がヘッドライトに切り取られ、自然であって自然でない、別世界のものに見えるという。

機械の乗り物のスピードは、それまでの徒歩と人力車しか知らなかった人間の視覚を変えました。目に見える世界が変わるということは、世界のとらえ方、感じ方が変わるということです。

21世紀の住人である私たちには、郊外電車の窓外の風景など見飽きてしまって、いまさら何も感じない。つまり、見えなくなったものがある。明治33年（1900）生まれの稲垣足穂は20世紀のシャワーを頭から浴びた。この時代に生きた人はみんなそうなのですが、都市の近代化による人間の変容を彼ほど明晰にとらえた作家はほかにいません。

１００年前の大阪案内。

ナカノシマ大学の講座で話をしたあと、たまたま産経新聞に稲垣足穂について短文を書く機会を得た。題名は「タルホの大阪案内」。「電車明細・大阪案内図」に引き寄せた内容なので、ここでご覧にいれたいと思います。

先日、ある講座で、古地図の話をした。大正5年発行の「電車明細・大阪案内図」と織田作之助の作品を素材に、当時の市電は路面からひょいと扉に飛び込めば別世界へと運んでくれる、ドラえもんの「どこでもドア」のような乗り物だったという話。大正5年は今からほぼ１００年前である。今回は織田作之助とともに講座で紹介した稲垣足穂に１００年前の大阪の案内役を頼むことにしよう。

稲垣足穂は明治33年、大阪・船場生まれの作家。没後40余年になるが、今でも根強い愛好者がおり、親愛をこめてタルホと呼びならわされている。小説、童話、エッセーの垣根をとっぱらい、とてつもなくユニークな作品群を残した。大阪のこともたくさん書いたが、希少種的な面白さのゆえ、オダサクほどには知られていないのが惜しい。

◇

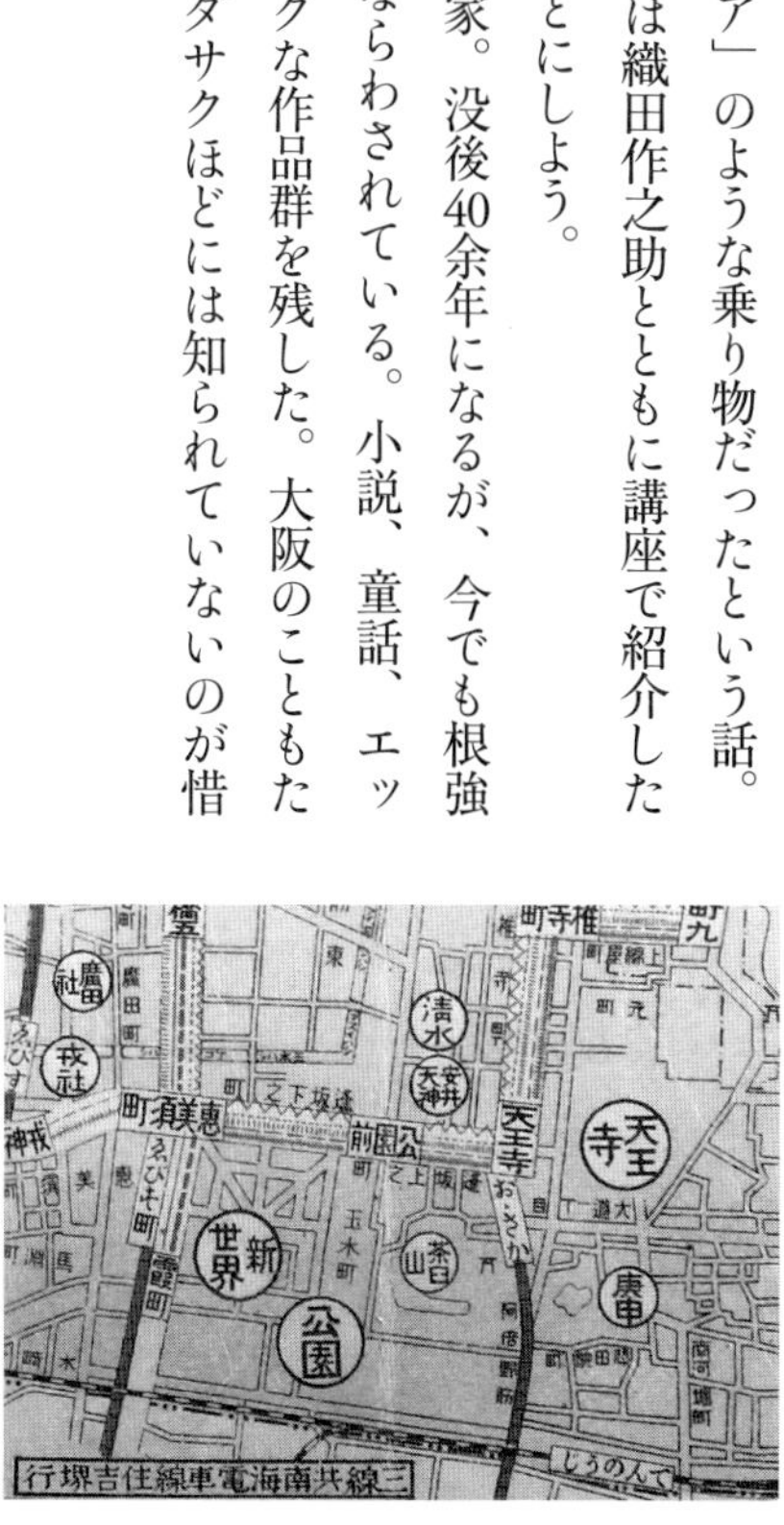

⓬丸で囲まれた茶臼山が見えますか？　次ページの博覧会場の絵にも茶臼山とその前の池が見えます。

先ほどの「電車明細・大阪案内図」を広げる。ちょうど１００年前の大正元年に開業した新世界が、「大名所」として載っている⑫。初代の通天閣をシンボルに押し立て先端アトラクションを並べたハイカラ遊楽空間・新世界は、第5回内国勧業博覧会⑬の跡地にできた。

その大博覧会に、幼年時代のタルホも、父に手をつながれて訪れている。エッセー「父と子」にそのときのことが書かれている。夜空を照らすサーチライトの明るさ、妖しさ。電気の夜景が、タルホの目を別世界にひらかせた。機械館の歯車の音楽、自動車が放つガスの芳香、茶臼山を滑り落ちるウオーターシュートのスリル……。

大阪で2番目にできた活動写真常設館だった千日前の「第二電気館」も思い出の場所。ここでタルホは初期の飛行機が苦心惨憺、空に飛び上がろうとする場面を見た。（エッセー「パテェの赤い雄鶏を求めて」）。

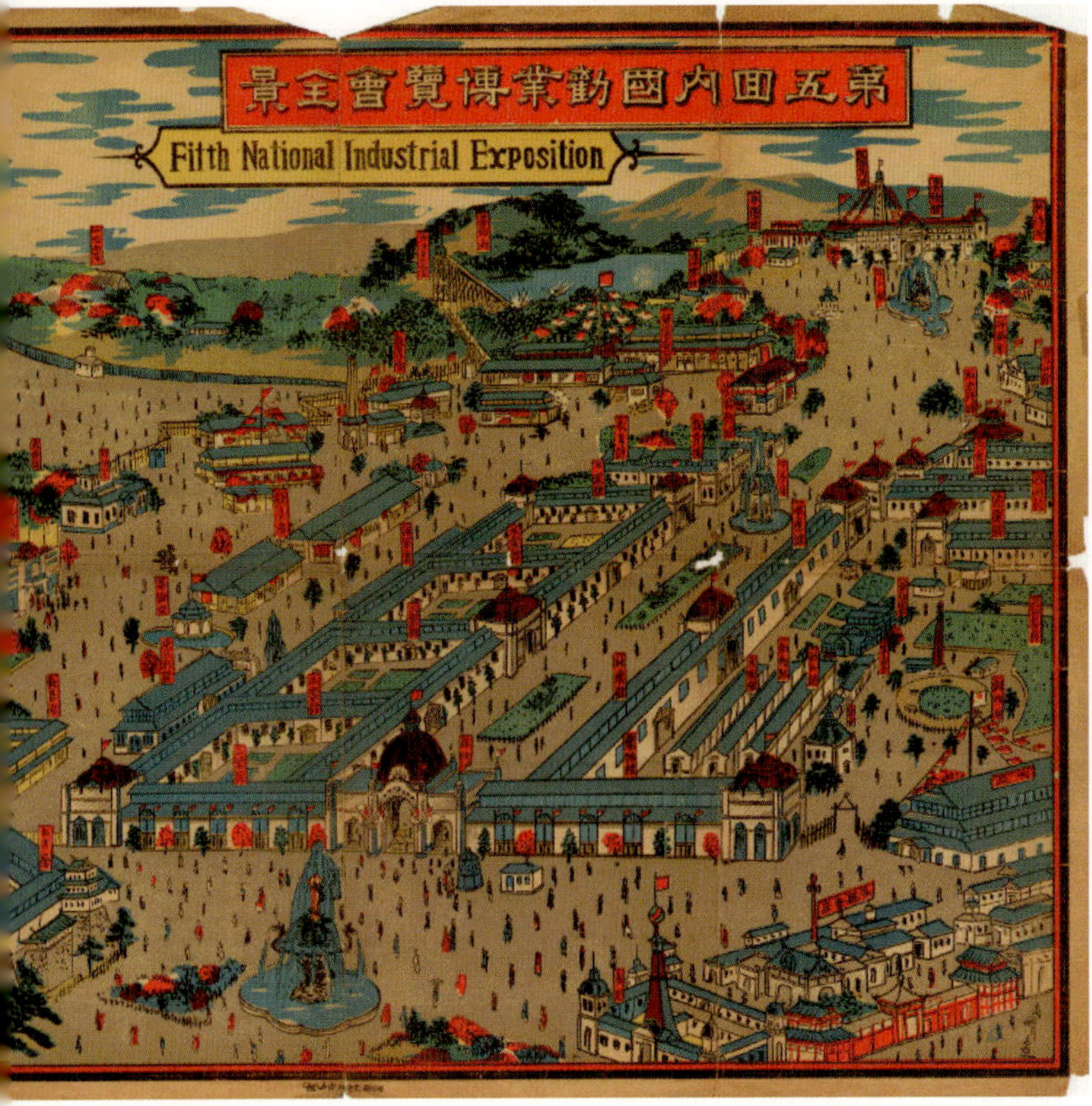

新しいのに懐かしい風景をタルホはこわれやすいブリキの玩具のような文体に乗せて書いた。「電車明細・大阪案内図」に描かれた網の目の市電路線も、内国博覧会と同年の生まれ。別世界の余韻を１００年後の今によみがえらせる。

◇

タルホに乗り物の逸話はこと欠かない。北久宝寺町にあったタルホの家近くの堺筋を往復した乗合自動車は、運転手が警笛代わりにラッパを鳴らし、人通りが多くなると、地下足袋をはいた先導役の少年が飛び降り、鈴を振って前を走った（「芦の都シリーズ」）。

また、船場を囲んで流れる堀川を、電車代わりに行き来する巡航船の船室の窓からは、路上の人や車が別世界の生き物のように眺められたという（「扇の港」）。

乗合自動車、巡航船は、市電に対抗して生まれた交通機関だったが、この頃には市電が街の主役になっていた。まもなく乗合自動車、巡航船はなくなり、しばらく市電全盛が続いたのち、市電も地下鉄にとってかわられ消えていく。

電車、巡航船、乗合自動車、飛行機、万年筆、アセチレン灯……。少年タルホは、どこかはかない近代のアイテムを活動写真の幻影のように愛した。大人になれば消えるはずのそれらの記憶をタルホは忘れず、言葉の流星群にして、世に放った。

タルホは近代のアイテムに大阪の風景を重ね、礼賛でも感傷でもなく、誰も書かな

⑬天王寺一帯に突如現れた電気と機械のユートピア。内国勧業博覧会は、20世紀少年のタルホの目を開かせた。（大阪市立中央図書館蔵）

かった近代を書き続けた。現実は厳しく、世間からの落伍者だったタルホは、長い長い不遇と窮乏に耐えた人でもあった。しかし、現実も夢も色褪せたかに見える昨今、タルホの描いた100年前のビジョンは、いまだ愉快でカラフルだ。過去も未来もないまぜにした郷愁を夢見て、タルホの電車は地図の中を今もなお走り続けている。

産経新聞（2012年12月6日付夕刊）

近代化という別世界。

これが掲載された文面ですが、もとの原稿には紙面の都合で割愛された箇所があります。文中にあるとおり、タルホは活動写真をこよなく愛した。活動のフィルムには、「そのように見えるが実はそうでないもの」「ちょっと見るとそうでないようだが、本当はそれと同じもの」の価値が宿っていた。自然と人工の対立を越えた美というものが、確かにある。これがタルホの大発見だという主旨の文面が、最初はありました（カギ括弧の中はいずれもエッセー「パテェの赤い雄鶏を求めて」の一節）。タルホが見た電車の窓外の風景も、活動のフィルムと実は同じものだったと私は思うのです。ここから先の話は、本書のテーマから離れていくので、また別の機会にします。興味のある方は、タルホの作品群にじかに当たって、お楽しみください。

自然の風景でありながら、何か違うもののように見える。自然であって、自然でない。何か別世界をそこに垣間見ることができる。ともかく、タルホはこのような文章を好んで書き残した人です。この人は明治生まれでありながら、未来を夢見ていた。どうやってそれを感覚として身につけたのかよくわからないのですが、どうも生まれるのが早過ぎた人なのかなという気もします。まさに奇才。こんな面白い人物、なかなかいません。

近代化が怒濤のように進んだ明治・大正時代に、少年から青年期を過ごした稲垣足穂は、まわりの世界がどんどん変わっていくのを見た。ただ見ただけではなく、ここに書いてあるような別世界としてとらえて、言葉にした。こういう感覚があることを、できれば覚えておいてください。ピンと来ないところがあるかもしれませんが、それでもけっこうです。「電車の時代」がこうやって地図の中に織り込まれるようになり、街が別世界に見えはじめたという、このタルホの文章の意味は何なんだろう、と。こんな疑問を持たれたなら、それを頭の隅に寝かしておいて、いつかまた思い出してみてください。織田作之助や山崎豊子が書いた「電車の時代」が、きっと、稲垣足穂によってさらに明晰なものになって迫ってくるでしょう。

稲垣足穂という作家は、見る見るうちに変貌していった大阪の街を、世界を見る目で眺め、それを忘れず大人になった人でした。稲垣足穂が大阪について書いた作品はたくさんありますので、読むと、近代の大阪がまた全然違う目で見えてきます。大阪を書いた作家として織田作之助や山崎豊子はすでによく知られていますが、私としては知る人ぞ知る稲垣足穂に肩入れしたい。パラダイスの道案内に、お勧めです。

川柳になった花電車。

別世界に跳んだあとは、現実に戻ります。市電の日常風景を切り取った作品を、川柳から拾ってみましょう。

番傘《ばんがさ》という川柳の結社が、今も大阪にあります。結社の誕生は明治時代にさかのぼり、岸本水府《すいふ》という著名な川柳作家が主宰していました。昭和の初めに出版された『番傘川柳一万句集』という、結社創立以来の優秀句を網羅した本から二句、選びました。

花電車車掌散髪してるなり　　文久

運転台小銭を載せたまま走り　　兎杵郎

最初の句の花電車。市電の開通は明治36年（1903）。その翌年に花電車は走っています。呼び名のとおり、車体をいっぱいの花飾りで覆っている。花電車が走ると街が遊園地のように見えて、沿道も見物人で賑わった。私も小さい頃に一度か二度見た記憶が、おぼろげにあります。皇太子の御成婚など特別な記念日にしか走りませんが、何の時に見たかまったく覚えていません。

とにかく、そういう晴れの舞台ですから、車掌さんもきれいに散髪している。あの頃ですからポマードの匂いもぷんぷん、でしょうか。沿道の人からも、車窓越しに車掌さんの顔が凛々《りり》しく見えた。切符を軽やかに切る姿がなかなかかっこよく、電車の車掌は小さい子供の憧れの職業のひとつでもありました。時代を感じさせる句です。

二つめの句は、市電の車内に居る人が運転士を見ているのでしょう。運転士がレバー操作をしているかたわらに小銭が載っている。市電は切符を買って乗車しますが、買いそびれた客が現金を置いて降りることもあった。それがそのまま運転台で電車と一緒に揺れている。のどかというか、車掌さんはどこへ行ったんでしょうか。

二つの句が作られた年代ははっきりしませんが、戦前の句となっています。大正の終わりから昭和の初め頃ではないかなと思います。

とにかく電車の時代でした。大阪では市電が大いに発達して、昭和18年（１９４３）には1日の乗客数がなんと１４３万人を記録。この年がピークで、以後は地下鉄に市内交通の主役の座を譲っていきますが、いかに市電が生活になくてはならないものであったかがわかります。

ということで、文学作品から見た電車の時代の話はこのへんで。地図の話題に戻ります。

昭和6年（1931）発行の観光ガイド写真集『西日本現代風景』に収録された、阪急梅田前のようす。市電の停留所に多くの人が集まっているのがわかる。

梅田停車場前ニテ市街電車築港行（を）印ニ乗レバ

謎の「田中機械製作所」。

さて、「電車明細・大阪案内図」をもう一度、広げてみます。
地図の裏面にこんな文面が印刷されています。

大阪方面御旅行ノ節ハ萬障御繰合セ御立寄被下度願上候前以テ御通知ニ預リ候ヘハ御出迎ハ勿論小生宅ニ御逗留被下度又宿屋等モ見付ケ申上ベク候也

田中機械製作所行道順

○梅田停車場前ニテ市街電車築港行（を）印ニ乗レバ
箕面電車前、大江橋、渡邊橋、川口町、九條、境川ヲ経テ市岡町市岡中学校前　ニテ下車シ中学校ヲ後ニシテ傾右ノ角ヲ入リ（三間幅道路）
一直線ニ尻無川岸ニ出ヅレハ角屋敷ナリ中学校ヨリ大凡三町梅田ヨリ大凡四十分ヲ

要ス
○梅田停車場ヨリ市街電車線路ヲ踏ミ切リテ電車ニ乗ル𪜈《トキ》ハ）
阪神電車前、櫻橋ヲ経テ渡邊橋ニ至リ築港行電車ニ乗リ換ヘルベシ
○人力車ナレバ梅田停車場ヨリ大凡五十分ヲ要シ車賃金四十五銭

上月宅行道順

○梅田停車場前ニテ市街電車上本町天王寺行ニ乗車シ
箕面電車前、淀屋橋天満橋、谷町
ヲ経テ上本町六丁目ニテ下車（乗リ換ナシ）赤十字社病院表門ニ突當リ右曲シテ一
直線ニ三丁左ニ入ル袋屋敷（目標右側ニアル雑誌屋）梅田ヨリ大凡四十分ヲ要ス

他に田中機械製作所の住所と電話番号、上月治郎の自宅住所が記してあります。上月治郎さんは田中機械製作所の主と思われます。

文面の内容は田中機械製作所と上月宅への懇切丁寧な道案内。前もって連絡していただければ、お出迎え、宿の世話もいたします。上月宅へのご宿泊はもちろん歓迎。至れり尽くせりのお誘い文句が並んでいます。

田中機械製作所へは、箕面電車前と阪神電車前の二つの停車場から市電が出ている。箕面電車は現在の阪急電車（創業時の名称が箕面有馬電気鉄道）。市電を市街電車と呼んでいるのは、阪神・阪急などの郊外電車を意識してのことか。大阪では市が経営していたので、市営電車の意味あいもあった。

田中機械製作所までの市電の所要時間は、箕面電車前から乗って40分。人力車を利用すると50分で車夫に支払う賃金は45銭。市電の料金は明治45年（1912）に4銭（均一制）、大正9年（1920）に6銭（均一制）ですから、人力車に載るのはかなりの贅沢でした。
それにしても、いったい田中機械製作所とは何なのか。上月治郎とははたして何者。

市電にかけた夢。

示された道順どおりに市電の路線をたどっていくと、ありました。田中機械製作所は、市岡町（港区）でかなり大きな面積をとっています⓮。まわりは何も描かれていません。一帯は江戸時代に新田開発が行われた場所です。大正の初め頃も田園地帯でした。大阪で市電が真っ先に開通したのは、大阪港と市中を結ぶ、この路線です。将来性を見込んだのでしょうか。田中機械製作所は地図の上ではまだ何もない空白地帯に土地を買い、大きな工場を構えたのでした。

上月さんの住まいは、停留所・上本町七丁目の近くに上月宅と記して、ちゃんとマークが付いています⓯。工場へは、やはり市電で通っていたのでしょう。大阪にお立ち寄りの際は、ぜひ工場をご覧いただき、上月宅にお泊りください。上月さんは、お得意さんや見込み客に、自分の工場をアピールするために、この文面を地図の裏に載せた。宣伝のツールにしたわけです。田中機械製作所も上月宅も、よく目立っています。

表面をあらためて見ます。題名は、「電車明細・大阪案内図」。発行元は地図出版社の日下

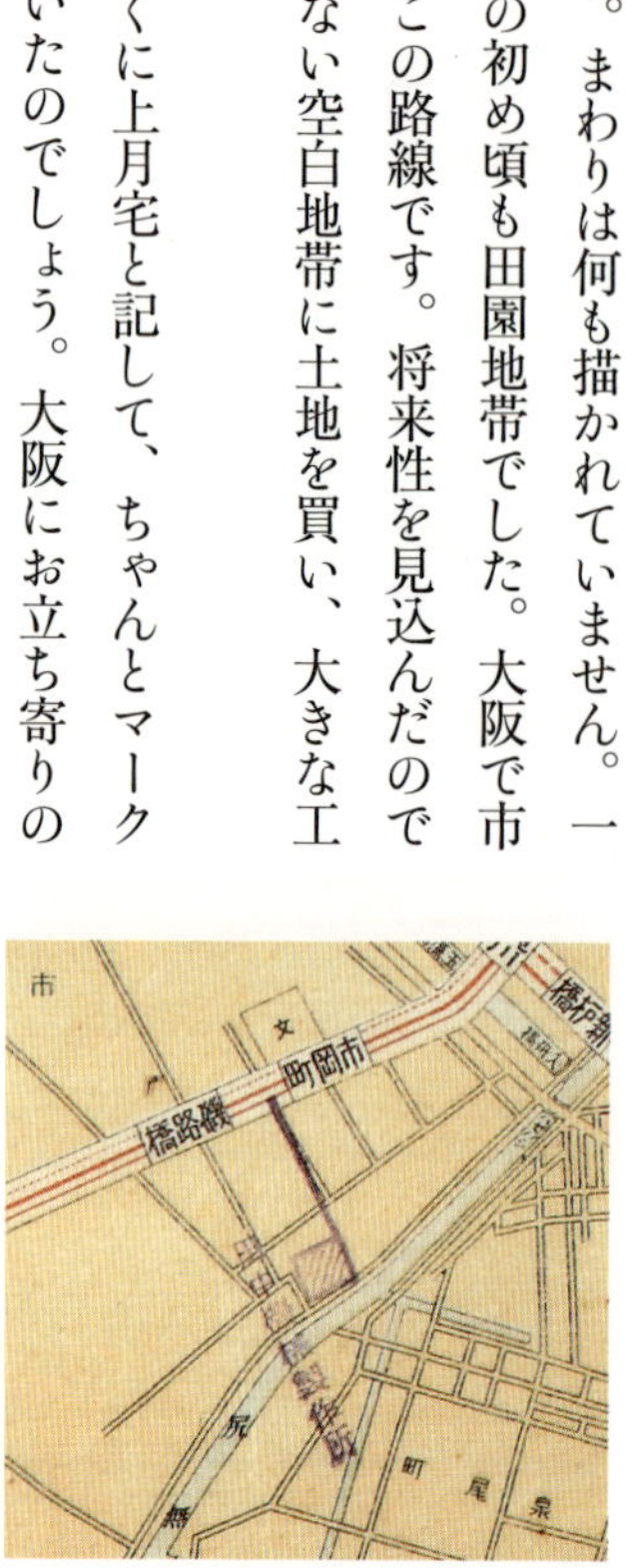

⓮ペタンと判子を押したような社名。田中機械製作所は、もしかしたら隣の田中町にあったので、この名前なのか？

わらじ屋。もともと一般向けに市販されていた地図だったのを、田中機械製作所の宣伝用に、あとから工場と自宅の印を刷り込み、案内文も入れて、配ったのでしょう。ただの地図ではない、電車明細が付いているというところが、ミソ。明治36年の第1号路線の開通からわずか十数年で四通八達した市電網に、事業の命運を賭けた新工場もあやかりたい。そんな空気が、この図には感じられます。

つられて私も思い出しました。私が子供時代を過ごしたのは、田中機械製作所の市岡町と同じ市電の沿線のさらに大阪港寄りの町でした。昭和20年代の終わりから40年代にかけてのことです。大正5年の地図では何も描かれていませんが、私が住んでいた当時は見渡す限りの住宅地で、市場と商店街があり、工場群があり、国際見本市会場があり、遊園地があり、それは賑やかなものでした。小学校低学年の時、親が私を水練学校へ通わせました。泳げなかったんですね。当時は近所に水連学校はありません。どこへ行ったかというと、市電に乗って北へ北へ、扇町プールです。今でも公式競技に使われるあの大きなプールです。大正5年の図には、まだ載っていません。

代わりに何があったか。地図を見ると、監獄です。今になって納得がいきました。大阪市街に、大小のプールをいくつも完備した施設を建てられる広い土地がどうして確保できたのか。監獄の跡地だからできたわけです。とにかく広かった。私は近所の子供たちと3人グループで、夏休みの間、市電に乗って行きました。乗り換えなしです。木の床、長い座席、ぴかぴかのポール、輪の付いた吊り革。市電はほとんど遊園地の乗り物でした。ひと夏で泳げるようにもなりました。図では停留所の名前が、扇町ではなく扇橋になってい

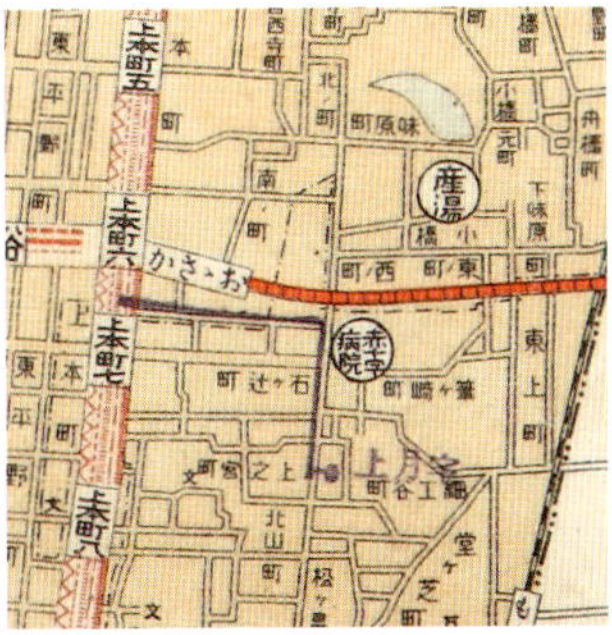

⑮中心街からはずれているが、その分大きな邸宅だったのではないか。上月邸にはどんな遠来の客が訪れたのか。

ます。この頃は、そう呼んでいたんですね。

実用性と魅力。

「電車明細・大阪案内図」は、田中機械製作所の宣伝ツールに使われていた。工場や自宅への道案内に便利で、ごく自然な選択に見えますが、現代の企業が既成の地図に社名を印刷して宣伝に使ったりしないことを思うと、この時代特有のやり方だったともいえます。電車が主役の市街地図が、この時代の人々にアピールする魅力を持っていたからこそ、宣伝ツールに使えた。しかも市電のルートと道順の案内という実用性を兼ねている。もらった人には喜ばれたでしょう。

もう一つ、電車地図を宣伝に流用した例を挙げます。

次ページに掲載したのは、大正13年（1924）発行の、**「大阪地図」**⑯（大阪雑貨新聞・第十二号付録）。付録ですから新聞社作成かと思いますが、違います。林金札堂という発行元の名前が載っています。林金札堂からは、大正11年（1922）にほぼ同じ内容の図が、「大阪遊覧案内地図」（P212）の題名で発行されていて、こちらがオリジナル。それを大阪雑貨新聞が、付録に流用した。それだけでなく、業界企業の広告媒体として使い、ちゃっかり元をとった。ご覧のように、表面に広告が載り、裏面は全面が広告欄。つまり、この地図は大阪雑貨新聞にとっての宣伝ツールであり、広告主の会社や商店にとってももちろん宣伝媒体になっている。

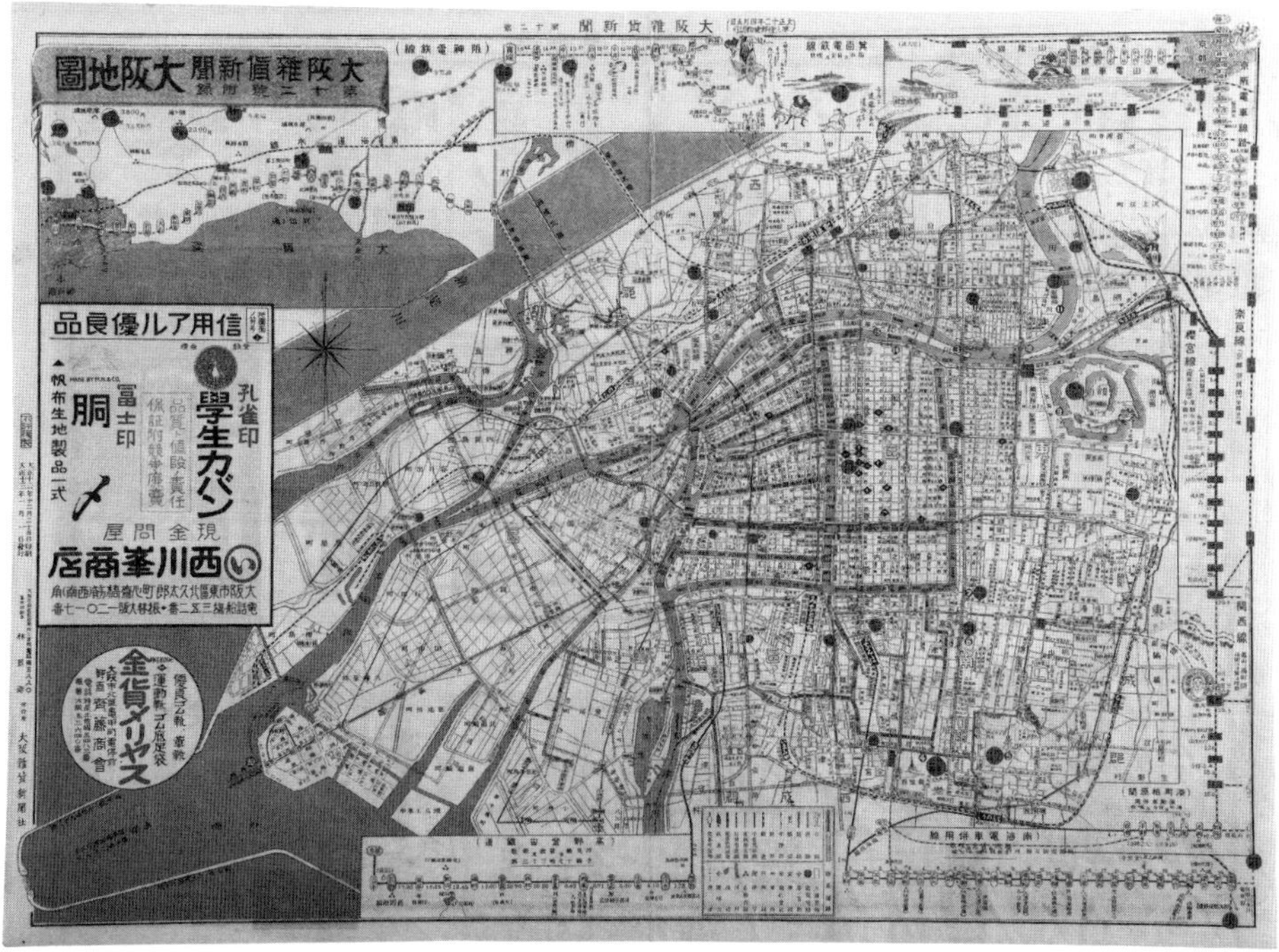

⑯「大阪地図」大阪雑貨新聞・第十二号付録（大正13年発行／大阪市立中央図書館蔵）

「大阪遊覧案内地図」は、二重に宣伝の効果を期待されている。それだけの中身を持った地図ともいえる。遊覧とはその頃流行りの言葉。郊外電車と市電の路線が、一目でわかる。名所、行楽地の絵も描かれて、遊覧気分を誘っています。この地図を広告媒体として使えば、いかにも時流に乗った企業イメージを演出できる。遊覧がてら気軽にわが社にお立ち寄りください、というメッセージにもなる。こういうのが、まさに時代の空気と呼ぶべきものです。

地図の裏面を見てみましょう。雑貨新聞らしく、雑貨を取り扱う会社、商店の広告が満載されている。大阪は中小企業の街として知られていますけれども、大正時代はこういう雑貨商が多かった。見ているとなかなか面白い。エナメル、革、胴締め、学生鞄、カラー、ネクタイ、ガーター、歯ブラシ、そのほか。中小企業が元気に活躍しているようすが、地図の中でうかがえます。大正という時代は、電車が主役ですが、じっくり地図を見ていくと、いろいろな側面が見えきます。

古地図には、時代が封印されています。大正時代の図だからといって、大正時代だけがここから見えてくるのではない。それ以前のものも入りまじっている。場合によってはそれ以後のものも先どりされていたりもする。そういう時空間を旅するように読んでいく。時には、よくわからないものも出てきます。田中機械製作所がなぜここにぽつんとあるのか、謎といえば謎です。いったい、どんな機械を製作していたのか、今日の時点ではわかりませんが、またいつか思いがけない何かが出てくる可能性がないことはない。楽しみを残してくれているような気がします。

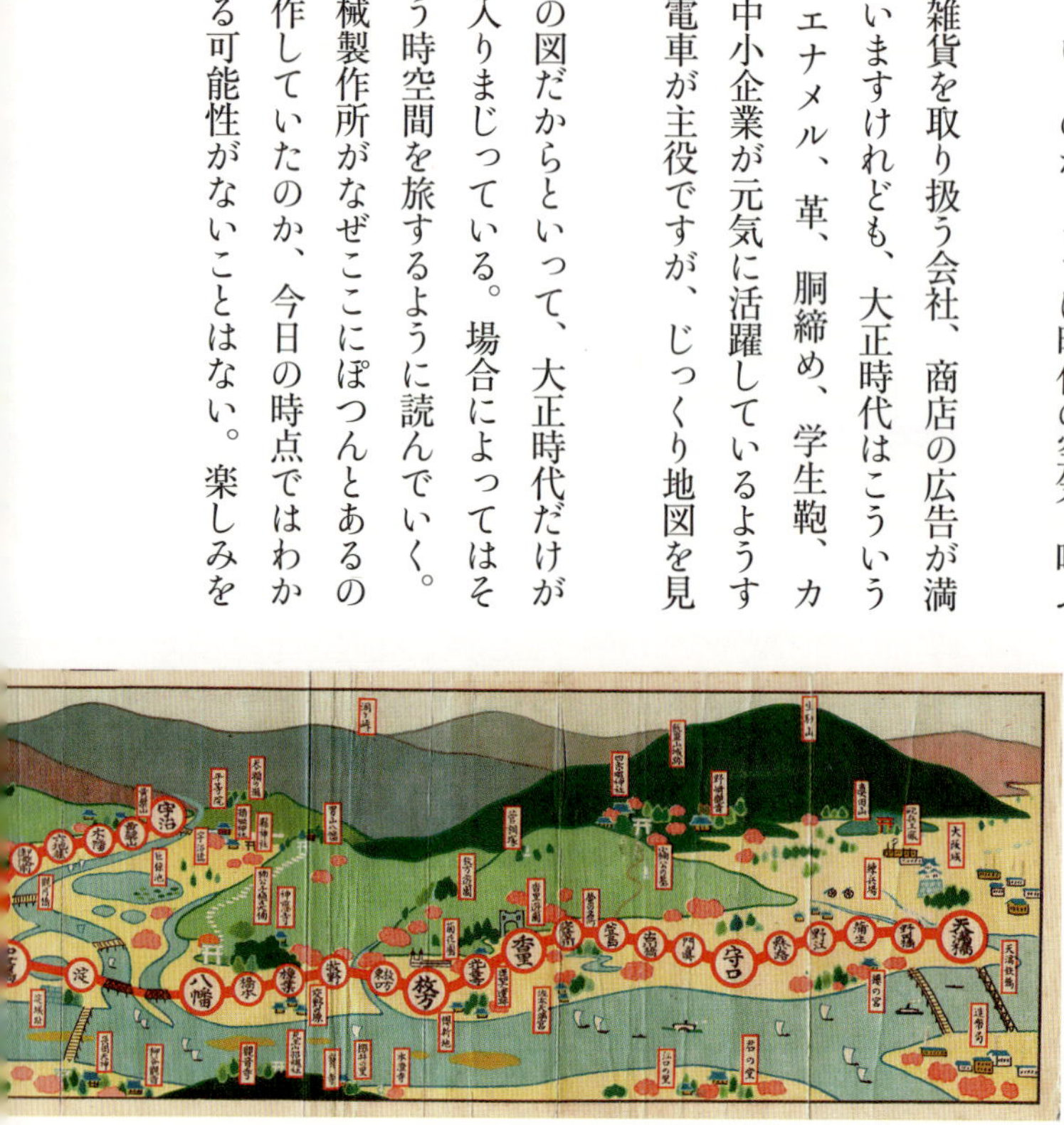

⑰「京阪電車御案内」
（大正2年発行／
京阪電鉄株式会社蔵）

古地図というものは、なんとなく見ているだけだと、特に疑問も湧いてこない。けれどもじっと見ていると疑問がわいてくる。見れば見るほど、わからないものとして立ち上がってくる。わからないということがわかった時点が、古地図の楽しさの始まりです。わからないものを解いていく。解いてみたら、またわからないことが出てくる。キリがないんですけれども、それは奥が深いということでもあります。

電車の時代のパノラマ地図。

第五章の締めくくりに、大正から昭和初期の時代を代表する地図作者に登場してもらいます。

その名は吉田初三郎。大正の広重と呼ばれたパノラマ地図作者です。同様の手法は江戸時代にすでに完成されていましたが、吉田初三郎は地図中の風景の両端をU字型に曲げて、奥行きのある画面を作る独自のスタイルを考案。日本全国の都市や観光地を高空から見下ろしたようなパノラマ風景に描いた地図で、人気を博しました。

初三郎がパノラマ地図作者を志すきっかけになったのが、大正2年（1913）作成の「**京阪電車御案内**」⑰という京阪電車の路線図です。技法的には素朴ながら山や川が立体的に描かれ、後のスタイルの原型が見られます。この図に目をとめた当時の皇太子、後の昭和天皇から「これは美しくて、見やすい」と、お誉めの言葉をいただいた。初三郎はこれを喜び、独自のスタイルを築いていくきっかけになったと言われています。

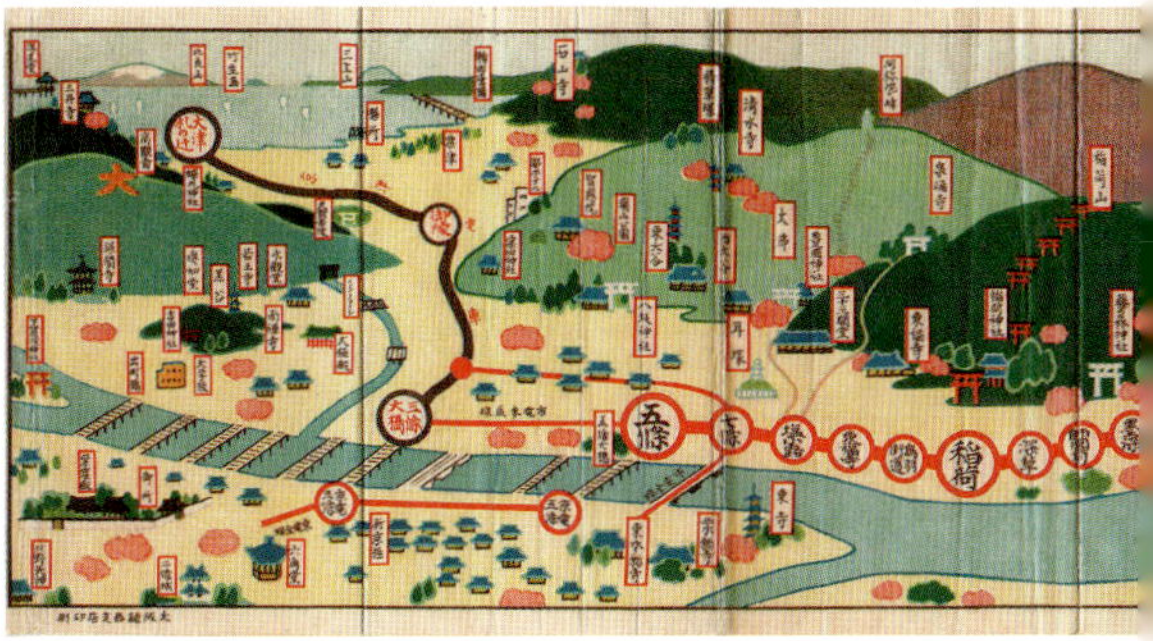

次の図は、昭和7年（1932）作成の「**大阪府鳥瞰図**」⑱（本書付録）。天皇の大阪行幸のときに天覧品になりました。原画が現在、大阪府庁で公開されています。パノラマ地図で俯瞰すると、大阪が大阪城を中心に広がる城下町だというのがよくわかります。近郊へ延びていく線路網が見え、ちゃんと電車が走っています。山々の間を縫い、鉄橋を過ぎ川を渡って、市街へ入ってくる。大阪という街が生きもののように手を伸ばして、まわりの町や村とつながっていく。

パノラマで見るとよく分かりますが、電車の時代は大阪の市街を飛び出し、郊外へ、他の府県へと結ばれていったのです。大正5年（1916）の「電車明細・大阪案内図」の世界は、昭和7年（1932）の時点で関西一円に、そして日本中に広がっていきました。

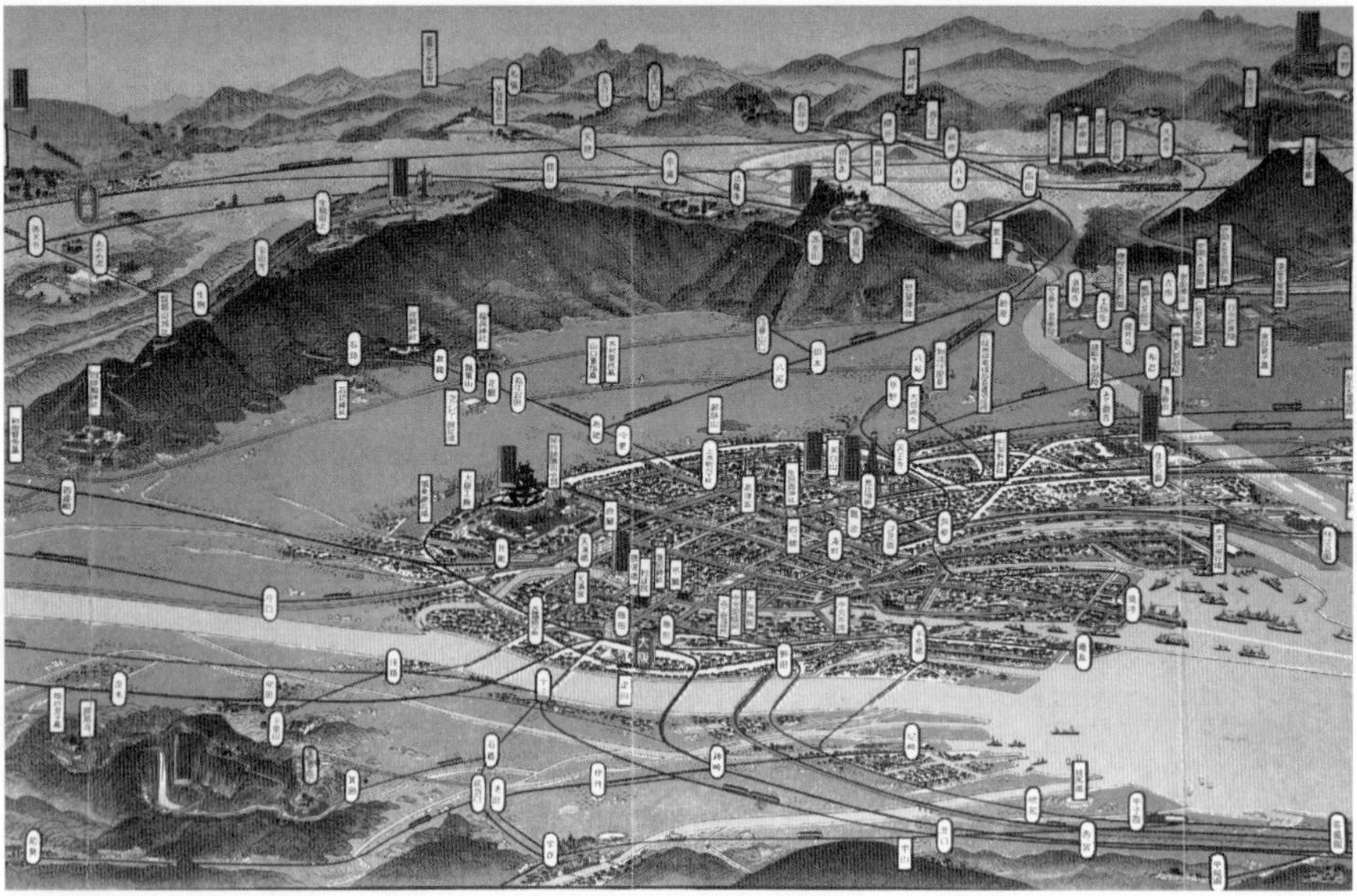

⑱吉田初三郎「大阪府鳥瞰図」（昭和7年発行／大阪市立中央図書館蔵）

実践編

パラダイス・ツアーの楽しみ方

古地図、迷う楽しみ。

役に立たない、だけど心をゆたかにする。

古地図はなんだか面白い。現代の地図は便利で正確で、役に立つが、面白くはない。もちろん実用性は大切だ。現代の地図は、無いと困る。古地図は無くても困らない。でも、

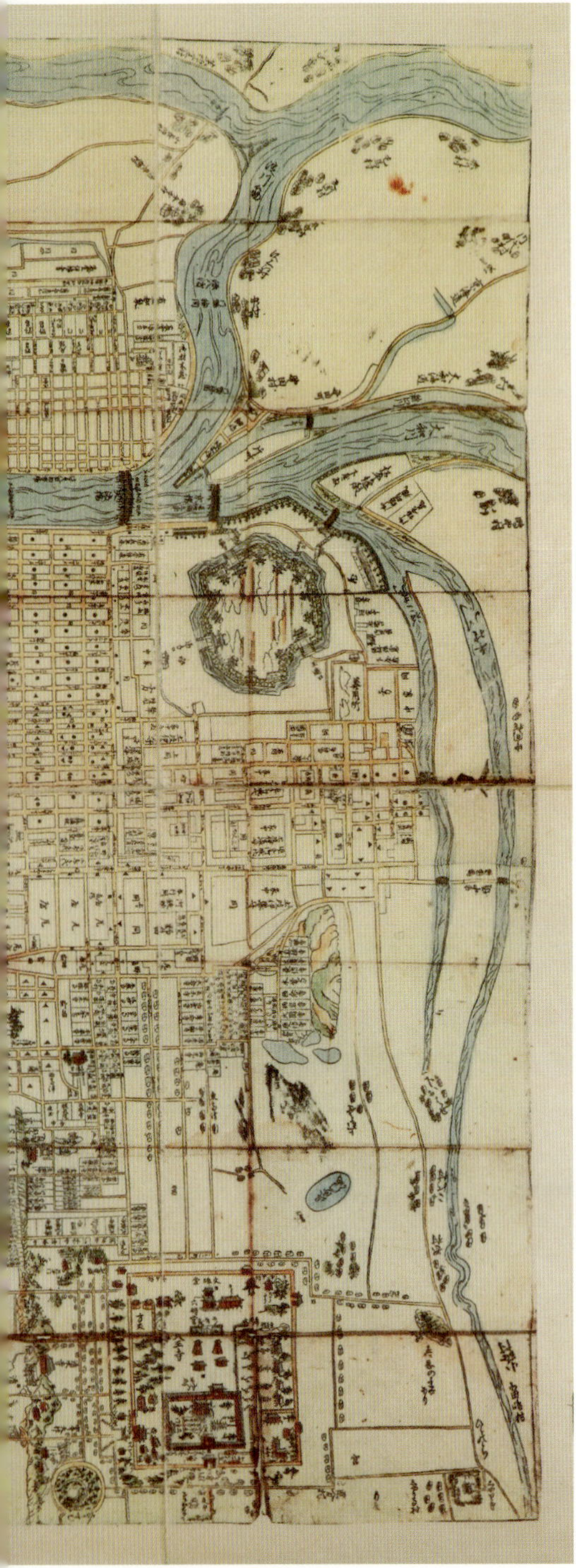

❶「新撰増補大坂大絵図」
（元禄4年発行／大阪市立中央図書館蔵）

［地図実寸 173cm×119cm］

無いと淋しい。役に立たない、だけど心をゆたかにする。古地図はとても面白い。

ゆたかさは、どこから来るのか。古地図は作り手が変わると、がらりと趣が変わる。同じ街でも、見る人が違えば、違う街である。そういうあたりまえの事実を、気づかせてくれる。標準化された現代の地図は、実用性とひきかえに、そういう事実を見えにくくした。良い悪いの問題でない。古地図は作り手の人間味がものを言う。その声に耳を傾ける用意があるなら、きっと胸に響くものがある。これを、ゆたかさと呼んでみたい。

その点、大阪の古地図は、おしゃべりだ。眺めていると、ざわざわと聞こえてくる。

たとえば、「**新撰増補大坂大絵図**」❶と呼ばれる一連の江戸時代の地図。その元禄4年（1691）版を見れば、四天王寺の広さが目立つ❷。なんと大坂城よりも広い。大川にかかる三つの橋、天満橋、天神橋、難波橋もむやみに巨大だ❸。町なかに色鮮やかな山々が点々と描かれている❹。

なんだこれは、いいかげんにもほどがあるとは、現代人の勝手な言い分。これらはみんな、当時の人々が心に描いた大阪のイメージの反映だ。四天王寺は人々のよりどころだった。三大橋は名所中の名所だった。上町台地は山のように高かった。

図として不正確かもしれないが、町の自画像としては正しい。心象風景としてはむしろ、この方が正確な町の姿ともいえる。古地図とは、作り手や住人の心と切り離せない、繊細で人間臭いものなのだ。古地図から聞こえてくるのは、かつての時代に生きた人々の肉声である。温かい。懐かしい。血が通っている。

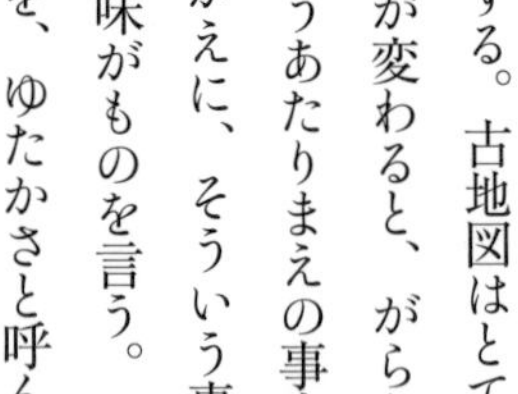
❷これがすべて四天王寺の境内。

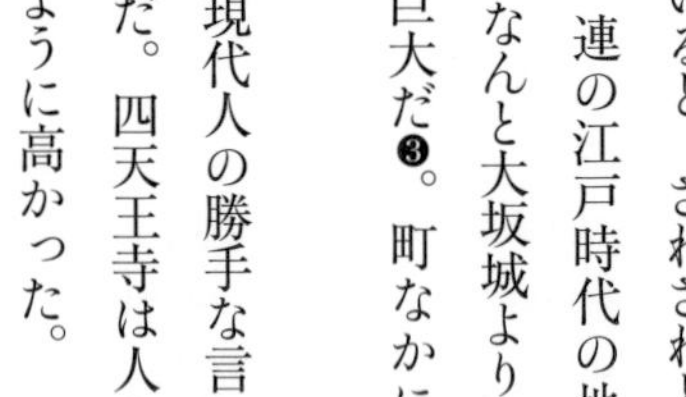
❸　右から天満橋、天神橋、難波橋。他の橋より数倍大きい。

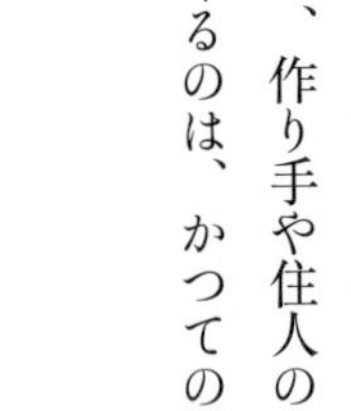
❹上町台地は絵のとおり、山だった。

堂島も道頓堀も「珠玉の名蹟」。

「グレート大阪市全図」❺という昭和3年（1928）発行の地図がある。大大阪と呼ばれた頃の大阪人の気分を色濃く映し出している。

表面はもちろん見ごたえがあるが、裏面もすごい。名所・史跡の解説でびっしり埋め尽くされている❻。紹介文に「珠玉の名蹟」とあるのが、またすごい。当時13あった区ごとに合計300以上の名蹟を網羅して、すべてに紹介文をつけている。ほとんどが江戸時代あるいはそれ以前からの歴史をもち、古代にまで由来がさかのぼるものも多い。古代の都とされる高津宮をはじめ、伝承の地も載っている。

堂島も中之島も天王寺も心斎橋も道頓堀も日本橋も堀江も、珠玉の名蹟のラインアップに入っている。今、これらの場所を史跡と思う人がどれだけいるだろう。ビルとアスファルトの街並みを見ていると、つい忘れがちだが、どの場所もみんな古い歴史の養土の上に咲いた花なのだ。

「グレート大阪市全図」の裏面を見れば見るほど、そうか、大阪は歴史の都だったと、今さらながら思う。「物質の大大阪に、この珠玉の名蹟を見るは最も快とするところである」との図の解説が、昭和初期の大阪人のバランス感覚を物語る。大大阪とは人口で東京を追い抜き日本一になった時の呼び名だが、物質的なゆたかさで満ちたこの街には歴史という遺産があり、それが一番の「快」だという。古いものの良さを、かつての大阪人は知っていた。

❺「グレート大阪市全図」
（昭和3年発行／大阪市立中央図書館蔵）

名蹟のなかには史実と異なるものもあり、時に戦争の影も見え隠れするけれど、そんなこんなもみんなひっくるめて生きた人間の声として聞こえてくる。昭和3年の地図は、古地図と呼ぶには時代が新しいのだが、作り手の意識は、今よりも江戸時代に近い。古地図的ゆたかさが底に流れている。時間の厚みの声である。聞き飽きない、見飽きない。

迷う楽しみ、風景の発見。

古地図の何が面白いのか、といえば、まっ先に迷う楽しみと答える。これに尽きるといってもいい。便利で、正確で、役に立つ現代の地図では、こうはいかない。まして、この頃流行りの電子マップのように、一発操作で最短の道順もわかってしまうのでは、迷う楽しみなど味わいようがない。古地図を手にしたら、しばらくの間、せかせかした日常は忘れたい。

それにしても、迷って何が楽しいのだろうか。古地図には、今は無くなった地名が載っている。無くなった寺社や

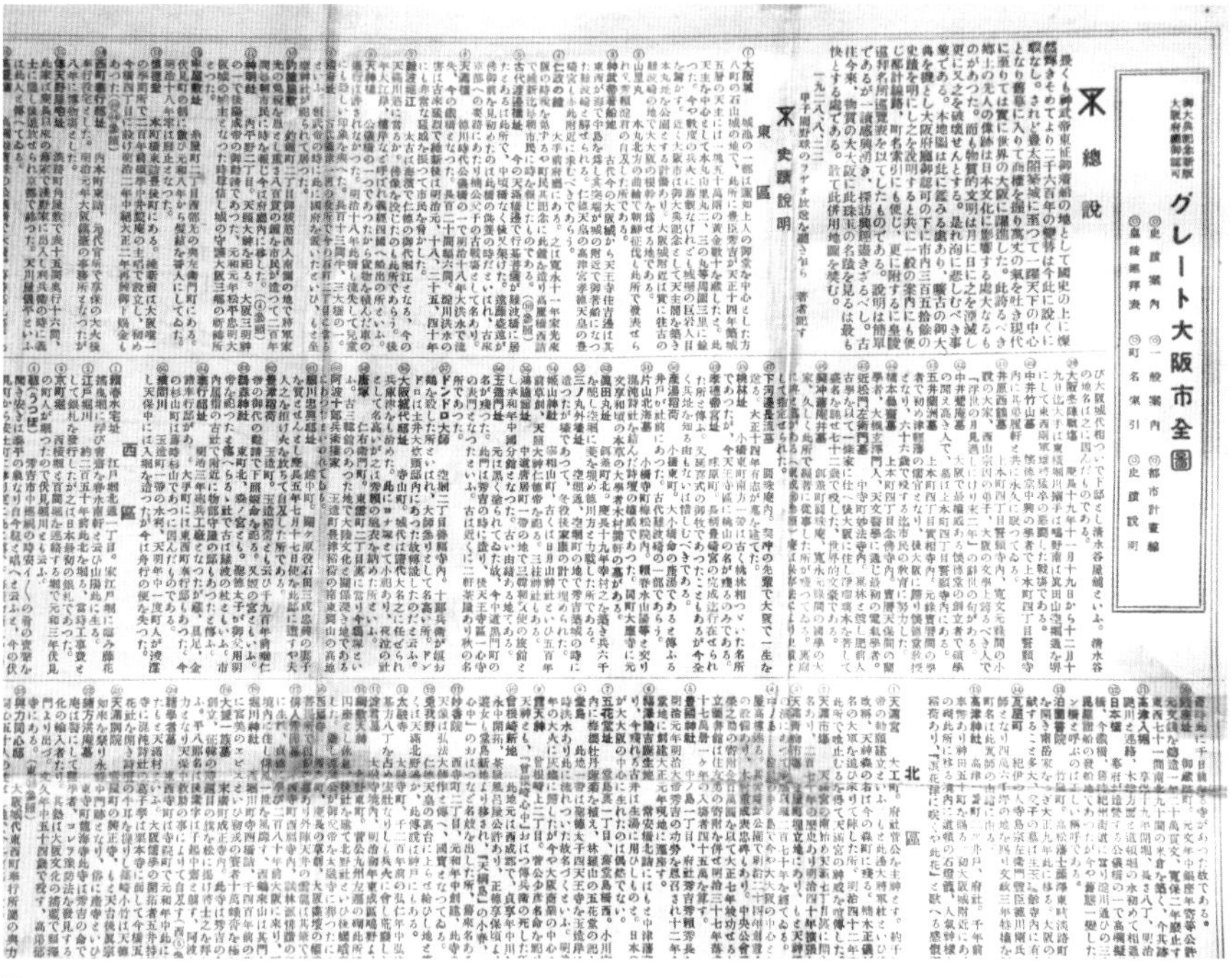
グレート大阪市全圖

總説

史蹟説明

東區

西區

北區

❻

屋敷や施設も記されている。道も川筋も違っていたりする。

古地図を頼りに、「昔、そこに、それがあった」と囁く声を聞きながら今の街を探し歩くと、知らない道が知っている道のようで、知っているはずの道が初めての道のように思えてくる。

過去と現在がずれたり重なったりしている間に、風景を見る目がだんだん変わる。しばしば、本当に道に迷うときもあるけれど、なぜだか迷うほどに目も耳も冴えてきて、そのうちに突然、ひらめきがやって来て、深くうなずいたりする。ひらめきが正しいかどうかはわからない（勘違いの時も多いが）。

そういうのはまったく個人的な体験で、でも、実はそういう体験こそが、驚きとか感動とかいわれるものの中身ではなかろうか。あっ、という発見も、そういうところから生まれるのかもしれない。まあ、現実はそんなにうまくはいかない場合が多いけれど、迷う楽しみがもたらすゆたかさは、決して小さくはない。少なくとも、ときめきがある。古地図と大阪の街は相性がいい。ささやかに見える楽しみの意外な大きさに、この街は気づかせてくれる。

方向音痴の方にも、古地図はぴったり。道に迷う能力が生かせます。じつは私も方向音痴。だからこそ、古地図的ゆたかさが、よくわかる。

初心者心得、ぼんやり・うっとり・あてもなく。

もっとも簡単な入門法。

ここで、大事な話をしておこう。パラダイス初心者が知っておきたい心得についてである。

本当は、この話を先にするべきだったかもしれない。特に、これからぼちぼち古地図を楽しみたいという方にはおすすめします。ポイントはあくまで「楽しみたい」という気持ち。「知りたい」「学びたい」は、あとからおのずと満たされるもの。楽しくなければ、古地図とつきあう意味もどこかに消えてしまう。

先ほども書いたように、そもそも古地図はものの役にはあまり立たない。けれど、ゆたかさとつながっている。役に立たないことほどなんだか楽しくて……とはいえ、私の体験を振り返ると、はじめは古地図を楽しむどころではなかった。

まず、どう見るものなのかが、わからない。知識がないせいだと思って、本などで調べてみたが、知識が多少増えても、あいかわらず何が面白いのかわからない。興味はあるのだが、とらえどころがない。楽しくない。調べるのもいやになる。ますますわからない楽しくない。

こういう悪循環を断ち切る方法はおそらく複数ある。私もひとつ見つけた。ひとつだけなので、これしか紹介できないが、今から述べる方法には大きな利点がある。それは、スタートがとても簡単ということだ。

まずは、古地図をぼんやり眺めてほしい。「ぼんやり」というのが肝心。これならきっと、誰にでもできる。え、そんなのでいいんですか。もうちょっと賢そうな始め方があるように思うんですけど、という声もあるかもしれない。

では、少し言い方を変える。ぼんやり眺めるのは、古地図とこれから楽しくつきあっていくのに、とても良い方法である（体験から、そう思う）。賢そうに古地図を見たいという欲求は翻訳すると、知識がほしい、人から知的に見られたい、といったところだろうか。しかし、何かを求める心は、ともすると古地図の楽しみから人を遠ざける。ものの役に立たないからこそ、古地図はゆたかで楽しい。話はいつも、ここに返ってくる。

ぼんやりは、ウォーミングアップ。

もちろん、知を求めるのは悪くない。町の歴史を知りたい、古地図そのものを知りたいなど目的を持つのは良いことだ。しかし、そういう時にも（遠回りに見えるだろうが）、ぼんやり眺めるのは有意義なひとときになる。ご利益は求めなくても、（たぶん）最後にはついてくる。いや、その方が益も大きい（これも、たぶん）。たぶん、などと自信のなさそうな書き方をしているのは、益がありますと断言してしまえば、とたんに古地図的ゆたかさから遠くなるからだ。たぶん、というくらいの肩の力を抜いた感じで向かい合う方が、古地図もきっと気をゆるしてくれる（やっぱり、たぶん）。

ぼんやり眺めるのは、古地図を楽しめる状態に自分を慣らしていくためのウォーミングアップみたいなもの。かつ、それ自体がすでに古地図と出会う楽しみにもなっている。ウソは言わない。これは私が、古地図の本を数冊書き、いくつも古地図を見ているうちに、しみじみとこみあげてきた実感である。

今から思えば懐かしい。最初に古地図を手にとりはじめた頃、私はひたすらぼんやり眺めるばかりだった。というより、それしかできなかった。いくら見ても、ただ「おお、色がきれい」とか「ああ、絵みたいやな」などと思うくらいで、せいぜい頭をはたらかせても、「今と街の形がどことなくちがう」とか、「地名が変わった場所がある」とか、見たままの感想しか浮かばず、何も考えられない。自分の脳みそが足りないのではないかと、悲しくなった。

実は、それでよかったのだ。そういう時、何か気のきいたことを考えよう、何か発見してやろうなどと意気込むのは、しばしば空回りを招く。せいてはことをし損ずる。言葉が出ず、ぼんやり眺めているとき、心の深いところで古地図との対話が始まっているのだ（想像だけれど）。そのままでいい。古地図に親しんでいるうちに、ゆるゆる準備ができてくる。便利で、正確で、役に立つ現代の地図を見慣れた目にしみついていたものが、だんだん剥がれ落ちてくる。そんな気がするという程度でいい。努力はいらない。ぼんやり眺めるのは、とても楽だ。気持ちが楽になるのは、それだけで楽しい。

そのうちに、疑問の芽が出る。小さいけれど大事な芽である。いろんな疑問がある。知識さえあれば解決するものも多い。

たとえば、先ほどの「新撰増補大坂大絵図」（P186）でいうと、市中に並ぶ●と▲の記号は何だろう❼。江戸時代の大阪は大きく三つの区域に分かれていた。これを大坂三郷と呼び、●は北組に所属する町、▲は南組の町をあらわす。無印は天満組の町である。こういうのは、図を理解するのに基本的な情報だが、大阪の歴史の本をひもとけば、わりとすぐに解ける疑問でもある。これはこれでいい。知識を得るのは大事だ。これもウォーミングアップの一つになるだろう。

問題は、知識だけではすんなり解けない疑問の方だ。知識に実感を付け加えてくれるのが、この種の疑問である。

そして、うっとり想像する。

知識はあった方がいい。でも、実感をともなわない知識は、危うい。掬《すく》い取れないものが出てくるし、身にもつきにくい。古地図的ゆたかさは、実感でつかむもの。皮膚感覚とでもいうのか。知識だけではすんなり解けない疑問が浮かんだ時が、チャンスである。

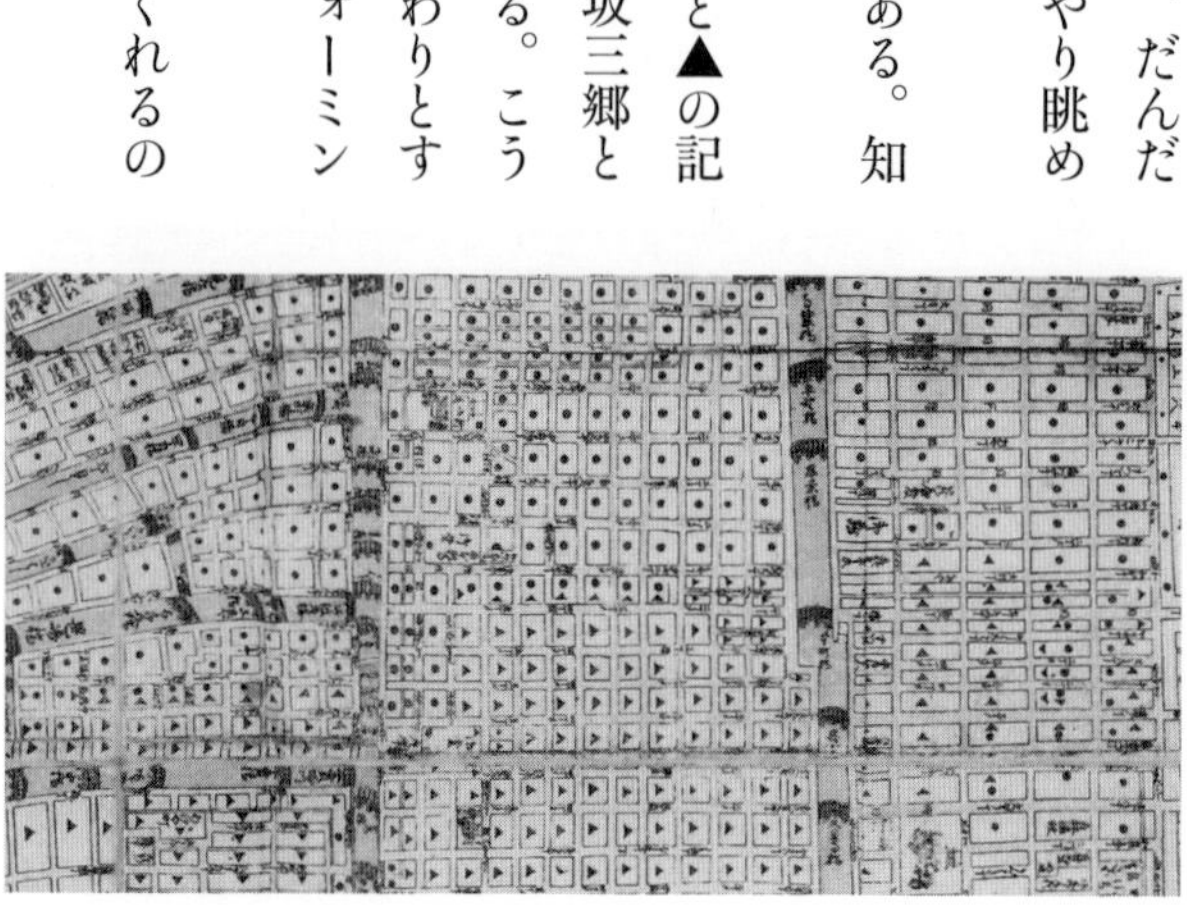

❼「オセロゲームで黒圧勝？」。はじめのうちは、アホな感想しか出てこない。しかし、それでいいのだ。

難しく考えなくていい。なぜなら、その種の疑問とは言い方を変えると、素朴な疑問、なんでもない疑問、おかしな疑問、子供のような疑問であるからだ。しょうもない疑問と言ってもいい。こんな疑問を口にしたら笑われそう、というようなのが、実は古地図への門を開いてくれる。

この文章を読んでおられる方のほとんどは、古地図の専門家になろうとか、学術論文を書こうとか、生涯の道楽にしたいとかではなく、もっと気軽な動機で関心を持っているのだと思う。それでかまわない。むしろその方が肩の力が抜けやすい。力が抜けないと、しょうもない、笑われそうな疑問は出てこないから。

そういう疑問を持つと、ひとつ良いことがある。

たとえば、「新撰増補大坂大絵図」は上町台地を山のような絵画的風景にして描いている。それは当時の人々がじっさいに山の風景を感じていたからだ。今、ほとんどの人は上町台地を山だとは思わない。ビル群にさえぎられて台地の姿はかくれている。では、大坂城から寺町まで南北につらぬく上町台地に山のイメージを抱くと、町はどんなふうに見えるだろうか。

どんなふうに見えるか、とは漠然とした疑問で、受けとり方も答え方もいろいろありそうだ。つまり、知識だけでは答えられない、この疑問をどうとらえるか、というところからスタートしないと何も考えようがない。古地図を楽しくしてくれるのは、実は、こういう疑問である。漠然としているぶん、想像が働くからだ。想像が働いている時、人は生き生きしている、とても楽しい。

想像はどこから始めてもいい。たとえば、今と違ってビルがない時代だ、とあたりまえのことを思ってみる。当時は背の高い建造物といえば四天王寺の五重塔や大坂城の天守閣くらいで、見晴らしが大変いい(その調子)。地形がそのまま人の視界を支配する(なんて気どってみたり)。高いところ、低いところ、どこに居るかで視界の広さが違う。見下ろせば周りは小さく見え、見上げれば大きく見える(へぇ〜)。視覚だけではない、坂を上がり下がりする足裏の感覚(じわっ)。台地の西の海から来て東へ抜ける風が、頬にあたる感触(す〜)。聞こえてくるものも、高いところと低いところでは違うだろう(そうなんや)。それは武家屋敷のある上町、町人の住む町場の違いでもある(なるほど)。

古地図という平面の世界が、少し立体的に感じられてきただろうか。五感に響くものはあっただろうか。こういうイメージのふくらみが、江戸時代を実感する助けになる。古地図に封印された過去が身近なものとして甦る(ような気がする)。

そのうち知識とイメージが結びついたりもする。

試しに、江戸時代の大阪の名所風景を描いた『摂津名所

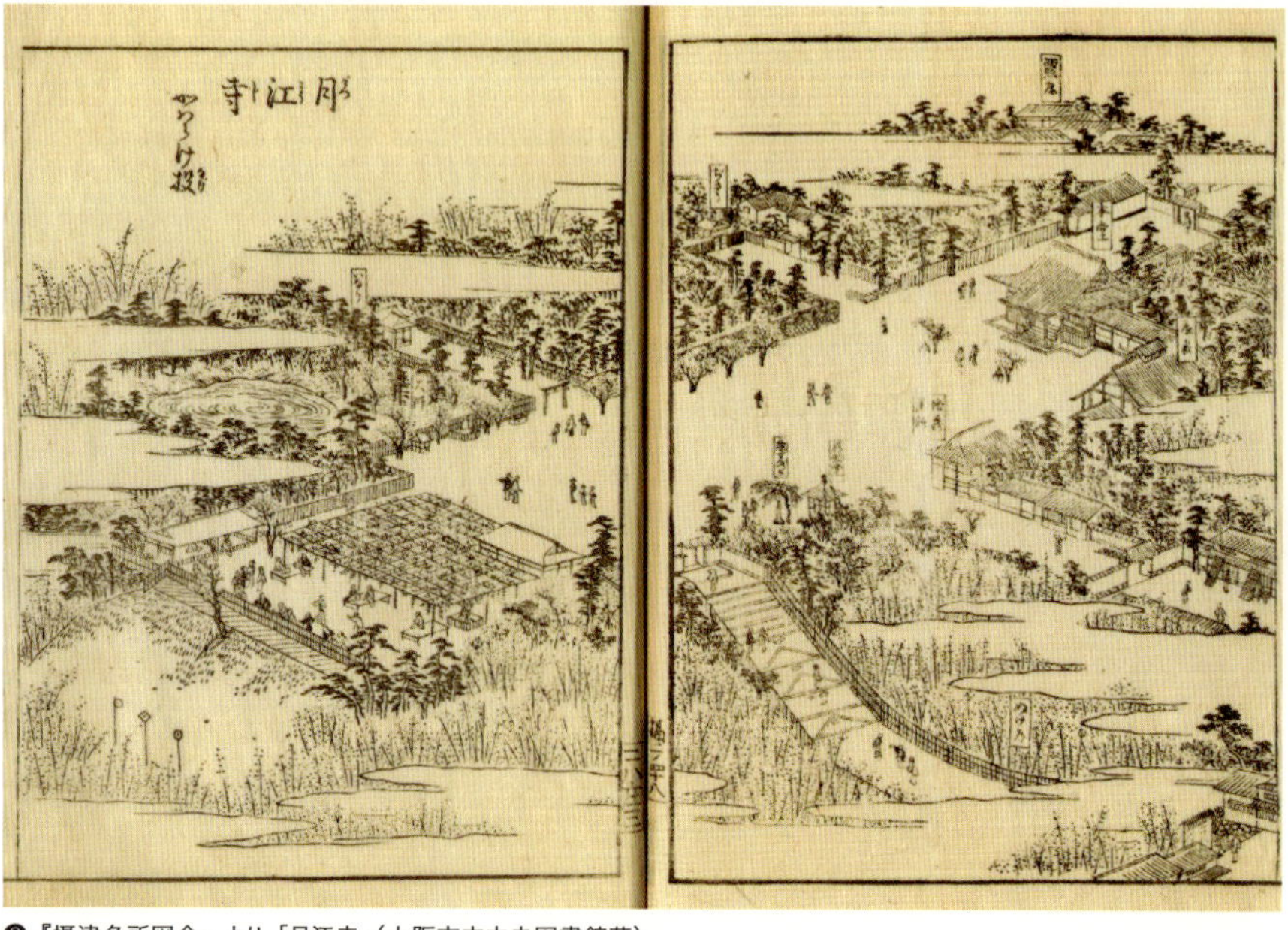

❽『摂津名所図会』より「月江寺」(大阪市立中央図書館蔵)

図会』を開いてみる。たとえば寺町の尼寺、月江《げっこう》寺の境内の端に崖があり、的をねらって、かわらけ投げの遊びができる❽❾。かわらけは素焼きの皿で、円盤のように宙を飛ぶ。下の古い錦絵には、寺町の坂の上で、海を見ているオランダ人（長崎の出島から来た商人）が描かれている❿。

元禄期に大阪を訪ねたドイツ人医師、ケンペルの『江戸参府旅行日記』には、同じく寺町の「山麓の森にある生玉神社」との一節がある。山麓の森とは、すごい。

古地図で山の姿に描かれていた上町台地のイメージは、さまざまな絵や文献の中に散りばめられている。たいていの読者は（私もそうだが）、こうした知識を見てもすぐ忘れてしまう。実感がともなわない知識は、儚《はかな》い。想像する楽しさと結びついて、知識はだんだんと生きたものになるのだろう。

もっとも、そうして得られたものは何かの役に立つ

❾月江寺のかわらけ投げ。左下に的が並ぶ。

❿長谷川貞信（初代）『なには名所百景』より「口縄坂」（明治元年作／大阪府立中之島図書館蔵）

かというと、そうではない。お金が儲かるわけでもなく、人に褒められるわけでもなく、お腹がふくれるわけでもない。しかし、役に立つものばかり追いかける生活がゆたかなのかというと、どうもそうは思えない。古地図に見るような、別のゆたかさが世の中にあってもいいのではないか。しょうもない疑問を胸に、楽しい想像をふくらませる時間が、人生にあってもいいのではないか。

街に出る、あてもなく歩く。

古地図の楽しみの多くは、机の上で味わえる。眺めるのも、想像するのも、古地図を広げるスペースさえあればできる。私が古地図を気に入っているのも、一人でいつでも楽しめるというのが大きい。それだけでも充分、古地図的ゆたかさに触れられると思うのだが、楽しみ方はまだほかにもあるようだ。

古地図を携えての街歩きが、流行っていると聞く。良いことだと思う。歩き方にもいろいろある。

たとえば、あらかじめ決められたコースを解説付きで巡る団体ツアーのような歩き方は、たいへん楽でいい。古地図の入門に向いている。ただし、古地図で楽しく迷うのには、あまり向いていない。うっとりと想像しながら歩くのにも、ちょっと無理がある。ツアータイプの街歩きは、一人歩きと使い分けをして楽しむのが良いと思う。

団体で歩いた後、改めて一人で歩いてみる。すると同じ道が、どこか違って見えるかもしれない。横道に入ってみたくなったり、ある場所でぼんやり立ち止まりたくなるかもしれない。そういうのは、想像力にスイッチが入った印しである可能性が高い。古地図的楽しみの新たな一歩かもしれないから、とりあえず気持ちに素直に従ってみることだ。

こういう歩き方をするためにも、一人歩きは時間をたっぷりとって出かけたい。これまで団体ツアー式の街歩きに馴染んできた方も、その経験をもとに一人で歩いてみてほしい。同じ道が違って見えるという体験が、どれだけわくわくするものか、きっと味わっていただけると思う。

ともあれ、古地図は地図だから、それを見ながら街を歩くのは自然な流れともいえる。机上での古地図散策より、実際に街を出歩く方が好きという方も多いだろう。古地図に載っているのは過去の街で、現在の街には無いものが載っていたり、在るものが無かったりする。古地図を携えての街歩きは、現在と過去の時間差を歩く、歴史に足を踏み入れる、というような試みでもあるかもしれない。まあ、そんな大袈裟に考えなくても、とりあえず歩きだしてみることだ。

とりあえずといっても、どこから手をつけていいか、わからない方もいるかもしれない。難しく考えなくていい。古地図を見ていると、なんとなく気になる場所、つい目がとまる場所、好ましい地名、未知の地名などいろいろ出てくる。どこでもいいから行先を決める。ついでに何かひとつ目的を決めておく。賢そうな目的はいらない。しょうもない目的でかまわない。

本当はあてもなく歩きたいのだが、まったく何のあてもなく歩くのは初心者には簡単ではない。しょうもなくても何か目的があると、手がかりになって歩きやすい。私もまだまだ未熟なので、まったくのあてなし歩きはちょっと辛い。が、ともかく歩きだせば、そのうちに足があっちこっちへ身体を運んでくれる。あてがなくても大丈夫。知っている道も知らない道も同じように新鮮に見えるのが、とにかく楽しい。半日、1日があっという間に過ぎる。ふだん運動をしていないのに、意外と疲れないので不思議に思ったりもする。楽しいと疲れも少ないのだろう。古地図を見ながら今の街を歩く。現在と過去の時間を行き来する体験は、理屈ぬきで面白い。

さて、論より証拠、次にパラダイス体験の実例を二つお届けする。

パラダイス体験――〈実例①空想編〉

天保古地図と大塩の乱の謎。

なぜ乱は起きたのか？

手元に天保8年（1837）刊行の「**天保新改摂州大阪全図**」⓫の復刻版がある。いつもなんとなく見ていて、水色の彩色がきれいやなあ、と思っていたのだが、ある時ふと気がついた。この地図が発行された年は、大塩平八郎の乱が起きた年である。それまで気がつかなかったのは迂闊《うかつ》だが、私の歴史知識はまあ、こんなもの。以後、急に大塩平八郎に興味がわいてきて、読んだ本の中に森鴎外の短篇小説「大塩平八郎」があった。そこに描かれた乱の日の大塩一党がたどったルートは、著名な大阪史家の幸田成友が残した文献を参照しているそうだ。

それで幸田成友『大塩平八郎』を読み、さらに岡本良一『大塩平八郎』、宮城公子『大塩平八郎』『大塩中斎』へと、定評のある大塩研究本を読みすすんでいった。乱が起きていく過程や時代の背景について、かなり詳しく説かれていた。ところが、一方で疑問が浮かんだ。大塩平八郎はなぜ乱を起こしたのか、理由がわかったようでわからない。宮城公子『大塩平八郎』がこの問題に肉迫しているが、結論が出たとは言い切れないようにも思った。

大塩事件研究会という学者グループの機関誌『大塩研究』第64号（２０１１年3月発行）を見た。研究会創立35周年記念号とうたわれたこの雑誌で、大塩平八郎がなぜ乱を起こしたかを考察する論文が載っていた。歴史の専門家が集って35年研究をつづけて、なお乱の理由が問われている。つまり、まだ考える余地がある、解き明かされてはいないのだ。素人の私がわからないのはあたりまえである。

一般には、飢饉に苦しむ民の窮乏を救い、暴利を貪る大商人と悪政を敷く奉行に天誅を加えるため、一命を賭し

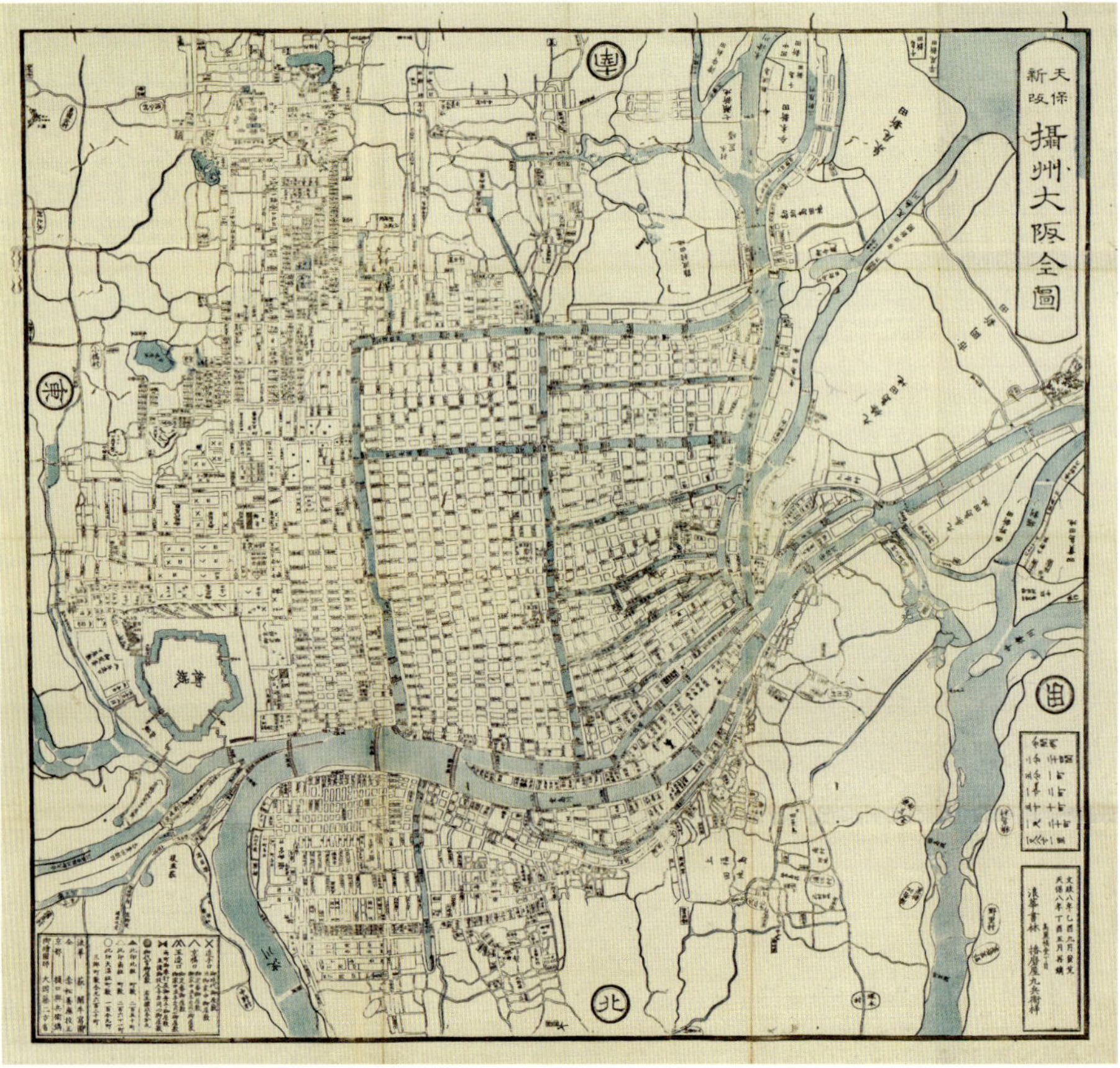

⓫「天保新改摂州大阪全図」（天保8年発行／大阪教育大学付属図書館蔵）

て蜂起したのだといわれている。乱の前に大事な蔵書を売り払い、600両以上のお金に替えて、困っている人たちに配ったりもした。志はかなわず、乱は鎮圧され、その後大塩は自害した。乱で起きた大火事で焼け出された者が大勢出たが、大塩を恨む声は無かったともいわれ、民のために起ちあがった義憤に燃える熱血漢のイメージは今でも広く浸透している。民に迷惑をかけるのを省みず、町に火をはなった短気な男という声も一方にあるが、少数派のようだ。

なぜ乱を起こしたかという問いは、大塩の心の中で何が起きたのかを問うのと同じで、大塩はすでにこの世にいないから、本当のところは確かめようがない。それでも、「なぜ?」と問いかけたくなるのは、どうやら古地図のせいらしい。古地図には、なぜなぜと問い続けて大人を困らせる子供の心へ、人を帰らせる力があるようだ。良いことなのかどうかは、わからない。あまり世の中の役に立ちそうにないことであるのは、わかっている気がするけれど、しょうもない問いかけは止まらない。なぜなぜと問いかけるのは面白い。35年も大塩研究を続けて飽きない学者グループの方たちも、子供の心をお持ちなのだろうか(一緒にするのは迷惑とお叱りをうけそうだが)。

話を「天保新改摂州大阪全図」にもどす。

ある日、この図を広げて、大塩平八郎とその一党が乱の当日、どんなルートを通り、火をはなち、戦闘を行い、敗れていったのか、図上でたどってみた。そして、思った。やっぱり、大塩の乱はわからないと。

乱のルートを古地図でたどる。

大塩一党が乱の日に通った道筋⑫について、あらましを書き出してみる。

天保8年（1837）陰暦2月19日朝5つ時（午前8時）、大塩平八郎の住む与力屋敷の南に隣接する川崎東照宮の境内に勢揃いした大塩一党総勢100余人が救民の旗を押し立て、決起した。まず向かいの与力朝岡の屋敷に大砲の第一発を撃ち込み、天満橋筋の長柄町に出て、北へ源八橋まですすんで、与力町を西へ折れた。天満宮のそばを通って天神橋までくると、橋はすでに奉行所の手でこわされていた。この時点で大塩一党は300人ほどにふくれあがっており、菅原町河岸を西にすすんで太平橋を渡り、樋之上町河岸を難波橋のたもとに出た。こちらも今まさにこわされようとしていたが、大塩たちは渡りきる。船場に入ると、総勢は二手に分かれた。一方は今橋筋の鴻池善右衛門、同兵衛、同善五郎、天王寺屋五兵衛、平野屋五兵衛など大商人の屋敷、もう一方は高麗橋で奉行所の一隊と交戦し、高麗橋筋の三井、岩城桝屋などの大店を襲撃してのち、東横堀川の東川岸でふたたび合流、内平野町まで出て平野町の米店数店に火をかけ、平野橋の東詰に着いた。そこで奉行所隊と遭遇し、鉄砲をつるべ撃ちして混乱に陥れた。大塩一党からも戦闘のたびに逃亡者が出て100人余に減っており、淡路町を西へ退いた。そこでまた奉行所隊との撃ち合いになり、大塩隊はさらに減って統制がとれなくなった。大塩は働きもこれまでと、おもだった者を集め

「銘々この場を立ち退いて然るべく処決せられい」と言い渡す。大塩はなおも残った10余人の一行と淡路町二丁目から東平野町を過ぎ、焼け跡の町を抜けて、東横堀川の西川岸に出た。高麗橋、天神橋を渡り、7つ時（午後4時）には八軒家に到着。船で逃亡した。

これは拙著『大阪古地図むかし案内』のあとがきで、間違いさがしの練習問題として載せた文章に一部手を加えたもの。間違い箇所は訂正済みである。

大塩平八郎が配布した檄文によれば、決起の直接の目的は、民を苦しめる諸役人を誅伐し、驕慢な金持ち町人を誅戮し、彼らが蓄えた金・銀・銭と米を困っている民に分け与えることにあった。天下国家を奪い取る欲心あっての行いではなく、あくまで民を憐れみ、奸人どもに天誅を下す誠心から出た挙なのだという。

大塩一党が徳川家康を祀る川崎東照宮で決起したのは、目的が徳川幕府への謀反ではなく、幕政をねじ曲げている諸役人への攻撃だという意識からなのだろう。川崎東照宮は大塩の住まいの近くでもあった。

まず大砲を撃ち込んだのは、大塩邸の向かいの与力の屋敷だった。本当は、その日の午後に東町と西町の奉行がその屋敷に立ち寄るのを狙って襲撃し、討ち取るはずだったのだが、密告で計画が漏れたのを知って決起を早めた。大塩は奉行がいないのを承知のうえで、与力屋敷を砲撃した。与力町の方へ回ったのは、そこに並んでいる与力屋敷を大砲や火矢で攻めるためだ。大坂城と東町奉行所を避けたのは、早い段階で鎮圧部隊と遭遇して計画を頓挫させられたくなかったからと思われる。

考えながら行動している。しかし、奉行討ち取りという大目的はすでに失敗していたのである。

そうして難波橋を渡ると大塩一党は二手に分かれ、今度は金持ち商人たちの屋敷を炮碌玉や大筒、鉄砲で襲撃していく。豪商の鴻池の屋敷からは金4万両を略奪したともいわれながら、民に分与できなかったので、もうひとつの大目的も達成できたとはいえない。

横堀川の川岸で一党はふたたび合流し、平野町の米店も襲ったあと、淡路町へ向かった。この間に放った火のため大火災となり、翌日の夕刻まで燃え続けて市中の5分の1が焼けた。奉行所の鎮圧部隊とは3度の銃撃戦を行い、大塩一党は離脱者が続出。大塩は自ら蜂起を終結し、逃亡をはかった。檄文では、民に決起への参加を呼びかけていたが、それもかなわなかった。

古地図をあらためて眺めつつ、乱の経緯をふりかえると、わからなさの理由が少しずつ見えてくる。

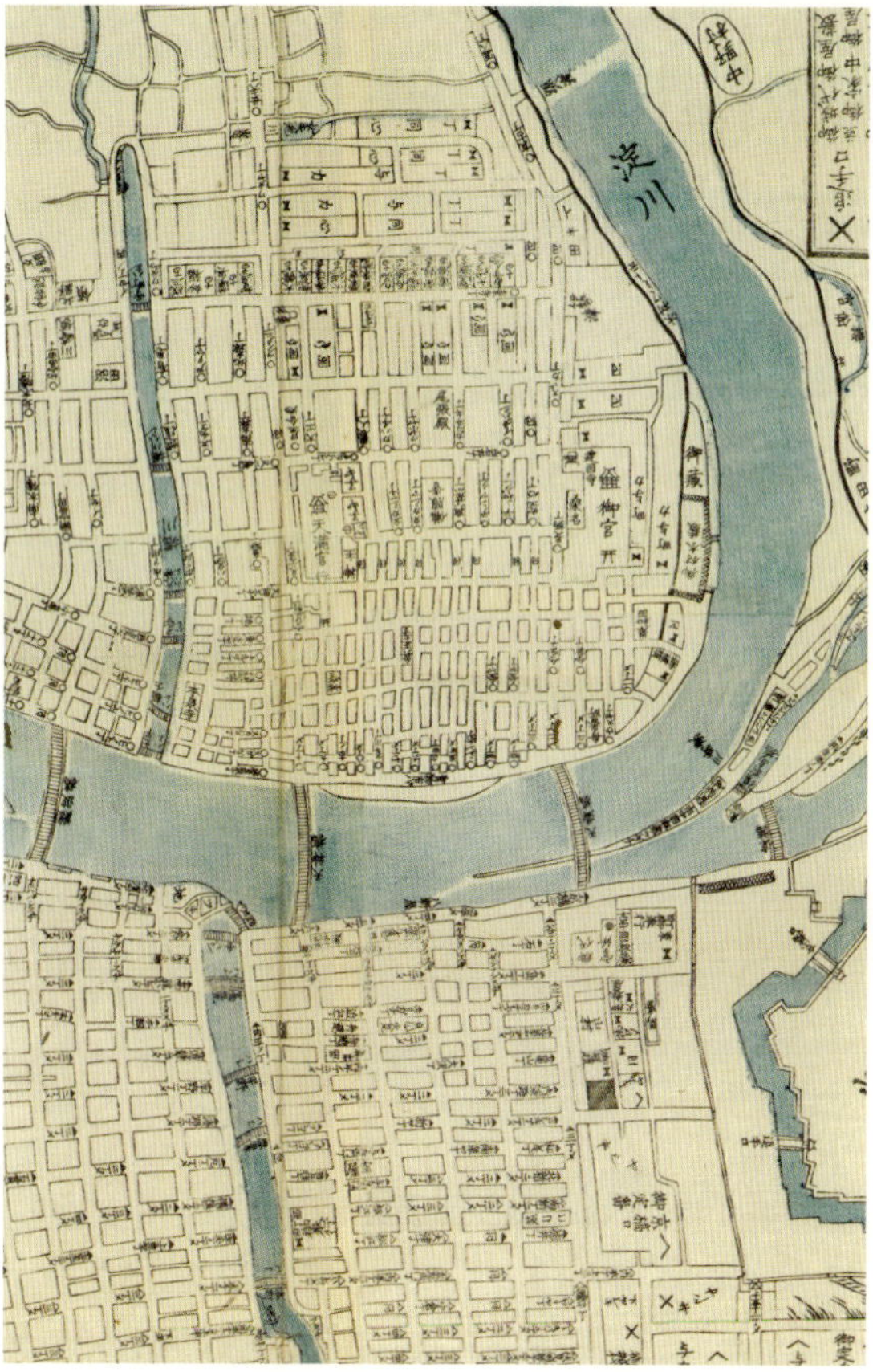

⑫大塩の乱の舞台になった天満周辺・北船場・東横堀川西岸一帯。

わからなさを楽しむ。

古地図を見るかぎり、大塩のたどった道筋は、決起の目的にかなったもののようだ。奉行襲撃、与力町攻め、大商人屋敷襲撃。しかし、先述のとおり、計画は始めから誤算の連続だった。にもかかわらず、大塩は律儀に計画を遂行していく。

決起したからには命を捨てる覚悟である。あとには引けない、引く気もないのは、わかる。その意味で、大塩の行動は、理解できないものではなさそうに見える。

しかし、古地図で乱のルートを見直すたびに、どうしてか、そういう月並みな想像を超えた何ものかを感じてしまう。古地図で見るかぎり、大塩は計画どおりにすべてを成功させながら迷いなく突き進んでいるように見えるのだ。乱の実態は誤算と失意の連続だったはずだ。変ではないか。

どうでもいいことに、こだわっていると思われるかもしれない。決起した以上は行くところまで行くしかない、乱のルートに内心の葛藤まではあらわれない、という考えもありそうだ。実は、私も半分そう思っている。でも、あとの半分は、一貫性があるようでどこか変な大塩のルートに、乱の内実を探る鍵が隠れているような気がしている。見えないはずの大塩の心の中が、垣間見られるようにも思う。それは歴史の問題というより、文学あるいは心理学の問題なのかもしれない。もともと歴史と文学はきょうだいだ。文学と心理学も近い親戚だ。つい想像をふくらませたくなる刺激剤が、ここにはある（という気がして仕方がない）。

古地図は地理情報だけでなく、歴史や文学にまつわる情報も散りばめられている。絵画的な表現には美術の要素もある。「この街はこんな街」という制作者の主観が色濃く反映されたメディアでもある。とても人間臭いものであるのは、本書のこれまでの章を通じておわかりいただけると思う。そういうメディアだからこそ、割り切れない疑問、しょうもない問いかけの誘い水になるところがある。古地図は学ぶより、想像するもの。そう考えた方が楽しいということだけは、確かだ。知識はあとからついてくる。まずは楽しみたい。

大塩は歯車の狂った計画を粛々と遂行しながら何を思っていたのだろうか。一党が解散するまで、さしたる乱れの見られない古地図の上のルートに、大塩という人物の骨がありり、秘められた謎があるような気がしてならない。謎の中身は何なのか、答はあるのか、今の私はまだ語る準備ができていない。わからなさの理由が少しわかったかな、というところでしかないのだが、それでもすでに充分面白さを味わっている。

なんだと拍子抜けした読者もおられるかもしれないが、謎は簡単に解けないから楽しい。開き直りと言われそうだが、実際そうなのだ。私が古地図に魅力を感じるのも、わからないことだらけだから。つまり、人間みたいだからだ。

古地図は謎を楽しむメディアであると思えるなら、わからないわからないと言いながら、答の出ない問いかけをやめない面白さが自分のものになる。もっとも、私の場合は自分のものにしたというより、ものにされてしまったという感じで、どうも頼りない。というわけで、今日も古地図を眺めながら、わからないと頭を抱えている。

パラダイス体験――〈実例②散策編〉

大正古地図、謎の名所赤手拭。

謎の答えは現地に。

大正11年（1922）に発行された「**大阪遊覧案内地図**」⑬という地図を大阪市立中央図書館で見つけて眺めているうちに、もっとゆっくり見たくなり、複写許可を申請して、コピーを家に持って帰った。なかなか面白い地図である。どんな中身なのかは拙著『続・大阪古地図むかし案内』に詳しく書いたので省略するが、その時に書きもらした話があるので、この機会に記しておきたい。

コピーを眺めて何日かが経ち、ふと気がついた。図中に地名を○で囲った箇所がいくつかある。凡例を見ると、名所のしるしである。

「大阪遊覧案内地図」という題名からして、大阪観光のお誘い用に作られたものと伺える。大正時代は電鉄網が整備されて、名所巡りも便利になった。遊覧という言葉の軽やかな響きが、なんとも楽しそうだなどと思いながら、○で囲まれた箇所をあらためて見渡し

箕面電鉄線
山陽線
嵐山電車線
東海道本線
京都市
京阪電車線路
奈良線
櫻宮線
関西線
淀川
湊町柏原間
南海電車併用線

⑬「大阪遊覧案内地図」(大正11年／大阪市立中央図書館蔵)

た。大阪城、天満宮、北御堂、南御堂、高津神社、生玉神社、四天王寺など古くからおなじみの名所があった。天王寺公園（新世界）、千日前（歓楽街）、泉布観（造幣局応接所）、商品陳列所（物産展示場）など近代になってからの名所もあった。それぞれ、どういう場所なのかは見当がつくので、新たな感想が浮かぶこともなく、なんとなく目線を滑らせていたのだが、やがてある一点で目がとまった。

赤手拭と記されて、○で囲ってある⓮。

名所赤手拭？　はて、聞いたことがない。地名だろうか、建造物の名前だろうか、あるいは名産品の呼び名？　ほかの○印をひととおり見たが、由来がわからないのはここだけだった。手元の資料をいくつか開いてみたが、わからない。赤い手拭とは、なにやら暗号めいている。そそられる。

すでに何度も見ていた地図なので、赤手拭という文字は目に入っていたはずだったが、記憶にない。その時、発見したのである。古地図を眺めて気になる箇所が出てきたら、チャンス到来。古地図的ゆたかさに触れるきっかけになるかもしれない。

さて、具体的にどうするか。これ以上、部屋にいても手がかりが見つからない以上、外に出るしかない。どこへ？　図書館に行って調べたら、何かわかるだろうか。あるいは現地に行ってみるとか。

で、現地に行こうと思った。その場に足を運んだからといって、解答が見つかる保証はない。図書館の方が見込みがあるのではないか、という考えもあるけれど、どうしてか現地を歩いてみたくなった。その時の気分としか言いようがない。とにかく、気分に従うこ

⓮赤手拭の真ん前に、市電停留所・稲荷町ができたのも、そこが名所だから。

とにした。

名所赤手拭とは?

「大阪遊覧案内地図」によると、問題の赤手拭は難波のターミナルの西およそ1キロの地点にある。この地図の難波周辺にはほかに千日前・鉄眼寺・戎社に○印がついている。話のついでに、当時の名所風景を振り返っておく。

千日前は江戸時代に墓場と刑場があったが、明治3年(1870)に刑場が廃止され、墓場は阿倍野に移転して、一帯は歓楽街になった。明治45年(1912)に南の大火と呼ばれる大火事があり、千日前も被災。大正2年(1913)、焼け跡に東洋一の大歓楽場をうたい文句にした楽天地が開業した。

鉄眼寺⑮は通称。江戸時代の名僧、鉄眼が中興の祖となった黄檗宗の寺院で、正式名は瑞龍寺である。黄檗宗は日本三禅宗のひとつ。中国風の堂塔が異国情緒たっぷりで、浮世絵にも好んで描かれ、明治以後も名所として親しまれた。

戎社は1月の十日戎の賑わいで知られる今宮戎のこと。これまた江戸時代からの名所で、参詣客も多かった。

いずれも古い歴史をもち、図が発行された大正時代にまで受け継がれた名所である。「赤手拭」もそうした由緒ある名所の一つなのだろうか。だとしたら、なぜ、名前が知られていないのだろう。すでに地上から消え去った名所なのか。昔、そこで赤い手拭を売る評判の

⑮こちらも名所、鉄眼寺。

店があったのか。評判になるほどだから、よほど見事な赤手拭だったに違いない。赤手拭名人と呼ばれる腕利きの職人がいて、店の亭主は赤手拭親方などと呼ばれて、誰もが赤手拭を欲しがった、などという過去があったのだろうか。それにしても、「赤手拭」とは妙な名前だ。手拭がいったいどうしたというのだ。赤く染めてどうする。何に使う。よくわからない。

わからないまま、難波の駅に降り立った。「大阪遊覧案内地図」で見る難波駅は南海電鉄の終点である。今は近鉄、JR、そして地下鉄御堂筋線・四つ橋線・千日前線それぞれが難波駅をもつ。JR難波駅は、この図では国鉄の湊町駅だ。湊町駅は近年、私鉄・地下鉄の難波駅の繁栄に押され、名称を難波駅と改めた。

当時は難波駅と湊町駅が賑わいを競っていた。図では、難波駅と湊町駅のまん中あたりに鉄眼寺がある⑯。ちょうど赤手拭と同じ方向なので、寄っていく。江戸時代には道頓堀のお茶屋からでも、鉄眼寺の立派な堂塔が見えたという。西鶴の『男色大鑑』などにそう書いてある。大正時代は、難波駅と湊町駅にはさまれた立地だけに開発がすすみ、見晴らしはそれほどよくなかったのではないか。現在は境内が小さくなった。堂塔は戦災で焼けてしまい、今見られるのは再建されたもの。コンクリート造ながら、中国風の趣を残している。

かつての湊町駅あたりは、O-CAT、産経新聞大阪本社がある。ビルの景色を横目に、西へ向かう。ミナミの繁華さからは離れ、車の流ればかりが目に映る。黙々と歩いていくと、なにわ筋に行き当たり、横断歩道を渡る。

そろそろ、赤手拭に近づいてきた。「大阪遊覧案内地図」を手に、周りをうかがいながら、

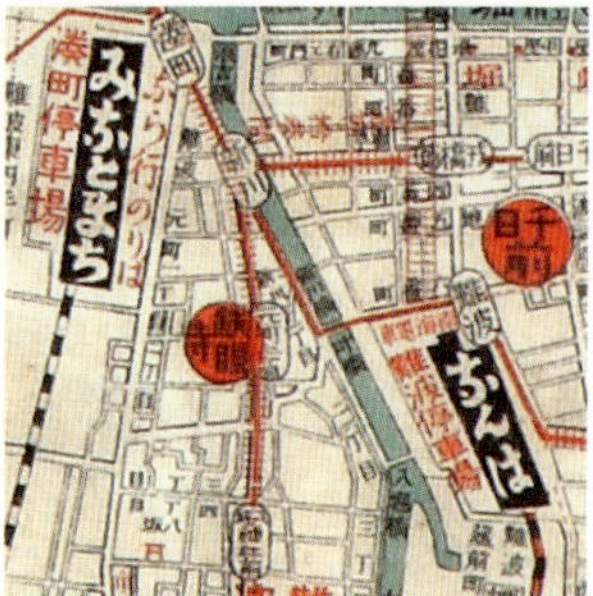

⑯停留所名の湊町は、かつての水運華やかな時代の名残。

住宅とオフィス、工場が混じりあった風景の中を行く。このあたりと思える区域に来たが、それらしきものは見えない。やはり赤手拭は無くなってしまったのか。

ふと、どうしてこんなところを自分が歩いているのか、不思議な気がした。気がつくと、ぼんやりとただ街を眺めていた。笑ってしまう。この状況は緊張の緩和（笑いについての桂枝雀さんの説）か、などと思考が横滑りしていく。こういう脱力状態のときに、しばしば出来事は起こる。この日がそうだった。

せっかく来たのに赤手拭はどこだと思いながら、もう一度あたりを見渡してみると、何やら視界に飛び込んできたものがある。鳥居だった。

縁は異なもの。

こんなところに神社がある。近づいて、鳥居を見上げて驚いた。赤手拭稲荷と書いてある⑰。

赤手拭とは、お稲荷さんの名前だった。おお、と思った。半分は、見つけたぞという感激。もう半分は、どうして稲荷神社が赤手拭なんだという疑問。境内に入ってみると、神社はとても小さかった。端から端まで歩くのに、たぶん1分もかからない。大阪名所として地図に載るような場所とは、どうも思えない。

ところが、そのとき、またも目に何かが飛び込んできた。境内に赤く染まった一角がある。木枠に何本も掛けられた赤い手拭だった⑱。近寄ると、1本1本に筆で名前が記して

⑱奉納された色鮮やかな赤手拭。

⑰赤手拭稲荷神社。境内には赤い幟もはためいている。

ある。おおお、と思った。半分は、赤手拭発見の感動。もう半分は、どうして赤い手拭を掛けるんだという新たな疑問。しかも名前入りで。

これは神社で訊くしかない。すぐ横に社務所があった。閉まっている窓越しに、「ごめんください」と声をかけたが、開く気配はない。社務所は住居と続きになっているようで、横にまわると玄関があった。インターホンを押し、何度か声もかけてみたが応答はない。留守とは運が悪い。

境内をしばらくぐるぐるして、外に出た。道は車も人も往来がなく、がらんとしている。空は晴れて、雲がのんびり流れていく。神社の向かいは、会社と住宅、店舗が入り混じっている。中に一軒、床屋があった。昔々からここでチョキチョキやってきましたという風情で佇んでいる。「ごめんください」とドアをあけると、散発を終えたらしい頭のさっぱりしたお年寄りと、ひと仕事してほっとしている感じの親仁さんが、並んでこちらを見ていた。

「つかぬことをお伺いしますが…」と、お向いの神社の由来を尋ねると、待ってましたという勢いで答が返ってきた。

お二人の話によると、このあたりは町名を稲荷町といい、戦前は一帯が広々とした赤手拭稲荷の境内だった。道頓堀に近いという場所柄、役者のお参りが多く、ミナミの芸妓などもよく見かけて、華やかだった。祭礼の日の賑わいは相当なもので、大阪名所のひとつに数えられ、古い地図にも大きく載っていた。赤手拭はお参りした人が願掛けをするのに使うもので、戦国時代の武将が始めたともいわれ、神社の名前の由来にもなっている。戦後の復興期に、土地の所有権の問題でいろいろあって、今は小さな境内になったが、古い住人はかつての盛大だったお稲荷さんのことを覚えている。上方落語にも赤手拭稲荷が出てくる「ゾロゾロ」という噺があるが、最近はこのネタも演じる人が少ないようで…。おおおお、と思った。半分は、謎が解けたという歓喜。もう半分は、ここに私を導いた縁への感謝。行き当たりばったりの末に訪ねた床屋で、こんな驚きが待っていたとは。

気分にまかせて歩いて迷って、思いがけない結果を得た。うまくいくときは、こんなものである。もちろん、毎度こんなふうに収穫があるわけではないが、うまくいかないときがあるから、うまくいったときに感じとれるものも大きい。

そんなわけで、古地図をたずさえて街に出るのは、いつも心地よい緊張感がある。迷いながらの一人歩きの面白さは、一度知ったらやめられない。

〈赤手拭後日談〉

ある日、ついに赤手拭稲荷の宮司さんにお話が聞けた。それによると、赤手拭とは垢のついた手拭をさし、働き者の意味だったとか。垢手拭を奉納すると、お稲荷さまが働きを褒めてご利益をくださったのが、そもそものはじまり。垢がいつしか赤になり、赤手拭を奉納するようになったというのだが、この伝承も定説というわけではなく、真相はわからないとのこと。いただいた由来書には、その他の説も紹介され、裏面には赤手拭稲荷が登場する古典落語「ゾロゾロ」の一節が載っていた。宮司さんは終始ニコニコとお話してくだった。この日も、天気は晴れ。赤手拭は神社の一角に何本も奉納されていた。

エピローグ

遠い昔、少し遠い昔、ついこのあいだの昔。

遠い昔、最初の地図が描かれた時のことを想像してください。

誰かが地面を、拾った石ころでひっかいた。何かを描いた気はなくて、ただいたずらに、手を動かした。

ひっかいた跡が線になり、なんとなく、また手が動き、線の端に点を打った。

しばらく眺めた。すると、何かが足りない気がしてきたので、もう一方の端にも点を打った。

そこを離れられないまま、なおも眺めた。

自分は何をしているのだろう。答の代わりにひらめきがあり、点のひとつが今ここ、この場所だと思った。

線はさっき歩いてきた道。もうひとつの点は自分がそこから来た場所。

目を閉じた。頭の中に、ふたつの場所と一本の道がひとつの空間になり、ぽっかり浮かんだ。

目を開いた。地面の上に、ふたつの点と一本の線。世界のかたち。

こうやれば、外の世界を頭の中に写しとれる。点と線をいくつも使えば、どこまでも。

地図という呼び名がまだない、生まれたばかりのそれは、感動の冷めやらぬまま、次の人へと伝えられた。

少し遠い昔、生まれて初めて日本地図というものを見た人のことを想像してください。

我々が日々暮らしているこの国の大地のかたちは、こんなふうになっている。

北の果てはここ、東の果て、西の果て、南の果てはここ。今居るところはそこ。

ここは日本だと知ってはいたが一度も見たことがなかった日本、それがここに、自分はそこに。

想像がかたちを与えられるということの感動を、地図は呼び覚ます。

ついこのあいだの昔、飛行機が空を飛びはじめた頃、
地上の風景を、山や川や町や村を見下ろした飛行機乗りたちは、こう叫んだ。「地図とそっくりだ！」

頭の中の地図の風景が眼下にそのまま広がっている。地図と世界は、なんてぴったりなんだろう。

飛行機乗りたちの見たものを想像してみてください。

古地図を広げるのは、かつての人々が地図をとおして体験した驚きを追体験する試みです。

この時、この街はこんなかたちだった。こんなふうに人々は風景を見ていた。時代を感じとっていた。

生き生きとした人の営みが共感につながる瞬間が、古地図パラダイス。

そんなふうに考えられたら、とても楽しい。

何か有意義な目的を持って、古地図に学ぼうとする方も、もちろん歓迎。

大阪のこと、日本のこと、地図のこと、歴史のこと、気軽にひもといてみたい方、もちろん大歓迎。

パラダイスの入口は広い。パラダイスは楽し。

多くの方に、古地図との素敵な出会いがありますように。

謝辞

本書のプロローグおよび第一章から第五章は、２０１２年4月～10月、5回にわたって行われたナカノシマ大学（会場・大阪市中央公会堂）での連続講座をもとに、加筆したものです。第五章には、産経新聞（２０１２年12月6日付夕刊）への寄稿も掲載。実践編は、２０１２年4月発行の『大阪人』5月増刊号（古地図特集）に執筆した内容の一部。これらにエピローグを加えて構成しています。古地図の楽しさをいろいろな角度からお伝えしようと考えた結果、こうなりました。

もともと1回だけの講座の予定だったのが、連続講座になり、書籍化の計画が持ち上がり、だんだん話が大きくなって、本書ができあがっていく途上で、ふと浮かんだ言葉がパラダイス。考えてきた道筋を、言葉にしたらこの5文字。おお、本書のタイトルはこれだと思い、その時たまたま電話をかけてきた編集担当の大迫力さんに、その旨を告げると、ムフフと笑って「ポップですねえ」と一言。これを書いている今の時点では、まだタイトルは決っていないので、パラダイスの文字が表紙に躍るがどうかはわからないのだけれども、本文中にも何度もパラダイスって書いたのだし、できれば、このまま行ってもらいたいものです（笑っていたのも、ウケたのだと好意的に解釈しておこう）。

というわけで、原稿はあと数行でできあがり。大迫力さんには編集だけでなくナカノシマ大学でも大いに力になっていただきました。連続講座を盛況に導いてくださった１４０Bの中島淳さん、それにスタッフの皆様には、この場をかりてお礼申し上げます。『大阪人』の原稿を本書に加えるようアドバイスをいただいた江弘毅さんにも感謝。そのアイデアで、本書がより充実したものになりました。津村正二さんのブック・デザインも、いい仕事をしていただきました。

最後に、本書をお読みいただいた読者の皆様、ありがとうございました。とにもかくにも、パラダイスは楽し。最後の最後も、この言葉でしめくくりたいと思います。

２０１３年5月　本渡　章

参考文献

『地図を作った人々』ジョン・ノーブル・ウィルフォード、1988年、河出書房新社
『世界文学にみる架空地名大事典』アルベルト・マングェル、ジアンニ・グアダルーピ、1984年、講談社
『人間の土地』サン=テグジュペリ、1998年（改版）、新潮文庫
『日本地図史』金田章裕・上杉和央、2012年、吉川弘文館
『地図集』董啓章、2012年、河出書房新社
『国絵図』川村博忠、1996年、吉川弘文館
『元禄文学を学ぶ人のために』西田耕三・上野洋三・井上敏幸編、2001年、世界思想社
『グーテンベルクの銀河系』M・マクルーハン、1986年、みすず書房
『人間拡張の原理』M・マクルーハン、1967年、竹内書店
『浮世絵の歴史』小林忠監修、1998年、美術出版社
『東と西の語る日本の歴史』網野善彦、1982年、そしえて
『日本史を考えるヒント』網野善彦、2001年、新潮社
『図説・伊能忠敬の地図を読む』渡辺一郎、2000年、河出書房新社
『四千万歩の男 1～5』井上ひさし、1990年、講談社
『尋常小学修身書　巻六』1922年、文部省
『大阪建設史夜話　附・大阪古地図集成解説』玉置豊次郎、1980年、大阪都市協会
『定本織田作之助全集　第五巻』織田作之助、1976年、文泉堂出版
『山崎豊子全集 1』山崎豊子、2003年、新潮社
『稲垣足穂』（ちくま日本文学全集）稲垣足穂、1991年、ちくま文庫
『大阪古地図むかし案内』本渡章、2010年、創元社
『続・大阪古地図むかし案内』本渡章、2011年、創元社
『続々・大阪古地図むかし案内』本渡章、2013年、創元社
『大阪人』2012年5月増刊号・古地図特集、都市工学情報センター
『古地図コレクション』（図録）1994年、神戸市立博物館
『堺と三都』（図録）1995年、堺市博物館

本渡章（ほんど・あきら）
1952年大阪生まれ。作家。編集者などを経て文筆業に。1996年、第三回パスカル短篇文学新人賞優秀賞受賞。著書『大阪古地図むかし案内』『続・大阪古地図むかし案内』『続々・大阪古地図むかし案内』『大阪暮らしむかし案内』『大阪名所むかし案内』『京都名所むかし案内』『奈良名所むかし案内』（以上、創元社）、『大阪人のプライド』（東方出版）など。共著書に『大阪の教科書』（創元社）、編著書に『超短編アンソロジー』（ちくま文庫）がある。

◎付録解説

「大阪府鳥瞰図」

吉田初三郎作／昭和7年（1932）発行

航空写真では、こうはいかない。天守閣が復興してまもない大阪城をはじめ、初代の通天閣、四天王寺の五重塔など新旧名所が、風景にくっきり際立つ。大正の広重と呼ばれた吉田初三郎は、全国各地の街や名所を描いたパノラマ地図で人気を博した。左上に、小さく富士山が見える。本当は、画面からはみ出て見えないはず。風景の両端をU字に曲げ、画面にはめ込む初三郎式鳥瞰図のなせるわざである。裏面に名所案内記を掲載。観心寺、桜井驛址、四条畷神社など南朝と楠木正成ゆかりの史跡が並ぶのが、戦前の時代の空気である。（本文P184参照）

大阪古地図パラダイス
2013年7月3日　初版発行

著　者　本渡　章
発行人　中島　淳

発行所　株式会社140B（イチヨンマルビー）
〒530-0004
大阪市北区堂島浜2-1-29　古河大阪ビル4階
電話　06（4799）1340
振替　00990-5-299267
http://www.140b.jp

印刷・製本　図書印刷株式会社
デザイン　津村正二（ツムラグラフィーク）
地図写真　浜田智則　藤田晃史

ISBN978-4-903993-17-1